CHRISTIAN BASICS

BY GRACE ALONE

God's Gracious Gift Of Salvation

By
Edwin D. Roels

FUNDAMENTOS CRISTIANOS

SOLO POR GRACIA

El Regalo de la salvacion de Dios Por Gracia

Translated By
Wally De La Fuente

Foreword

It's All By Grace

It's sometimes difficult to recognize and acknowledge that our salvation is truly all by grace. We are often tempted to take at least some credit for who we are spiritually and for making some significant progress in our walk with God. We may have made some good choices and decisions in our lives while others made bad or foolish choices. And we may have seriously and humbly tried to do what is most pleasing to God when others went their own way apart from God.

The Bible makes it very clear, however, that our salvation is totally by God's grace and not because of any "good choices" we have made on our own. We may be very pleased with the good choices we have made, but our ability to make those choices and decisions comes from the gracious work of God in our lives.

When we are walking humbly and faithfully with God, it may be easy for us to look at the failures of others and then take personal credit for some of the much better choices we have made. But the ultimate credit for every good choice or decision we have made must be given to the Lord of Grace.

It's encouraging to read, therefore, that some of the greatest "saints" in the Bible gratefully give all the credit to God for any good things they have done. If we lose that perspective, we may too quickly take credit for the good we do and too quickly judge

Prólogo

Todo Es Por Gracia

A veces es difícil reconocer y aceptar que nuestra salvación es verdaderamente toda por gracia. A menudo somos tentados a tomar al menos algo de crédito por lo que somos espiritualmente y por hacer algún progreso significativo en nuestro caminar con Dios. Es posible que hayamos tomado algunas buenas decisiones en nuestras vidas, mientras que otros tomaron decisiones malas o tontas. Y es posible que hayamos tratado seria y humildemente de hacer lo que es más agradable ante Dios cuando otros siguieron sus propios caminos lejos de Dios.

La Biblia deja muy claro, sin embargo, que nuestra salvación es totalmente por la gracia de Dios y no debido a ninguna "buena elección" que hayamos hecho por nuestra cuenta. Podemos sentirnos muy complacidos con las buenas decisiones que hemos tomado, pero nuestra capacidad para tomar esas decisiones proviene de la obra de Dios por gracia en nuestras vidas.

Cuando caminamos humilde y fielmente con Dios, puede ser fácil para nosotros mirar los fracasos de los demás y luego tomar crédito personal por algunas de las mucho mejores decisiones que hemos tomado. Pero el crédito final por cada buena elección o decisión que hemos tomado debe ser dado al Señor de la Gracia.

Es alentador leer, por lo tanto, que algunos de los más grandes "santos" de la Biblia agradecidamente dan todo el crédito a Dios por cualquier cosa buena que

others for the bad things they have done or the good things they have left undone.

It is both comforting and encouraging, therefore, to read in the Bible that God often chooses some of the most "unlikely" people to carry out His plans purposes. In both the Old and New Testaments we read stories of people whom God wonderfully used to His glory even though others would never have chosen them for a special work or ministry of any kind.

God is certainly never pleased with any acts of disobedience or selfishness or pride, but He continues to demonstrate his grace at times by choosing "the least of us" and even the "worst of us" to carry out some of His very special purposes in such a way that we are humbled and He is glorified.

As you study this course, may God give you the grace to live in a way that brings all glory and praise to Him, the gracious source of our salvation.

Edwin D. Roels

hicieron. Si perdemos esa perspectiva, podemos tomar demasiado rápido el crédito por el bien que hacemos y juzgar demasiado rápido a los demás por las cosas malas que han hecho o por las cosas buenas que no han llevado a cabo.

Es reconfortante y alentador, por lo tanto, leer en la Biblia que Dios a menudo elige a algunas de las personas más "improbables" para que lleven a cabo sus propósitos. Tanto en el antiguo como en el nuevo Testamento leemos historias de personas a quienes Dios usó maravillosamente para Su gloria a pesar de que otros nunca las habrían elegido para una obra especial o ministerio de ningún tipo.

Dios ciertamente nunca se complace con ningún acto de desobediencia, egoísmo u orgullo, sino que Él continúa demostrando su gracia a veces eligiendo al "menor de nosotros" e incluso al "peor de nosotros" para llevar a cabo algunos de sus propósitos muy especiales de tal manera que nosotros somos humillados y Él es glorificado.

Al estudiar este curso, Dios te dé la gracia de vivir de una manera que lleve toda gloria y alabanza a Él, la fuente de nuestra salvación por gracia.

Edwin D. Roels

IT'S ALL BY GRACE
Lesson One

Personal Testimony

In most ways my grandfather was a very ordinary man. Few people remember him and most people never heard of him. However, on his death bed he taught his children and grandchildren a powerful truth which none of us will ever forget.

When my Grandpa was dying at the age of 81, he was lying on my parents' bed in our family home. His strength was almost gone. His breathing was shallow and he spoke in little more than a whisper. We all knew that his life was slowly ebbing away. Soon he would be gone from us and at home with the Lord. The family gathered closely around his bed to hear his final words. As he lay there dying, he repeated the same few words over and

over again. "IT'S ALL BY GRACE. All by Grace. All by grace."

His voice got softer and softer but his words remained the same. He repeated these precious words until his breath was almost gone. And then, with eyes closed and with a final effort he repeated it once more: "It's all by grace." And then he was gone. The gates of heaven were opened and by the grace of his Lord he entered the presence of the One he loved and served for so long.

To me as a grandson, this is a very touching story. However, more important than the story itself is the truth my grandfather emphasized: Our salvation, our forgiveness, our confidence of spending eternity with Jesus, our victory in life and our peace in death are all by grace . . . and by grace alone.

What is Grace?

In its simplest form God's grace may be described as *God's unmerited and undeserved favor toward us.* Without that grace, we would have no joy or peace

TODO ES POR GRACIA
Primera lección

Testimonio Personal

En la mayoría de los sentidos, mi abuelo era un hombre muy común. Pocas personas lo recuerdan y la mayoría de la gente nunca oyó hablar de él. Sin embargo, en su lecho de muerte enseñó a sus hijos y nietos una poderosa verdad que ninguno de nosotros olvidará jamás.

Cuando mi abuelo estaba muriendo a la edad de 81 años, estaba acostado en la cama de mis padres en nuestra casa familiar. Su fuerza casi había desaparecido. Su respiración era superficial y hablaba en poco más que un susurro. Todos sabíamos que su vida se estaba desvaneciendo lentamente. Pronto él se marcharía de nosotros y se encontraría en casa con el Señor.

La familia se reunió de cerca alrededor de su cama para escuchar sus últimas palabras. Mientras yacía allí moribundo, repitió las mismas pocas palabras y otra vez. "TODO ES POR GRACIA. Todo por Gracia. Todo por gracia". Su voz se volvió cada vez más suave, pero sus palabras siguieron siendo las mismas. Repitió estas preciosas palabras hasta que su aliento casi se había ido. Y luego, con los ojos cerrados y con un último esfuerzo lo repitió una vez más: "Todo es por gracia". Y luego se fue. Las puertas del Cielo se abrieron y por la gracia de su Señor entró en la presencia de aquel que amó y sirvió durante tanto tiempo.

Para mí, como nieto, esta es una historia muy conmovedora. Sin embargo, más importante que la historia en sí es la verdad que mi abuelo enfatizó: Nuestra salvación, nuestro perdón, nuestra confianza de pasar la eternidad con Jesús, nuestra victoria en la vida y nuestra paz en la muerte es todo por gracia. . . y sólo por gracia.

¿Qué es la Gracia?

En su forma más simple, la gracia de Dios puede ser descrita como el favor inmerecido de Dios hacia nosotros. Sin esa gracia, no tendríamos gozo

in this life and no hope for a blessed life after our earthly life is over. Every breath we take, every moment we enjoy, every gift we receive, every skill we possess, every work we accomplish and every hope we have for the future is ours only because of God's grace. Even the love and kindness we show to others and the love and kindness we receive from others are possible only because of God's grace. God is the ultimate source of everything in this world that we consider "good" or pleasant or desirable.

This is especially true in regard to our salvation. God's grace alone covers all our sins, forgives all our failures, and removes all our guilt. If God did not show His love and forgiveness to us, we would be forever lost. No matter how much we pray or how hard we try to live a more holy life, we will never be able to merit salvation by what we do. By ourselves we will never be "good enough" for heaven. We do not minimize the importance of prayer or obedience or Bible study, but we must always recognize that we can add absolutely nothing to what Jesus Christ has already done for our salvation. Our salvation is based totally on the marvelous grace of God.

How should We respond to God's Grace?

If Jesus has done all that is needed for our salvation, does it then still matter how we live or what we do? It certainly does! The Bible teaches that we must sincerely trust in Jesus as the perfect Savior who, by His grace, paid the penalty for our sins and then we must earnestly seek to live a life of love, obedience, gratitude and good works through the power of Christ who lives within us.

The Apostle Paul summarized this teaching in his letter to the Christians in Ephesus. He wrote:

"For by grace you have been saved through faith. And this is not your own doing: it is the gift of God, not a result of works, so that no one may boast. For we are his workmanship, created in Christ Jesus

ni paz en esta vida ni esperanza de una vida bendecida después de que nuestra vida terrenal se acabe. Cada respiración que hacemos, cada momento que disfrutamos, cada regalo que recibimos, cada habilidad que poseemos, cada trabajo que realizamos y cada esperanza que tenemos para el futuro es nuestra sólo por la gracia de Dios. Incluso el amor y la bondad que mostramos a los demás y el amor y la bondad que recibimos de los demás son posibles sólo debido a la gracia de Dios. Dios es la fuente última de todo en este mundo que consideramos "bueno", agradable o deseable.

Esto es especialmente cierto en lo que respecta a nuestra salvación. La gracia de Dios por sí sola cubre todos nuestros pecados, perdona todos nuestros fracasos y elimina toda nuestra culpa. Si Dios no nos mostrara Su amor y perdón, estaríamos perdidos para siempre. No importa cuánto oremos o cuánto tratemos de vivir una vida más santa, nunca seremos capaces de merecer la salvación por lo que hacemos. Por nosotros mismos nunca seremos "lo suficientemente buenos" para el cielo. No minimizamos la importancia de la oración o de la obediencia o del estudio de la Biblia, pero siempre debemos reconocer que no podemos agregar absolutamente nada a lo que Jesucristo ya ha hecho por nuestra salvación. Nuestra salvación se basa totalmente en la maravillosa gracia de Dios.

¿Cómo debemos responder a la Gracia de Dios?

Si Jesús ha hecho todo lo que se necesita para nuestra salvación, ¿entonces todavía importa cómo vivimos o qué hacemos? ¡Desde luego que sí! La Biblia enseña que debemos confiar sinceramente en Jesús como el Salvador perfecto que, por Su gracia, pagó el castigo por nuestros pecados y luego debemos buscar fervientemente vivir una vida de amor, obediencia, gratitud y buenas obras a través del poder de Cristo que mora dentro de nosotros.

El apóstol Pablo resumió esta enseñanza en su carta a los cristianos de Éfeso. Él escribió:

"Porque por gracia habéis sido salvados por medio de la fe, y esto no de vosotros, sino que es don de Dios; no por obras, para que nadie se gloríe. Porque somos hechura suya, creados en Cristo Jesús para hacer

for good works, which God prepared beforehand that we should walk in them." Ephesians 2:8-10

The Apostle James also emphasized the importance of works when he wrote: "Faith by itself, if it does not have works, is dead . . . For just as the body apart from the spirit is dead, so also faith apart from works is dead." James 2:17, 26

It this course we will read again and again that our salvation is "All by Grace." However, we should never forget that while the Bible consistently emphasizes that our salvation is by grace alone, it also teaches that the way we live our daily lives will demonstrate whether or not we have been truly saved. On the Day of Judgment, therefore, our deeds as well as our words will be significant in determining our final destiny. (See, for example, Matthew 25:21-46, John 5:28-29, 1 Corinthians 3:10-15, and Titus 3:8-12.)

When do We First read in the Bible about God's saving Grace?

Though the word "grace" is not found in the first chapters of the Bible, God demonstrated His grace over and over again, beginning with the story of Adam and Eve. When God created Adam and Eve, He created them in His own image and after His own likeness. He gave them authority over the earth that He had created and told them to rule over it, care for it, and be fruitful and increase in number. He placed them in the beautiful Garden of Eden where everything was peaceful and delightful. They had a wonderful place to live, a great variety of things to eat and enjoy, and many meaningful things to do (Genesis 1:26-30; 2:8-9). There were no arguments, no disagreements, and no frustrations. There were no disappointments or failures, no sickness or pain, no sorrow or death, no guilt and no fear. in his grace, God had created a perfect environment for Adam and Eve in which to live.

However, God gave Adam one very clear command—a command not to eat the fruit of one specific tree in the Garden. God told him that the penalty for breaking that command would be death (Genesis 2:16-17). He made this unmistakably clear when he told them: *"Of the tree of the knowledge of good and evil you shall not eat, for in the day that you eat of it you shall surely die"* (Genesis 2:17). The

---

buenas obras, las cuales Dios preparó de antemano para que anduviéramos en ellas." Efesios 2:8-10

El apóstol Santiago también enfatizó la importancia de las obras cuando escribió: *"Así también la fe por sí misma, si no tiene obras, está muerta. . . Porque así como el cuerpo sin el espíritu está muerto, así también la fe sin las obras está muerta."* Santiago 2:17, 26

En este curso leeremos una y otra vez que nuestra salvación es "Toda por Gracia". Sin embargo, nunca debemos olvidar que mientras la Biblia enfatiza consistentemente que nuestra salvación es solo por gracia, también enseña que la forma en que vivimos nuestra vida diaria demostrará si hemos sido o no verdaderamente salvos. En el Día del Juicio, por lo tanto, nuestros hechos, así como nuestras palabras serán importantes para determinar nuestro destino final. (Ver, para ejemplo, Mateo 25:21-46, Juan 5:28-29, 1 Corintios 3:10-15, y Tito 3:8-12.)

¿Cuándo leemos por Primera vez en la Biblia acerca de la Gracia Salvadora de Dios?

Aunque la palabra "gracia" no se encuentra en los primeros capítulos de la Biblia, Dios demostró Su gracia una y otra vez, comenzando con la historia de Adán y Eva. Cuando Dios creó a Adán y Eva, Los creó a Su propia imagen y de acuerdo a Su propia semejanza. Él les dio autoridad sobre la tierra que había creado y les dijo que la gobernaran, que la cuidaran, que fueran fructíferos y que aumentaran en número. Los colocó en el hermoso Huerto del Edén, donde todo era tranquilo y encantador. Tenían un lugar maravilloso para vivir, una gran variedad de cosas que comer y disfrutar, y muchas cosas significativas que hacer (Génesis 1:26-30; 2:8-9). No había discusiones, ni desacuerdos, ni frustraciones. No había decepciones ni fracasos, ni enfermedad ni dolor, ni tristeza ni muerte, ni culpa ni miedo. En su gracia, Dios había creado un ambiente perfecto para Adán y Eva en el cual vivir.

Sin embargo, Dios le dio a Adán un mandato muy claro, un mandamiento de no comer el fruto de un árbol específico en el Huerto. Dios le dijo que la pena por quebrantar ese mandamiento sería la muerte (Génesis 2:16-17). Él dejó esto inconfundiblemente claro cuando les dijo: *"Del árbol del conocimiento del bien y del mal no comerás, porque el día que de él comas, ciertamente morirás"*

command was simple and the punishment for breaking the command was clear: "Eat and you will die!"

Later, when Satan came in the form of a serpent and tempted Adam and Eve in the Garden of Eden, he aroused in them a desire for something they did not yet have. He told them that if they ate the forbidden fruit, they would become like God Himself, gaining a personal knowledge of good and evil. As a result, Adam and Eve began to question God's motive for giving them the command not to eat the fruit from that tree. As a result, they decided to believe the lie of Satan rather than the truth of God . . . and they ate! (Genesis 3:1-6)

As a result of their disobedience and sin, they immediately died spiritually and became alienated from the God who created them, loved them, and blessed them. Their bodies became subject to suffering and pain and death. The once-perfect earth began to produce thorns and thistles. And God told Adam that from that moment on he would eat its fruit only through painful toil. Adam and Eve also became conscious of their physical (and spiritual) nakedness, and in their guilt and shame they sought to run away and hide from God (Genesis 3:8-10). They also became alienated from one another and began to make excuses for their sin, blaming one another or the serpent for their disobedience (Genesis 3:11-13). The results of their sin were sad beyond anything they could have imagined!

But God did not leave Adam and Eve alone in their nakedness and guilt. In His grace, He took the initiative and went "looking" for them. He couldhave let them die in their sin without mercy—but He didn't. He sought out Adam and Eve in their lost and confused condition and questioned them about what they had done. They responded with feeble efforts to excuse themselves by putting the blame on someone else. Their pitiful response simply showed the depths to which they had already fallen. But God, in his grace, responded with a message of hope.

Before pronouncing His judgment on Adam and Eve, God pronounced a curse upon the serpent (Satan) who had deceived them. He also promised that someday one of their descendants would crush the head of the serpent (Satan) and would win a victory over sin and death (Genesis 3:15). However,

(Génesis 2:17). La orden fue simple y el castigo por violar la orden fue claro: "¡Come y morirás!"

Más tarde, cuando Satanás vino en forma de serpiente y tentó a Adán y a Eva en el Huerto del Edén, despertó en ellos un deseo de algo que aún no tenían. Les dijo que si comían del fruto prohibido, llegarían a ser como Dios mismo, adquiriendo un conocimiento personal del bien y del mal. Como resultado, Adán y Eva comenzaron a cuestionar el motivo de Dios por haberles dado la orden de no comer el fruto de ese árbol. Como resultado, decidieron creer la mentira de Satanás en lugar de la verdad de Dios. . . ¡y comieron! (Génesis 3:1-6)

Como resultado de su desobediencia y pecado, inmediatamente murieron espiritualmente y se distanciaron del Dios que los creó, los amó y los bendijo. Sus cuerpos quedaron sujetos al sufrimiento, al dolor y a la muerte. La tierra una vez perfecta comenzó a producir espinos y cardos. Y Dios le dijo a Adán que a partir de ese momento él comería su fruto sólo a través del trabajo arduo. Adán y Eva también se volvieron conscientes de su desnudez física (y espiritual), y en su culpa y vergüenza trataron de huir y esconderse de Dios (Génesis 3:8-10). También se distanciaron el uno del otro y comenzaron a poner excusas por su pecado, culpándose el uno al otro o a la serpiente por su desobediencia (Génesis 3:11-13). ¡Los resultados de su pecado fueron tristes más allá de cualquier cosa que pudieran haber imaginado!

Pero Dios no dejó a Adán y Eva solos en su desnudez y culpa. En Su gracia, tomó la iniciativa y fue a "buscarlos". Él podría haberlos dejado morir en su pecado sin piedad, pero no lo hizo. Buscó Adán y Eva en su condición perdida y confusa y les preguntó acerca de lo que habían hecho. Ellos respondieron con débiles esfuerzos para excusarse culpando a alguien más. Su lamentable respuesta simplemente mostró las profundidades en las que ya habían caído. Pero Dios, en su gracia, respondió con un mensaje de esperanza.

Antes de pronunciar Su juicio sobre Adán y Eva, Dios pronunció una maldición sobre la serpiente (Satanás) que los había engañado. También prometió que algún día uno de sus descendientes aplastaría el calcañar de la serpiente (Satanás) y obtendría una victoria sobre el pecado y la muerte

He also indicated that this victory would come at great cost to the "seed" (descendant) of the woman. At this point, God's promise of grace was veiled in language that Adam and Eve could not begin to understand. But the promise of grace was there, and the promise would never fail.

Because of God's grace, both Adam and Eve knew that there was HOPE for them and for all their descendants. Though the results of their sin would be terrible and painful (Genesis 3:16-17), death would not be the final word. Someday there would be a glorious victory—a victory of grace!

God also demonstrated His grace to Adam and Eve in another significant way before He banished them from the Garden. He made "garments of animal skin" for them to cover their nakedness (Genesis 3:21). Earlier they had tried to cover their nakedness by sewing fig leaves together (Genesis 3:7), but God showed them that He alone could provide the covering they needed.

This animal "substitute" in Genesis 3:21 pointed ahead to the time when God's own Son (Jesus) would come into the world as the *Lamb of God, who takes away the sin of the world* (John 1:29). Though Adam and Eve could not understand all this, God demonstrated that sinful people would never be able to atone for their sins through their own effort. The payment for their sin required the death of a perfect Substitute who would someday die in their place. And God, in his grace, loved the world so much that He gave His own Son (Jesus) to die so that all who believed in Him would not perish but have everlasting life (John 3:16).

Further demonstrations of Grace in the Book of Genesis

Sometime later, God gave Adam and Eve two sons, Cain and Abel. When Cain killed his younger brother, God pronounced judgment on him for what he had done. At the same time, God showed Cain special grace by protecting him from those who might want to kill him or hurt him. Cain apparently lived as a fugitive for the rest of his life,

(Génesis 3:15). Sin embargo, también indicó que esta victoria tendría un gran costo para la "simiente" (descendiente) de la mujer. En este punto, la promesa de gracia de Dios fue velada en un lenguaje que Adán y Eva no podían comenzar a entender. Pero la promesa de gracia estaba ahí, y la promesa nunca fallaría.

Debido a la gracia de Dios, tanto Adán como Eva sabían que había ESPERANZA para ellos y para todos sus descendientes. Aunque los resultados de su pecado serían terribles y dolorosos (Génesis 3:16-17), la muerte no sería la última palabra. Algún día habría una victoria gloriosa, ¡una victoria de gracia!

Dios también demostró Su gracia a Adán y Eva de otra manera significativa antes de que los desterrara del Huerto. Él hizo "prendas de piel de animal" para que cubrieran su desnudez (Génesis 3:21). Anteriormente habían tratado de cubrir su desnudez cosiendo hojas de higuera (Génesis 3:7), pero Dios les mostró que solo Él podía proporcionarles la cobertura que necesitaban.

Este animal "sustituto" en Génesis 3:2 apunto hacia el tiempo en que el propio Hijo de Dios (Jesús) vendría al mundo como el *Cordero de Dios, que quita el pecado del mundo* (Juan 1:29). Aunque Adán y Eva no podían entender todo esto, Dios demostró que las personas pecadoras nunca serían capaces de expiar sus pecados a través de su propio esfuerzo. El pago por su pecado requería de la muerte de un Sustituto perfecto que algún día moriría en su lugar. Y Dios, en su gracia, amó tanto al mundo que dio a Su propio Hijo (Jesús) para que muriera de manera que todos los que crean en Él no perezcan, sino que tengan vida eterna (Juan 3:16).

Otras demostraciones de Gracia en el Libro de Génesis

Algún tiempo después, Dios dio a Adán y Eva dos hijos, Caín y Abel. Cuando Caín mató a su hermano menor, Dios dictó juicio sobre él por lo que había hecho. Al mismo tiempo, Dios le mostró a Caín una gracia especial al protegerlo de aquellos que pudieran querer matarlo o herirlo. Caín aparentemente vivió como un fugitivo por el resto de su vida, pero Dios, en su gracia, le perdonó la vida para que no pereciera inmediatamente (Génesis 4:13-16).

but God, in his grace, spared his life so that he did not immediately perish (Genesis 4:13-16).

> After the death of Abel, God, in His grace, blessed Adam and Eve with another son named Seth. Through Seth's descendants, God would carry out His promise to provide someone who would be their Savior and Redeemer. It was during the lifetime of Seth's son that people began for the first time to call on the name of the Lord.

In Genesis 5, we read the "roll call" of people who died in the days after Adam and Eve. Even though the people in those days lived a very long time, the penalty that God had pronounced on Adam and Eve was being carried out, one generation after another.

However, in the midst of the somber repetition of the words *"And then he died,"* there is an encouraging sign of God's continued promise and grace. Enoch, one of Adam's descendants, "walked with God" and did not die. Instead, he was taken directly to heaven to be with the God he loved and served (Genesis 5:21-24). Here again we have a wonderful sign of hope and grace in the midst of despair and death.

God promises to hear his people When they pray

God knows our deepest longings and understands our most earnest desires. He understands our thoughts even when we are not able to express them. He hears our groanings and feels our sighs. He knows our hurts and sees our tears. He knows when we fall and when we are confused. He understands our fears and our inward pain. He hears our feeblest cries and responds to our most urgent calls. God fully understands exactly what we are going through. In every experience of joy or sorrow, God is there. And in every situation of need or blessing, He is willing and eager to hear our prayers.

God's Grace in the days of Noah

Several generations after the time of Adam and Eve, sin became so deeply entrenched in human life that God decided to destroy mankind from the face of the earth by means of a flood. In Genesis 6:5 we read, *"The LORD saw that the wickedness of man was great in the earth, and that every intention of the*

Después de la muerte de Abel, Dios, en Su gracia, bendijo a Adán y a Eva con otro hijo llamado Set. A través de los descendientes de Set, Dios llevaría a cabo Su promesa de proveer a alguien que sería su Salvador y Redentor. Fue durante la vida del hijo de Set que el pueblo comenzó por primera vez a invocar el nombre del Señor.

En Génesis 5, leemos el "pase de lista" de las personas que murieron en los días posteriores a Adán y Eva. A pesar de que las personas de esos días vivían mucho tiempo, la pena que Dios había pronunciado sobre Adán y Eva se estaba llevando a cabo, una generación tras otra.

Sin embargo, en medio de la repetición sombría de las palabras *"Y luego murió"*, hay una señal alentadora de la promesa y la gracia continuas de Dios. Enoc, uno de los descendientes de Adán, "caminó con Dios" y no murió. En cambio, fue llevado directamente al cielo para estar con el Dios que amaba y servía (Génesis 5:21-24). Aquí de nuevo contamos con una maravillosa señal de esperanza y gracia en medio de la desesperación y la muerte.

Dios promete escuchar a su pueblo cuando ora

Dios conoce nuestros anhelos más profundos y entiende nuestros deseos más fervientes. Él entiende nuestros pensamientos incluso cuando no somos capaces de expresarlos. Él oye nuestros gemidos y siente nuestros suspiros. Él conoce nuestras heridas y ve nuestras lágrimas. Él sabe cuándo caemos y cuándo estamos confundidos. Él entiende nuestros miedos y nuestro dolor interno. Él escucha nuestros gritos más débiles y responde a nuestros llamados más urgentes. Dios entiende por completo exactamente lo que estamos pasando. En cada experiencia de gozo o tristeza, Dios está allí. Y en cada situación de necesidad o bendición, Él está dispuesto y ansía escuchar nuestras oraciones.

La Gracia de Dios en los días de Noé

Varias generaciones después de la época de Adán y Eva, el pecado se atrincheró tan profundamente en la vida humana que Dios decidió destruir a la humanidad de la faz de la tierra por medio de un diluvio. En Génesis 6:5 leemos, *"Y el Señor vio que era mucha la maldad de los hombres en la tierra, y que toda intención de los pensamientos de su corazón era*

thoughts of his heart was only evil continually." Almost everyone had forgotten about God and no one seemed to have any concern about life after death. People lived to be very old and they did what they pleased, and for them that was all that mattered.

> Because of this pervasive evil, God pronounced judgment on everyone except for one man called Noah and his family (Genesis 6:8-9). in his grace God spared Noah and his family from the flood because he was considered "blameless" and "righteous" among the people of his time. Noah was not without sin, but he was a man who believed God, trusted Him, and sought to do what was pleasing to Him. As a result, God graciously spared Noah and his entire family from death in the devastating flood (Genesis 7:1).

For many years before the flood came, Noah preached to others to repent of their sins and change their ways, but no one turned to God in repentance and no one forsook his life of sin. Noah, however, believed what God had told him and, in spite of the unbelief and mockery of the people around him, he demonstrated his faith by doing everything God told him to do. The unbelief and disobedience of the people led to their destruction. The faith and obedience of Noah led to his salvation.

> Did Noah "earn" his salvation because of his obedience in building the ark God as told him to do? Not at all. Noah was far from perfect (see Genesis 9:20-23), but by doing what God told him to do, he demonstrated that he truly desired to serve God and trusted Him to save him from the destruction that was coming.

When the earth dried up again after the flood, Noah offered sacrifices to God in gratitude for what He had done. After Noah offered these sacrifices to the Lord, God graciously promised that He would never again destroy the entire world with a flood (Genesis 9:8-11). He also provided a unique "sign" of His promise by placing a beautiful rainbow in the sky. This rainbow would remind all people of God's gracious covenant promise which He first gave to Noah (Genesis 9:12-17). Though God would still punish people for their sins, there would never

solo hacer siempre el mal." Casi todo el mundo se había olvidado de Dios y nadie parecía tener alguna preocupación acerca de la vida después de la muerte. Las personas vivían para ser muy viejas y hacían lo que les gustaba, y para ellos eso era todo lo que importaba.

> Debido a este mal generalizado, Dios dictó juicio sobre todos, excepto sobre un hombre llamado Noé y su familia (Génesis 6:8-9). En su gracia Dios salvó a Noé y a su familia del diluvio porque era considerado "intachable" y "justo" entre la gente de su época. Noé no estaba exento de pecado, pero era un hombre que creía en Dios, confiaba en Él y trataba de hacer lo que le agradaba. Como resultado, Dios salvó misericordiosamente a Noé y a toda su familia de la muerte en el devastador diluvio (Génesis 7:1).

Durante muchos años antes de que llegara el diluvio, Noé predicó a otros que se arrepintieran de sus pecados y cambiaran sus caminos, pero nadie se volvió a Dios en arrepentimiento y nadie abandonó su vida de pecado. Noé, sin embargo, creyó lo que Dios le había dicho y, a pesar de la incredulidad y la burla de las personas que lo rodeaban, demostró su fe al hacer todo lo que Dios le dijo que hiciera. La incredulidad y la desobediencia del pueblo condujeron a su destrucción. La fe y la obediencia de Noé condujeron a su salvación.

> ¿Noé "obtuvo" su salvación debido a su obediencia en la construcción del arca que Dios le dijo que hiciera? Para nada. Noé estaba lejos de ser perfecto (ver Génesis 9:20-23), pero al hacer lo que Dios le dijo que hiciera, demostró que realmente deseaba servir a Dios y confió en que Él lo salvaría de la destrucción que se avecinaba.

Cuando la tierra se secó de nuevo después del diluvio, Noé ofreció sacrificios a Dios en gratitud por lo que Él había hecho. Después de que Noé ofreció estos sacrificios al Señor, Dios prometió por gracia que nunca más destruiría el mundo entero con un diluvio (Génesis 9:8-11). También proporcionó una "señal" única de Su promesa al colocar un hermoso arco iris en el cielo. Este arco iris recordaría a todas las personas la promesa de pacto de Dios por gracia que Él le dio por primera vez a Noé (Génesis 9:12-17). Aunque Dios todavía castigaría a las personas por sus pecados, nunca

again be a world-wide flood to destroy all
mankind.

Summary

In the beginning God created a perfect world in
which Adam and Eve, the first people on earth,
enjoyed the gifts of God's grace in a most
wonderful way. However, through their sin and
disobedience, they lost much that was precious
and beautiful. Through their disobedience they
"earned" the wages of death (Romans 6:23) and all
their descendants would also share in that penalty
(Romans 5:12, 18-19).

Later, because of the terrible sinfulness of Adam's
descendants, God sent a devastating flood to
destroy everyone on earth except for a righteous
man named Noah and his family. After the flood,
however, God, in his grace, provided the rainbow
in the sky as a sign that He would never again
destroy the entire earth with a flood.

más habría un diluvio mundial que destruyera a
toda la humanidad.

Resumen

En el principio Dios creó un mundo perfecto en el
que Adán y Eva, las primeras personas en la tierra,
disfrutaban de los regalos de la gracia de Dios de
una forma maravillosa. Sin embargo, a través de su
pecado y desobediencia, perdieron mucho que era
precioso y hermoso. A través de su desobediencia
"obtuvieron" la recompensa de la muerte
(Romanos 6:23) y todos sus descendientes también
compartirían esa pena (Romanos 5:12, 18-19).

Más tarde, debido a la terrible pecaminosidad de
los descendientes de Adán, Dios envió un diluvio
devastador para destruir a todos en la tierra,
excepto a un hombre justo llamado Noé y a su
familia. Después del diluvio, sin embargo, Dios, en
su gracia, dio el arco iris en el cielo como una señal
de que nunca más destruiría toda la tierra con un
diluvio.

LESSON 1 – TEST QUESTIONS

True Or False

circle **t** or F.

1. T F The word "grace" refers to the kindness God will show to us if we choose to follow Him and live for Him.

2. T F No one has ever served and loved God enough to earn or merit a place in heaven.

3. T F Though Adam and Eve sinned greatly against God, God saved them because they had lived a holy and righteous life up until theday that they disobeyed His command.

4. T F After Adam and Eve sinned against God, they immediately recognized their sinfulness and eagerly sought forgiveness through God's mercy and grace.

5. T F When Cain killed his brother Abel, God spared Cain's life becausehe repented of his terrible sin.

6. T F Before God pronounced punishment on Adam and Eve, he promised that someday there would come someone who would destroy the enemy who had led them astray.

7. T F Enoch was the first of three people mentioned in the Old Testament who were taken directly to heaven without dying.

8. T F God saved Noah from the flood because of Noah's faithfulness and obedience.

9. T F God gave the rainbow as a reminder that people who live righteous lives will not suffer the

LECCIÓN 1 – PREGUNTAS DE PRUEBA

VERDADERO O FALSO

Encierra con un círculo si es V o F.

1. V F La palabra "gracia" se refiere a la bondad que Dios nos mostrará si elegimos seguirlo y vivir para Él.

2. V F Nadie ha servido y amado a Dios lo suficiente como para ganar o merecer un lugar en el cielo.

3. V F Aunque Adán y Eva pecaron grandemente contra Dios, Dios los salvó porque habían vivido una vida santa y justa hasta el día en que desobedecieron Su mandamiento.

4. V F Después de que Adán y Eva pecaron contra Dios, inmediatamente reconocieron su pecaminosidad y buscaron ansiosamente el perdón a través de la misericordia y la gracia de Dios.

5. V F Cuando Caín mató a su hermano Abel, Dios perdonó la vida de Caín porque se arrepintió de su terrible pecado.

6. V F Antes de que Dios pronunciara castigo sobre Adán y Eva, prometió que algún día vendría alguien que destruiría al enemigo que los había llevado por mal camino.

7. V F Enoc fue la primera de las tres personas mencionadas en el Antiguo Testamento que fueron llevadas directamente al cielo sin morir.

8. V F Dios salvó a Noé del diluvio debido a su fidelidad y obediencia.

9. V F Dios dio el arco iris como un recordatorio de que las personas que viven vidas rectas no sufrirán el juicio de Dios como ocurrió con el pueblo

judgment of God as the sinful
people did in the days of Noah.

10. T F Ephesians 2 in the New
Testament teaches us that salvation
is not a result of our works but a gift
of God's grace received through
faith.

Multiple Choice

choose which of the three statements is
correct. circle a *or* B *or* c.

1. A. In Old Testament times, people
were saved by their works of

obedience and faithfulness.

B. In the Old Testament as well as in the
New Testament, people were

saved by grace alone.

C. In the Old Testament, people who were
not in the family of Abraham were not
saved at all.

2. A. Adam and Eve never had a real
chance to resist the temptation they
faced because their enemy was far
too strong.

B. Adam and Eve were originally
perfect and definitely could have
resisted the temptation presented
them if they had trusted in God
and asked Him for His help.

C. Adam and Eve were always
surrounded by good things and
hadno idea that anything bad
would really happen if they
violated the command of God.

3. In the New Testament we read that:

A. "Faith, if it does not have works, is
dead."

B. "Good works will always please
the Lord more than simple faith
will."

pecador en los días de Noé.

10. V F Efesios 2 en el Nuevo Testamento
nos enseña que la salvación no es el
resultado de nuestras obras, sino un
regalo de la gracia de Dios recibida a
través de la fe.

OPCIÓN MÚLTIPLE

Elije cuál de las tres afirmaciones es
correcta. Encierra en un círculo A o B o
C.

1. A. En los tiempos del Antiguo
Testamento, las personas eran salvas
por sus obras de obediencia y
fidelidad.

B. Tanto en el Antiguo Testamento como
en el Nuevo Testamento, las personas
eran salvas solo por gracia.

C. En el Antiguo Testamento, las
personas que no estuvieron en la
familia de Abraham no se salvaron en
absoluto.

2. A. Adán y Eva nunca tuvieron una
oportunidad real de resistir la
tentación que enfrentaron porque su
enemigo era demasiado fuerte.

B. Adán y Eva eran perfectos
originalmente y definitivamente
podrían haber resistido la tentación
que se les presentó si hubieran
confiado en Dios y le hubieran pedido
Su ayuda.

C. Adán y Eva siempre estuvieron
rodeados de cosas buenas y no tenían
idea de que algo malo realmente
sucedería si violaban el mandato de
Dios.

3. En el Nuevo Testamento leemos que:

A. "La fe, sin obras, es muerta".

B. "Las buenas obras siempre agradarán
al Señor más de lo que lo hará la

C. "Good works were important in the days before Christ came, but after He came and paid the penalty for our sins, good works are of minor significance."

4. A. The word "grace" is of such great importance that it is found in seven of the first twelve chapters of Genesis.

B. One of the great gifts of God's grace in the beginning was that He created Adam and Eve in His own image, gave them authority over the rest of His creation, and gave them a beautiful place in which to live.

C. When Adam and Eve disobeyed God in spite of all the blessings He gave them, they obviously gave up any possibility of again experiencing the grace of God on this earth.

5. A. After Adam and Eve realized the significance of what they had done, they begged God for His forgiveness and pleaded for His grace.

B. Both Adam and Eve immediately took the blame for what had happened and recognized that they had grievously sinned against the One who had blessed them so richly.

C. Adam and Eve knew something terrible had gone wrong but they were not willing to take the blame for what had happened.

6. A. Before God spoke to Adam and Eve about the punishment they would receive, he made it clear that the "serpent" who had tempted Adam and Eve would ultimately be destroyed.

B. Adam and Eve clearly understand what God had said to the "serpent"

simple fe".

C. "Las buenas obras eran importantes en los días antes de que Cristo viniera, pero después de que Él vino y pagó el castigo por nuestros pecados, las buenas obras son de menor importancia".

4. A. La palabra "gracia" es de tal importancia que se encuentra en siete de los primeros doce capítulos del Génesis.

B. Uno de los grandes regalos de la gracia de Dios en el principio fue que Él creó a Adán y a Eva a Su propia imagen, les dio autoridad sobre el resto de Su creación, y les dio un hermoso lugar en el que vivir.

C. Cuando Adán y Eva desobedecieron a Dios a pesar de todas las bendiciones que Él les dio, obviamente renunciaron a cualquier posibilidad de experimentar de nuevo la gracia de Dios en esta tierra.

5. A. Después de que Adán y Eva se dieron cuenta de la importancia de lo que habían hecho, rogaron a Dios por Su perdón y suplicaron por Su gracia.

B. Tanto Adán como Eva inmediatamente asumieron la culpa de lo que había sucedido y reconocieron que habían pecado gravemente contra Aquel que los había bendecido tan abundantemente.

C. Adán y Eva sabían que algo terrible había salido mal, pero no estaban dispuestos a asumir la culpa de lo que había sucedido.

6. A. Antes de que Dios hablara con Adán y Eva sobre el castigo que recibirían, dejó en claro que la "serpiente" que había tentado a Adán y Eva sería finalmente destruida.

B. Adán y Eva entendieron claramente lo que Dios le había dicho a la "serpiente" y estuvieron agradecidos y expresaron su agradecimiento al

and they were grateful and expressed their thanks to the Lord.

C. After Adam and Eve heard the punishment that would come to the "serpent," they felt relieved that their own punishment wouldn't be sovery serious.

7. A. Genesis 3:15 pointed forward to the coming of Jesus Christ and His sacrifice—though Adam and Eve could not understand that.

B. Genesis 3:15 referred to the ultimate punishment of literal serpents who from that time on would have to crawl on the ground and be enemies of human beings.

C. Genesis 3:15 was only a "general" promise that Satan would eventually be defeated, but it does not in any way refer to the coming of Jesus into the world.

8. A. There were many righteous people on earth at the time of Noah but God graciously chose Noah as the person to build the ark for the "salvation" of himself and his family.

B. Noah was the most righteous man on earth at the time of the flood.

C. Noah may not have been perfect, but we never read in the Bible about any moral failures he may have had.

9. A. Adam and Eve died within a fairly short time after they disobeyed and sinned against God.

B. Most people who were born after sin entered the world died at an early age as a result of God's judgment on Adam and Eve and theirdescendants.

C. Adam and many others who followed him lived for a very long time on the earth.

Señor.

C. Después de que Adán y Eva escucharon el castigo que vendría a la "serpiente", se sintieron aliviados de que su propio castigo no fuera tan grave.

7. A. Génesis 3:15 apuntó hacia la venida de Jesucristo y Su sacrificio, aunque Adán y Eva no pudieron entender eso.

B. Génesis 3:15 se refirió al castigo final de las serpientes literales que a partir de ese momento tendrían que arrastrarse por el suelo y ser enemigas de los seres humanos.

C. Génesis 3:15 fue sólo una promesa "general" de que Satanás eventualmente sería derrotado, pero de ninguna manera se refiere a la venida de Jesús al mundo.

8. A. Había muchas personas justas en la tierra en el tiempo de Noé, pero Dios por gracia eligió a Noé como la persona adecuada para construir el arca para la "salvación" de sí mismo y de su familia.

B. Noé era el hombre más justo de la tierra en el momento del diluvio.

C. Puede que Noé no haya sido perfecto, pero nunca leemos en la Biblia acerca de los fracasos morales que pudo haber tenido.

9. A. Adán y Eva murieron en un tiempo bastante corto después de que desobedecieron y pecaron contra Dios.

B. La mayoría de las personas que nacieron después de que el pecado entró en el mundo murieron a una edad temprana como resultado del juicio de Dios sobre Adán y Eva y sus descendientes.

C. Adán y muchos otros que lo siguieron vivieron durante mucho tiempo en la tierra.

10. God's grace may be described as:

A. "God's blessing upon those who love and obey Him."

B. "God's care for those who are in need of His love and help."

C. "God's unmerited and undeserved favor and blessing."

LESSON 1 – Additional QUESTIONS

1. How would you define the word "grace" as it is used in the Bible?

2. Why is grace so important?

3. What does it mean that we are saved by grace alone? Do our own thoughts and prayers and actions have nothing at all to do with our salvation?

4. Fill in the blanks in the following sentence (based on Ephesians 2:8-10):"We are saved by _through___________________for _ ___________."

5. What changes took place in the lives of Adam and Eve after they sinned?

6. What did Adam and Eve do to cover their nakedness?

7. A. What did GOD do to cover their nakedness?

    B. What was the significance of God's "covering"?

8. What great promise did God give to Adam and Eve in Genesis 3:15?

9. A. Was this promise given to them before or after God pronounced the punishment they would receive?

    B. What does the answer to question "A" tell us about God's grace?

10. La gracia de Dios puede ser descrita como:

A. "La bendición de Dios sobre aquellos que lo aman y le obedecen".

B. "El cuidado de Dios por aquellos que necesitan Su amor y ayuda".

C. "El favor y la bendición inmerecidas de Dios".

LECCIÓN 1 – PREGUNTAS ADICIONALES

1. ¿Cómo definirías la palabra "gracia" tal como se usa en la Biblia?

2. ¿Por qué es tan importante la gracia?

3. ¿Qué significa que somos salvos solo por gracia? ¿Nuestros propios pensamientos, oraciones y acciones no tienen nada que ver con nuestra salvación?

4. Rellena los espacios en blanco en la siguiente oración (basada en Efesios 2:8-10): "Somos salvos por ___________ por medio de_____________ y esto _______________________________."

5. ¿Qué cambios tuvieron lugar en las vidas de Adán y Eva después de que pecaron?

6. ¿Qué hicieron Adán y Eva para cubrir su desnudez?

7. A. ¿Qué hizo DIOS para cubrir su desnudez?

B. ¿Cuál fue el significado de la "cobertura" de Dios?

8. ¿Qué gran promesa dio Dios a Adán y Eva en Génesis 3:15?

9. A. ¿Les fue dada esta promesa antes o después de que Dios pronunciara el castigo que recibirían?

B. ¿Qué nos dice la respuesta a la pregunta "A" acerca de la gracia de Dios?

10. How did God show His grace to Cain after he killed his brother Abel?

11. Do you think Cain "deserved" to be given special treatment by God?

Please give the reason for your answer.

12. A. What does the Bible tell us about the man called Enoch (Genesis 5:21-24)?

13. After reading all of Genesis 5, are you left with a feeling of hope or a feeling of despair?

Please give the reason for your answer.

14. How does the Bible describe the sinfulness of man in Genesis 6:5?

15. Do you think the situation was really as bad as Genesis 6:5 describes?

Please give the reason for your answer.

16. How does the Bible describe Noah in Genesis 6:8-9?

17. Do you think that Noah was sinless?

Please give the reason for your answer.

18. What promise did God give to Noah and his family in Genesis 9:8-11?

19. What "sign" did God give Noah in connection with this promise?

20. A. Did God's promise mean that He would never again punish the entire world of unbelievers in any way?

B. What does 2 Peter 3:3-7 teach about this?

QUESTIONS For REFLECTION or DISCUSSION

1. A. Would you agree or disagree with this sentence: "The most importantword in the Bible is "GRACE"? Please give the reason

---

10. ¿Cómo mostró Dios Su gracia a Caín después de que mató a su hermano Abel?

11. ¿Crees que Caín "merecía" recibir un trato especial por parte de Dios? Por favor, indica los motivos de tu respuesta.

12. A. ¿Qué nos dice la Biblia acerca del hombre llamado Enoc (Génesis 5:21-24)?

13. Después de leer todo Génesis 5, ¿te quedas con un sentimiento de esperanza o con un sentimiento de desesperación?

Por favor, indica los motivos de tu respuesta.

14. ¿Cómo describe la Biblia la pecaminosidad del hombre en Génesis 6:5?

15. ¿Crees que la situación era realmente tan mala como Génesis 6:5 la describe?

Por favor, indica los motivos de tu respuesta.

16. ¿Cómo describe la Biblia a Noé en Génesis 6:8-9?

17. ¿Crees que Noé no tenía pecado?

Por favor, indica los motivos de tu respuesta.

18. ¿Qué promesa dio Dios a Noé y a su familia en Génesis 9:8-11?

19. ¿Qué "señal" le dio Dios a Noé en relación con esta promesa?

20. A. ¿La promesa de Dios significaba que nunca más castigaría a todo el mundo de incrédulos de alguna forma?

B. ¿Qué enseña 2 Pedro 3:3-7 acerca de esto?

PREGUNTAS PARA DISCUTIR O REFLEXIONAR

1. A. ¿Estarías de acuerdo o en desacuerdo con esta frase: "La palabra más importante de la Biblia es "GRACIA"? Por favor, indica los

for your answer.

B. How would you respond to someone who says that the most important word in the Bible is "LOVE"?

2. Thoughtfully evaluate the following sentence: "If salvation is all by grace,then it doesn't really matter whether we love and obey God or whether we don't."

3. What practical difference would it make in your own daily life if God saved you on the basis of your works rather than through your faith in Jesus Christ?

4. What would you say to someone who says, "The more I sin the more I experience the grace of God. So I intend to keep on doing whatever I please so that I may experience the grace of God more fully"? Prepare your own answer and then compare it with Paul's teaching in Romans 6:1-14.

5. What would you say to someone who says: "I am a terrible sinner and know that I do not deserve God's grace, so I might as well continue in my old way"?

motivos de tu respuesta.

B. ¿Cómo responderías a alguien que dice que la palabra más importante de la Biblia es "AMOR"?

2. Evalúa cuidadosamente la siguiente frase: "Si la salvación es toda por gracia, entonces realmente no importa si amamos y obedecemos a Dios o si no lo hacemos".

3. ¿Qué diferencia práctica haría en tu propia vida diaria si Dios te salvara sobre la base de tus obras en lugar de a través de tu fe en Jesucristo?

4. ¿Qué le dirías a alguien que dice: "Cuanto más peque, más experimento la gracia de Dios. Así que tengo la intención de seguir haciendo lo que me plazca para que pueda experimentar la gracia de Dios más plenamente"? Prepara tu propia respuesta y luego compárala con la enseñanza de Pablo en Romanos 6:1-14.

5. ¿Qué le dirías a alguien que dice: "Soy un terrible pecador y sé que no merezco la gracia de Dios, así que bien podría continuar en mi antigua forma de vida"?

THE Covenant OF GRACE
Lesson Two

Introduction

God always had a deep concern for all people in the world, but after He scattered the rebellious people at the Tower of Babel, He limited His special revelation for the next two thousand years primarily to one man and his descendants. The person God chose for this very special honor was a man named Abram (later called Abraham). By focusing on Abraham and his descendants, God did not forget about the other nations in the world. Rather, by focusing on the descendants of Abraham, God worked out His plan of grace to bring salvation to people from every nation on earth.

Eventually, a child would be born in the line of Abraham who would be the Savior of the world. That person would be Jesus Christ who took on human form when He was born to a young Jewish girl in the land of Israel (Luke 2:10-11). This Holy Child was given the name "Jesus" (meaning "Savior" or "the Lord saves") because He would save His people from their sins (Matthew 1:21).

God's promise to Abraham

When God called Abraham to leave his home in Ur of the Chaldeans (in an area known today as Iraq), He gave him a very special promise. God said, "I will make of you a great nation, and I will bless you and make your name great, so that you will be a blessing. I will bless those who bless you, and him who dishonors you I will curse, and in you all the families of the earth shall be blessed" (Genesis 12:1-3).

What a fantastic promise that was! God had never promised anything like that to anyone before. So why did God choose Abraham for this special blessing? Did Abraham earn this blessing somehow? Did he have a record of doing great things for God? Did his family have a long history of loving and serving God?

EL PACTO DE GRACIA
Segunda Lección

Introducción

Dios siempre tuvo una profunda preocupación por todas las personas en el mundo, pero después de que dispersó a la gente rebelde en la Torre de Babel, limitó Su revelación especial durante los próximos dos mil años principalmente a un hombre y a sus descendientes. La persona que Dios eligió para este honor tan especial fue un hombre llamado Abram (más tarde llamado Abraham). Al enfocarse en Abraham y en sus descendientes, Dios no se olvidó de las otras naciones en el mundo. Más bien, al enfocarse en los descendientes de Abraham, Dios elaboró Su plan de gracia para llevar la salvación a personas de todas las naciones de la tierra.

Eventualmente, un niño nacería del linaje de Abraham que sería el Salvador del mundo. Esa persona sería Jesucristo quien adoptó forma humana cuando nació de una joven judía en la tierra de Israel (Lucas 2:10-11). A este Santo Niño se le dio el nombre de "Jesús" (que significa "Salvador" o "el Señor salva") porque Él salvaría a Su pueblo de sus pecados (Mateo 1:21).

La promesa de Dios hecha a Abraham

Cuando Dios llamó a Abraham a dejar su hogar en Ur de los caldeos (en un área conocida hoy como Irak), le dio una promesa muy especial. Dios dijo: "Haré de ti una nación grande, y te bendeciré, y engrandeceré tu nombre, y serás bendición. Bendeciré a los que te bendigan, y al que te maldiga, maldeciré. Y en ti serán benditas todas las familias de la tierra" (Génesis 12:1-3).

¡Qué fantástica promesa! Dios nunca había prometido algo así a nadie antes. Entonces, ¿por qué Dios eligió a Abraham para esta bendición especial? ¿Abraham ganó esta bendición de alguna manera? ¿Tenía un registro de hacer grandes cosas para Dios? ¿Su familia contaba con una larga historia de amor y servicio a Dios?

The answer to all those questions is a very strong NO! We know very little about Abraham's ancestors other than the fact that they apparently were idol worshipers (Joshua 24:2 and 24:15). God definitely did not choose Abraham because of his merits or his worthiness or his background. God called Abraham because of His grace. And when God called him, Abraham trusted Him and did what God told him to do.

It was by faith that Abraham went out to the land of Canaan and it was by faith that he continued to trust and obey God throughout his life, even when he was tested and challenged over and over again. Because of his steadfast faith in the promises of God, Abraham is referred to in the New Testament as the father of all believers—people who trusted God, believed His promises, and obeyed His commands (Romans 4:11).

God's Grace for the World

When God called Abraham, He not only promised to bless him and his descendants. He also promised to bless the people who blessed Abraham and promised to curse those who cursed Abraham (Genesis 12:1-3). The primary reason for that, however, was not simply for the personal benefit of Abraham. Rather, God promised that the coming Savior would someday be born into Abraham's family. So any person or nation who protected or blessed Abraham and his descendants would receive special blessing from God. At the same time, those who interfered with God's plan of redemption by opposing Abraham and his descendants would face condemnation and destruction. By destroying those who opposed His "chosen people" and by blessing those who favored them, God graciously preserved His people and continued to carry out His divine plan to redeem the nations of the world through them.

(Note: in the Bible the descendants of Abraham are often called Israelites or "the children of Israel." They are named after Abraham's grandson whose birth name was Jacob but was later called Israel. The Israelites were often victorious over their enemies in amazing ways while their enemies were frequently

La respuesta a todas esas preguntas es un rotundo ¡NO! Sabemos muy poco acerca de los antepasados de Abraham, aparte del hecho de que aparentemente eran adoradores de ídolos (Josué 24:2 y 24:15). Dios definitivamente no eligió a Abraham debido a sus méritos, a su dignidad o a sus antecedentes. Dios llamó a Abraham debido a Su gracia. Y cuando Dios lo llamó, Abraham confió en Él e hizo lo que Dios le dijo que hiciera.

Fue por fe que Abraham salió hacia la tierra de Canaán y fue por fe que continuó confiando y obedeciendo a Dios durante toda su vida, incluso cuando fue probado y desafiado una y otra vez. Debido a su firme fe en las promesas de Dios, se hace referencia a Abraham en el Nuevo Testamento como el padre de todos los creyentes — personas que confiaron en Dios, creyeron en sus promesas, y obedecieron sus mandamientos (Romanos 4:11).

La Gracia de Dios para el mundo

Cuando Dios llamó a Abraham, Él no sólo prometió bendecirlo a él y a sus descendientes. También prometió bendecir a las personas que bendijeron a Abraham y prometió maldecir a los que maldijeron a Abraham (Génesis 12:1-3). La razón principal de eso, sin embargo, no fue simplemente para el beneficio personal de Abraham. Más bien, Dios prometió que el Salvador que vendría algún día nacería en la familia de Abraham. Así que cualquier persona o nación que protegiera o bendijera a Abraham y a sus descendientes recibiría una bendición especial de parte de Dios. Al mismo tiempo, aquellos que interfirieran con el plan de redención de Dios al oponerse a Abraham y a sus descendientes enfrentarían la condenación y la destrucción. Al destruir a aquellos que se oponían a Su "pueblo elegido" y al bendecir a aquellos que lo favorecían, Dios preservó por gracia a Su pueblo y continuó llevando a cabo Su plan divino de redimir a las naciones del mundo a través de ellos.

(Nota: en la Biblia los descendientes de Abraham son a menudo llamados israelitas o "los hijos de Israel." Llevan el nombre del nieto de Abraham, cuyo nombre de nacimiento era Jacob, pero más tarde fue llamado Israel. Los israelitas a menudo salían victoriosos sobre sus enemigos de formas asombrosas, mientras que sus enemigos eran destruidos con frecuencia porque se

destroyed because they opposed God's plan to save the world through Abraham's descendants.)

in his grace, God wonderfully blessed Abraham and his descendants in so many ways–even though they often lived lives of selfishness, sinfulness, pride, and disobedience. They even forgot God on many occasions and chose to worship other gods instead. When that happened, God punished them just as He punished other nations or individuals who opposed Him. However, when the people of Israel repented and earnestly turned back to the Lord again, God graciously forgave them. They never earned God's blessing but, in his grace, God continued to bless them, protect them, and provide for them.

God's ultimate purpose in choosing Abraham was not simply to shower blessings on him and his family. God's purpose was to bless the entire world through them. He would do that in two ways.

> First and foremost, God, in His grace, would bless the entire world by providing a Savior for everyone who would believe in Him and put their trust in Him. This purpose would surely be fulfilled, even though Satan would often seek to destroy Abraham's descendants or cause them to disobey or distrust the Lord.

> Secondly, the people of Israel were called to live lives of faith and holiness as examples to the rest of the world. Israel alone had God's laws and God's promises and the Israelites were called to demonstrate to the rest of the world what it meant to live as the children of the one true God.

The promise of a son

In Genesis 13:14-16 we read that God promised Abraham that his descendants would be as uncountable as the dust of the earth—even though Abraham had no children at the time. The amazing thing about this promise is that Abraham was getting old and his wife Sarah was not able to have children. In spite of that, however, Abraham believed what God had promised.

However, as time went on and Sarah remained childless, Abraham felt that God might somehow

oponían al plan de Dios de salvar al mundo a través de los descendientes de Abraham).

En su gracia, Dios bendijo maravillosamente a Abraham y a sus descendientes de muchas maneras, a pesar de que a menudo llevaban vidas de egoísmo, pecaminosidad, orgullo y desobediencia. Incluso olvidaron a Dios en muchas ocasiones y eligieron adorar a otros dioses en su lugar. Cuando eso sucedía, Dios los castigaba al igual que castigaba a otras naciones o individuos que se oponían a Él. Sin embargo, cuando el pueblo de Israel se arrepentía y se volvía fervientemente al Señor de nuevo, Dios los perdonaba por gracia. Nunca merecieron la bendición de Dios, pero, en su gracia, Dios continuó bendiciéndolos, protegiéndolos y supliéndoles.

El propósito final de Dios al elegir a Abraham no fue simplemente derramar bendiciones sobre él y su familia. El propósito de Dios fue bendecir al mundo entero a través de ellos. Él haría esto de dos maneras.

> En primer lugar, Dios, en Su gracia, bendeciría al mundo entero al dar un Salvador para todos los que creyesen en Él y pusieran su confianza en Él. Este propósito seguramente se cumpliría, aunque Satanás a menudo buscaría destruir a los descendientes de Abraham o hacer que desobedecieran o desconfiaran del Señor.

> En segundo lugar, el pueblo de Israel fue llamado a vivir vidas de fe y santidad como ejemplos para el resto del mundo. Sólo Israel contaba con las leyes de Dios y las promesas de Dios, y los israelitas fueron llamados a demostrar al resto del mundo lo que significaba vivir como hijos del único Dios verdadero.

La promesa de un hijo

En Génesis 13:14-16 leemos que Dios le prometió a Abraham que sus descendientes serían tan incontables como el polvo de la tierra, aunque Abraham no tenía hijos en ese momento. Lo sorprendente de esta promesa es que Abraham estaba envejeciendo y su esposa Sara no podía tener hijos. A pesar de eso, sin embargo, Abraham creía lo que Dios había prometido.

Sin embargo, a medida que pasaba el tiempo y Sara permanecía sin hijos, Abraham sentía que

have to raise up descendants for him through his trusted servant rather than through a child of his own. But that was definitely not God's plan! God said to him: *"This man shall not be your heir; your very own son shall be your heir"* (Genesis 15:4).

Then God took Abraham outside and said, *"'Look toward heaven and number the stars, if you are able to number them. . . . So shall your offspring be'"* (Genesis 15:5). Even though Abraham had no idea how this would be possible, he believed what God said and the Lord *"credited it to him as righteousness"* (Genesis 15:6).

Here, as always, God's promises were given to Abraham before Abraham demonstrated his obedience—not afterwards. It was God's grace, not Abraham's faith, that came first. Earlier Abraham had left his homeland in Iraq and headed for far off Canaan, trusting that God would truly bless him in the new land. On the way to Canaan he left most of his family behind in Syria and by faith went on to travel without them (Genesis 11:31-32). When Abraham later lived in the land of Canaan, he let his nephew Lot choose whatever part of the land he wanted for himself (Genesis 13:1- 12), since he (Abraham) believed that God would graciously grant him everything He had promised.

Abraham's obedience always followed from his faith and his faith always followed from God's promises. God's grace always came first!

Abraham's Faith

Several years later, God again promised Abraham that he and his wife Sarah would have a son together, and Abraham again believed what God had promised—even though by this time he was very old and his wife was well beyond her normal child-bearing years. In the New Testament, the apostle Paul describes their situation this way:

> *"In hope he [Abraham] believed against hope, that he should become the father of many nations, as he had been told, 'So shall your offspring be.' He did not weaken in faith when he considered his own body, which was as good as dead (since he was about a hundred years old), or when he considered the barrenness of Sarah's womb. No unbelief made him waver concerning the promise of God, but he grew*

Dios de alguna manera podría tener que levantar descendientes para él a través de su sierva de confianza en lugar de a través de un hijo propio ¡Pero ese definitivamente no era el plan de Dios! Dios le dijo: *"Tu heredero no será este, sino uno que saldrá de tus entrañas, él será tu heredero"* (Génesis 15:4).

Entonces Dios sacó a Abraham y dijo: *"Ahora mira al cielo y cuenta las estrellas, si te es posible contarlas. Y le dijo: Así será tu descendencia"* (Génesis 15:5). Aunque Abraham no tenía idea de cómo sería posible esto, él creyó lo que Dios dijo y el Señor "lo contó por justicia" (Génesis 15:6).

Aquí, como siempre, las promesas de Dios fueron dadas a Abraham antes de que Abraham demostrara su obediencia, no después. Fue la gracia de Dios, no la fe de Abraham, lo que vino primero. Anteriormente Abraham había dejado su patria en Irak y se dirigía lejos a Canaán, confiando en que Dios realmente lo bendeciría en la nueva tierra. En el camino a Canaán dejó atrás a la mayor parte de su familia en Siria y por fe continuó viajando sin ellos (Génesis 11:31-32). Cuando Abraham más tarde vivió en la tierra de Canaán, dejó que su sobrino Lot eligiera cualquier parte de la tierra que quisiera para sí mismo (Génesis 13:1- 12), ya que él (Abraham) creía que Dios le concedería por gracia todo lo que había prometido.

La obediencia de Abraham siempre surgió después de su fe y su fe siempre surgió después de las promesas de Dios. ¡La gracia de Dios siempre vino primero!

La fe de Abraham

Varios años más tarde, Dios nuevamente le prometió a Abraham que él y su esposa Sara tendrían un hijo juntos, y Abraham nuevamente creyó lo que Dios había prometido, a pesar de que en ese momento él era muy viejo y su esposa estaba mucho más allá de sus años normales de procreación. En el Nuevo Testamento, el apóstol Pablo describe su situación de esta manera:

> *"Él [Abraham] creyó en esperanza contra esperanza, a fin de llegar a ser padre de muchas naciones, conforme a lo que se le había dicho: Así será tu descendencia. Y sin debilitarse en la fe contempló su propio cuerpo, que ya estaba como muerto puesto que tenía como cien años, y la esterilidad de la matriz de Sara; sin embargo, respecto a la promesa de Dios,*

strong in his faith as he gave glory to God, fully convinced that God was able to do what he had promised" (Romans 4:18-21).

Since both Abraham and Sarah seemed physically incapable of having children at that point, it was obvious that God would have to perform a great miracle if they were ever to have a child. By waiting until there seemed to be no hope at all that Abraham and Sarah would have a child of their own, God demonstrated that *He* would be the one who would make salvation possible. Abraham obviously had to obey as well as trust, but the birth of the promised child was clearly a special gift from the Lord—another demonstration that salvation would always be a gift of God's grace.

The covenant of Grace

After Abraham lived in the land of Canaan for a number of years, God gave him a great and wonderful promise which is often referred to as

the *Covenant of Grace*. In Genesis 12:1-3, we read that God promised

Abraham that He would make him into a great nation, that He would make

Abraham's own name great, and that all peoples on earth would be blessed through him.

In Genesis 15 God promised Abraham that he would have a son and a multitude of descendants. He also promised that the land of Canaan would be his inheritance.

In Genesis 17:1-8 God formally established "The Covenant of Grace" with Abraham, promising that He would be Abraham's God and the God of his descendants for generations to come. God said, *"I will make you exceedingly fruitful, and I will make you into nations, and kings shall come from you. And I will establish my covenant between me and you and your offspring after you throughout their generations for an everlasting covenant, to be God to you"* (Genesis 17:6-7).

Abraham no titubeó con incredulidad, sino que se fortaleció en fe, dando gloria a Dios, y estando plenamente convencido de que lo que Dios había prometido, poderoso era también para cumplirlo" (Romanos 4:18-21).

Dado que tanto Abraham como Sara parecían físicamente incapaces de tener hijos en ese momento, era obvio que Dios tendría que realizar un gran milagro si ellos alguna vez iban a tener un hijo. Al esperar hasta que no parecía haber ninguna esperanza de que Abraham y Sara tuvieran un hijo propio, Dios demostró que *Él* sería quien haría posible la salvación. Abraham obviamente tenía que obedecer, así como confiar, pero el nacimiento del hijo prometido fue claramente un regalo especial del Señor, otra demostración de que la salvación siempre sería un regalo de la gracia de Dios.

El pacto de Gracia

Después de que Abraham vivió en la tierra de Canaán durante varios años, Dios le dio una gran y maravillosa promesa que a menudo se conoce como el **Pacto de Gracia**. En Génesis 12:1-3, leemos que Dios prometió Abraham que Él lo convertiría en una gran nación, que Él engrandecería el propio nombre de Abraham, y que todos los pueblos de la tierra serían bendecidos a través de él.

En Génesis 15 Dios prometió a Abraham que tendría un hijo y una multitud de descendientes. También prometió que la tierra de Canaán sería su heredad.

En Génesis 17:1-8 Dios estableció formalmente "El Pacto de Gracia" con Abraham, prometiendo que Él sería el Dios de Abraham y el Dios de sus descendientes por las generaciones venideras. Dios dijo: *" Te haré fecundo en gran manera, y de ti haré naciones, y de ti saldrán reyes. Y estableceré mi pacto contigo y con tu descendencia después de ti, por todas sus generaciones, por pacto eterno, de ser Dios tuyo y de toda tu descendencia después de ti"* (Génesis 17:6-7).

God also promised that He would give Abraham's descendants the land of Canaan as an everlasting possession and that He would be their God (Genesis 17:8).

Abraham believed that God would do everything He promised. His promises would result in wonderful blessings for Abraham and his family, but the greatest blessing would be that all people throughout the world would be blessed through him and his descendants (Genesis 12:3).

This wonderful promise was repeated on various occasions in the Old Testament and again in the New Testament. (See Psalm 72:17; Acts 3:25; Galatians 3:8-9.)All these special promises toAbraham clearly demonstrated that mankind would be saved by God's grace and not by human effort.

The sign and seal of the covenant

In Genesis 17:14 we read that God determined that the Covenant promise in Genesis 17 was to be sealed by the sign of circumcision. (See Acts 7:8 where the Covenant of Grace is referred to as the "Covenant of Circumcision.") Circumcision was not an arbitrary sign and neither was it optional. The people of Israel always regarded circumcision as the distinguishing mark of the "chosen people" and they looked down upon all those who were not circumcised. (See, for example, Exodus 12:48 and Judges 14:3.) All male converts from non-Jewish nations had to be circumcised if they were to be included as members of the family of God. Even after the death and resurrection of Jesus, some Jewish believers still insisted that non-Jewish converts to Christianity had to be circumcised (Acts 15:5).

Since the line of promise was continued among the people of Israel through the males in the family, the sign of the covenant was given only to male children.

As a sign of the Covenant of Grace, circumcision was particularly relevant for at least three reasons.

1) The covenant sign would be intimately involved in the procreation of the children God promised to bless. Each time a child was conceived, the seed of the father

Dios también prometió que daría a los descendientes de Abraham la tierra de Canaán como una posesión eterna y que él sería su Dios (Génesis 17:8).

Abraham creía que Dios haría todo lo que prometió. Sus promesas resultarían en bendiciones maravillosas para Abraham y su familia, pero la bendición más grande sería que todas las personas de todo el mundo serían bendecidas por medio de él y sus descendientes (Génesis 12:3).

Esta maravillosa promesa fue repetida en varias ocasiones en el Antiguo Testamento y de nuevo en el Nuevo Testamento. (Ver Salmos 72:17; Hechos 3:25; Gálatas 3:8-9.) Todas estas promesas especiales hechas a Abraham demostraron claramente que la humanidad sería salvada por la gracia de Dios y no por el esfuerzo humano.

La señal y el sello del pacto

En Génesis 17:14 leemos que Dios determinó que la promesa del Pacto en Génesis 17 debía ser sellada por la señal de la circuncisión. (Ver Hechos 7:8, donde el Pacto de Gracia es conocido como el "Pacto de la Circuncisión"). La circuncisión no es una señal arbitraria y tampoco es opcional. El pueblo de Israel siempre consideró la circuncisión como la marca distintiva del "pueblo elegido" y menospreciaba a todos los que no estaban circuncidados. (Ver, por ejemplo, Éxodo 12:48 y Jueces 14:3.) Todos los conversos masculinos de naciones no judías tenían que ser circuncidados si querían ser incluidos como miembros de la familia de Dios. Incluso después de la muerte y resurrección de Jesús, algunos creyentes judíos todavía insistieron en que los conversos no judíos al cristianismo tenían que ser circuncidados (Hechos 15:5).

Dado que el linaje de la promesa era continuado entre el pueblo de Israel a través de los varones de la familia, la señal del pacto fue dada sólo a los hijos varones.

Como señal del Pacto de Gracia, la circuncisión era particularmente relevante por al menos tres razones.

1) La señal del pacto estaría íntimamente involucrada en la procreación de los hijos que Dios prometió bendecir. Cada vez que un niño era concebido, la simiente del

would pass through the sign of the covenant even before the child was born. Each child was thus "holy unto the Lord" from the time of conception. (See Genesis 17:7, 10-14.)

2) Circumcision was a sign of the removal of defilement or impurity. The physical act of circumcision was significant, but it was of minimal value for those whose spiritual impurity or defilement was not removed. (See Deuteronomy 10:16, 30:6; Jeremiah 4:4, 9:25- 26; and Romans 2:28-29.)

3) Circumcision involved the shedding of blood. Parents were reminded that each child, even though a child of covenant promise, was born in sin. (See Psalm 51:5.) Cleansing and forgiveness would ultimately be possible only through the shedding of blood.

Circumcision was faithfully practiced by the people of Israel and also by Gentile converts throughout the Old Testament. It was not until Jesus provided the perfect sacrifice for our sins that the shedding of blood was no longer necessary and circumcision was no longer of any spiritual value (Colossians 2:11-12; 1 Corinthians 7:19; Galatians 5:6, and Galatians6:15).

Abraham and his son Isaac

When Abraham's son Isaac was a teenager, God told Abraham, *"'Take your son, your only son Isaac, whom you love, and go to the land of Moriah, and offer him there as a burnt offering on one of the mountains of which I shall tell you'"* (Genesis 22:2).

Abraham knew that Isaac was the son through whom all God's promises would be fulfilled. How could God possibly demand that he sacrifice this son! But God's command was clear and Abraham determined to obey— without question or argument. However, just before Abraham raised his arm to slay his son who was already on the altar, God called to him and told him not to harm him. Instead, God provided a ram as a substitute to be sacrificed in the place of Isaac (Genesis 22:1-14).

Immediately after Abraham's exceptional act of faith and obedience, God said to him:

padre pasaba a través de la señal del pacto incluso antes de que el niño naciera. Cada niño era así "santo para el Señor" desde el momento de la concepción. (Ver Génesis 17:7, 10-14.)

2) La circuncisión era una señal de eliminación de la contaminación o impureza. El acto físico de circuncisión era significativo, pero tenía un valor mínimo para aquellos cuya impureza o profanación espiritual no era eliminada. (Ver Deuteronomio 10:16, 30:6; Jeremías 4:4, 9:25- 26; y Romanos 2:28-29.)

3) La circuncisión implicaba el derramamiento de sangre. Se recordaba a los padres que cada niño, aunque fuera un hijo de promesa de pacto, nacía en pecado. (Ver Salmo 51:5.) La limpieza y el perdón en última instancia sólo serían posibles a través del derramamiento de sangre.

La circuncisión era practicada fielmente por el pueblo de Israel y también por los conversos gentiles a lo largo del Antiguo Testamento. No fue hasta que Jesús suplió el sacrificio perfecto por nuestros pecados que el derramamiento de sangre ya no fue necesario y la circuncisión ya no tuvo ningún valor espiritual (Colosenses 2:11-12; 1 Corintios 7:19; Gálatas 5:6, y Gálatas 6:15).

Abraham y su hijo Isaac

Cuando el hijo de Abraham, Isaac, era un adolescente, Dios le dijo a Abraham: *"Toma ahora a tu hijo, tu único, a quien amas, a Isaac, y ve a la tierra de Moriah, y ofrécelo allí en holocausto sobre uno de los montes que yo te diré"* (Génesis 22:2).

Abraham sabía que Isaac era el hijo a través del cual se cumplirían todas las promesas de Dios. ¡Cómo podría Dios exigir que sacrificara a este hijo! Pero el mandamiento de Dios fue claro y Abraham estaba decidido a obedecer, sin cuestionamiento ni discusión. Sin embargo, justo antes de que Abraham levantara el brazo para matar a su hijo que ya estaba en el altar, Dios lo llamó y le dijo que no lo dañara. En cambio, Dios suplió un carnero como sustituto para ser sacrificado en lugar de Isaac (Génesis 22:1-14).

Inmediatamente después del acto excepcional de fe y de obediencia de Abraham, Dios le dijo:

"Because you have done this and have not withheld your son, your only son, I will surely bless you, and I will surely multiply your offspring as the stars of heaven and as the sand that is on the seashore. And your offspring shall possess the gate of his enemies, and in your offspring shall all the nations of the earth be blessed, because you have obeyed my voice" (Genesis 22: 16-18).

Abraham's willingness to offer his beloved son was clearly an act of obedience. But even more than that, it was an act of absolute *faith* in God. As Hebrews 11:19 explains: *"He [Abraham] considered that God was able even to raise him from the dead, from which, figuratively speaking, he did receive him back."*

God's provision of a ram as a substitute for Isaac clearly pointed forward to the gracious sacrifice of God's own beloved Son many centuries later. When Jesus died on the cross of Calvary, it was in the very same area where Abraham "offered" his own beloved son two thousand years before. Abraham did not realize that this would happen, of course, but God did. God again provided a sign of grace which we today can only marvel at.

When Isaac grew up and married Rebekah, they discovered that she, like Sarah before her, was not able to have children. However, in answer to Isaac's prayer (Genesis 25:21), God graciously give them twin boys named Esau and Jacob. Esau was the firstborn who would normally receive the special blessing and favor which the firstborn son received in those days. However, God chose to carry out His covenant promise through Jacob rather than through Esau (Genesis 25:23 and Malachi 1:2-3).

God did not choose Jacob over Esau because Jacob was going to live an exemplary life of obedience. Quite to the contrary! Jacob was a man of many weaknesses and failures and deception. He certainly was not rewarded because of his obedience. He did become a man of great faith, but it was God's grace that preceded Jacob's faith.

Sometime after the birth of Esau and Jacob, there was a famine in the land of Canaan. God told Isaac not to leave the land but to stay in Canaan and trust Him to receive what he needed. God then renewed the promise He had made earlier to Abraham. He said to Isaac:

"Por cuanto has hecho esto y no me has rehusado tu hijo, tu único, de cierto te bendeciré grandemente, y multiplicaré en gran manera tu descendencia como las estrellas del cielo y como la arena en la orilla del mar, y tu descendencia poseerá la puerta de sus enemigos. Y en tu simiente serán bendecidas todas las naciones de la tierra, porque tú has obedecido mi voz" (Génesis 22:16-18).

La voluntad de Abraham de ofrecer a su hijo amado fue claramente un acto de obediencia. Pero aún más que eso, fue un acto de fe absoluta en Dios. Como explica Hebreos 11:19: *"Él [Abraham] consideró que Dios era poderoso para levantar aun de entre los muertos, de donde también, en sentido figurado, lo volvió a recibir".*

La provisión de Dios de un carnero como sustituto de Isaac claramente señaló el sacrificio por gracia del propio Hijo amado de Dios muchos siglos después. Cuando Jesús murió en la cruz del Calvario, fue en la misma zona donde Abraham "ofreció" a su propio hijo amado dos mil años antes. Abraham no comprendió que esto sucedería, por supuesto, pero Dios sí. Dios nuevamente proporcionó una señal de gracia de la que hoy sólo podemos maravillarnos.

Cuando Isaac creció y se casó con Rebeca, descubrieron que ella, al igual Sara antes que ella, no era capaz de tener hijos. Sin embargo, en respuesta a la oración de Isaac (Génesis 25:21), Dios por gracia les da hijos gemelos llamados Esaú y Jacob. Esaú era el primogénito que normalmente recibiría la bendición especial y el favor que el primogénito recibía en esos días. Sin embargo, Dios eligió llevar a cabo Su promesa de pacto a través de Jacob en lugar de a través de Esaú (Génesis 25:23 y Malaquías 1:2-3).

Dios no eligió a Jacob sobre Esaú porque Jacob iba a vivir una vida ejemplar de obediencia. Todo lo contrario. Jacob era un hombre de muchas debilidades, fracasos y engaños. Ciertamente no fue recompensado debido a su obediencia. Él se convirtió en un hombre de gran fe, pero fue la gracia de Dios la que precedió a la fe de Jacob.

Algún tiempo después del nacimiento de Esaú y de Jacob, hubo una hambruna en la tierra de Canaán. Dios le dijo a Isaac que no abandonara la tierra, sino que se quedara en Canaán y confiara en Él para así recibir lo que necesitaba. Dios entonces renovó la

"Sojourn in this land, and I will be with you and will bless you. . . . I will multiply your offspring as the stars of heaven and will give to your offspring all these lands. And in your offspring all the nations of the earth shall be blessed" (Genesis 26:3-5).

Abraham's obedience and faithfulness were clearly very important in the sight of God. However, God's initial promises to him were not based on the things Abraham had done. his promises were based totally on his grace. Abraham was even disobedient to God at times, but in his grace, God always forgave him and never went back on His promise. Nor did God go back on His promise to Isaac (Genesis 26:24), even though Isaac's faith temporarily failed almost immediately after God gave him the promise! (See Genesis 26:7-11.)

Isaac and his son Jacob

When Isaac was old and nearly blind, Jacob deceived his father and managed to get for himself the blessing that normally would have gone to his twin brother Esau who was born first. As a result of his deceit, Jacob had to flee from the land of promise (Canaan) and run to his relatives in another country. While he was on his journey, God sent Jacob a dream in which he saw angels going up and down a ladder from earth to heaven.

Though Jacob had been dishonest and was running away from the land God had promised to Abraham and his descendants, God, in His grace, repeated to Jacob the promise that He had given to Abraham long before. He said:

> *The land on which you lie I will give to you and to your offspring . . . In you and your offspring shall all the families of the earth be blessed   I will not leave you until I have done what I have promised you"* (Genesis 28:13-15).

God did not give Jacob this special blessing because of his obedience or holiness! Both before and after he had this special dream, Jacob was known as someone who would do whatever he thought was necessary in order to get what he wanted. Why, then, did God bless Jacob so richly? Because of his own grace and promise! If God would have dealt with Jacob simply on the basis of

promesa que él había hecho antes a Abraham. Él dijo a Isaac:

> *"Reside en esta tierra y yo estaré contigo y te bendeciré. . . . multiplicaré tu descendencia como las estrellas del cielo, y daré a tu descendencia todas estas tierras; y en tu simiente serán bendecidas todas las naciones de la tierra"* (Génesis 26:3-5).

La obediencia y fidelidad de Abraham fueron claramente muy importantes ante los ojos de Dios. Sin embargo, las promesas iniciales de Dios a él no estaban basadas en las cosas que Abraham había hecho. Sus promesas se basaban totalmente en su gracia. Abraham fue incluso desobediente a Dios en ocasiones, pero en su gracia, Dios siempre lo perdonó y nunca dio marcha atrás en su promesa. ¡Dios tampoco se arrepintió de su promesa a Isaac (Génesis 26:24), a pesar de que la fe de Isaac falló temporalmente casi inmediatamente después de que Dios le dio la promesa! (Ver Génesis 26:7-11.)

Isaac y su hijo Jacob

Cuando Isaac era viejo y estaba casi ciego, Jacob engañó a su padre y logró obtener para sí mismo la bendición que normalmente habría sido para su hermano gemelo Esaú, quien nació primero. Como resultado de su engaño, Jacob tuvo que huir de la tierra prometida (Canaán) y acudir a sus parientes en otro país. Mientras se encontraba en su viaje, Dios envió a Jacob un sueño en el que vio ángeles subiendo y bajando una escalera de la tierra al cielo.

Aunque Jacob había sido deshonesto y estaba huyendo de la tierra que Dios había prometido a Abraham y sus descendientes, Dios, en Su gracia, repitió a Jacob la promesa que le había dado a Abraham mucho antes. Él dijo:

> *"La tierra en la que estás acostado te la daré a ti y a tu descendencia . . . en ti y en tu simiente serán bendecidas todas las familias de la tierra . . . no te dejaré hasta que haya hecho lo que te he prometido"* (Génesis 28:13-15).

¡Dios no le dio a Jacob esta bendición especial debido a su obediencia o santidad! Tanto antes como después de tener este sueño especial, Jacob era conocido como alguien que haría lo que creía necesario para obtener lo que quería. ¿Por qué, entonces, Dios bendice a Jacob tan abundantemente? ¡Por su propia gracia y promesa!

his "works," Jacob would never have received the blessings he did.

Summary and Conclusion

After the building of the Tower of Babel, God worked out His plan of redemption primarily through Abraham and his descendants. These descendants were known as the people or children of Israel, the grandson of Abraham. God's purpose was not simply to bless Abraham's descendants, but also (1) to use these chosen people to serve as examples to all other peoples and (2) to bring Jesus Christ into the world as the "seed of the woman" whom He had first promised in Genesis 3:15. Through Jesus God would graciously bring redemption to all the nations of the world.

After reading this brief summary of the story of Abraham and his descendants, it should be very clear that we are saved by God's grace and by grace alone. Salvation was and always will be a gift of God's grace, received by faith, and lived out in joyful obedience.

Si Dios hubiera tratado con Jacob simplemente sobre la base de sus "obras", Jacob nunca habría recibido las bendiciones que recibió.

Resumen y Conclusión

Después de la construcción de la Torre de Babel, Dios elaboró Su plan de redención principalmente a través de Abraham y sus descendientes. Estos descendientes eran conocidos como el pueblo o los hijos de Israel, los nietos de Abraham. El propósito de Dios no era simplemente bendecir a los descendientes de Abraham, sino también (1) usar a estas personas escogidas para servir como ejemplo para todos los demás pueblos y (2) traer a Jesucristo al mundo como la "simiente de la mujer" a quien Él había prometido por primera vez en Génesis 3:15. A través de Jesús, Dios traería por gracia la redención a todas las naciones del mundo.

Después de leer este breve resumen de la historia de Abraham y sus descendientes, debe quedar muy claro que somos salvos por gracia de Dios y solo por gracia. La salvación fue y siempre será un regalo de la gracia de Dios, recibido por fe, y vivida en gozosa obediencia.

LESSON 2 – TEST QUESTIONS

True Or False

circle **t** or F.

1. T F Already before God "called" Abraham, he and his parents were known for their obedience and trust in God.

2. T F When God made His special promises to Abraham in Genesis 12:1-3, He made it very clear that the promises would be fulfilled only if Abraham continued to obey all His commands.

3. T F Abraham obeyed God and left his homeland to go to a land that he knew very little about.

4. T F God said that He would bless those who blessed Abraham and curse those who cursed him.

5. T F In Romans 4:2 we read that Abraham was "justified by his works."

6. T F God's promise to bless all nations through Abraham was never fulfilled because of the disobedience of Abraham's descendants.

7. T F The special sign of God's covenant with Abraham was given to all his male descendants.

8. T F Abraham was willing and ready to sacrifice his son Isaac on the altar even though God had said that His promises to Abraham would be fulfilled through Isaac.

9. T F Jacob, Abraham's grandson, had to run away from the PromisedLand because his twin brother wanted to kill him.

LECCIÓN 2 – PREGUNTAS DE PRUEBA

VERDADERO O FALSO

Encierra con un círculo si es V o F.

1. V F Ya antes de que Dios "llamara" a Abraham, él y sus padres eran conocidos por su obediencia y confianza en Dios.

2. V F Cuando Dios hizo Sus promesas especiales a Abraham en Génesis 12:1-3, Él dejó muy claro que las promesas se cumplirían sólo si Abraham continuaba obedeciendo todos Sus mandamientos.

3. V F Abraham obedeció a Dios y dejó su patria para ir a una tierra de la que sabía muy poco.

4. V F Dios dijo que Él bendeciría a aquellos que bendijeran a Abraham y maldeciría a aquellos que lo maldijeran.

5. V F En Romanos 4:2 leemos que Abraham fue "justificado por sus obras".

6. La promesa   de Dios de bendecir a todas las naciones a través de Abraham nunca fue cumplida debido a la desobediencia de los descendientes de Abraham.

7. V F La señal especial del pacto de Dios con Abraham fue dada a todos sus descendientes varones.

8. V F Abraham estaba dispuesto y listo para sacrificar a su hijo Isaac en el altar a pesar de que Dios había dicho que Sus promesas a Abraham se cumplirían a través de Isaac.

9. V F Jacob, el nieto de Abraham, tuvo que huir de la Tierra Prometida porque su hermano

10. T F The names "Abraham" and "Sarah" were not their original names.

Multiple Choice

choose which of the three statements is correct. circle a *or* B *or* c.

1. Why did God choose to make a special covenant with Abraham and his descendants?

A. God chose him because of His sovereign grace.

B. Abraham came from a family of people who loved and served the true God.

C. Abraham was a person known for his wisdom and integrity.

2. God made some very special promises to Abraham recorded in Genesis 12:1-3. Which of the following was NOT promised to Abraham?

A. Abraham's descendants would become a great nation.

B. All the families of earth would be blessed in Abraham.

C. Abraham's descendants would never be defeated in battle.

3. God promised Abraham that He would bless those who blessed him (Abraham) and curse those who cursed him. Why did God do this?

A. Those who encouraged Abraham would further God's purpose and those who opposed Abraham would interfere with God's purpose.

B. God didn't want anyone to interfere with the happiness and prosperity which Abraham earned by being a humble, faithful, and obedient servant of God.

gemelo quería matarlo.

10. V F Los nombres "Abraham" y "Sara" no eran sus nombres originales.

OPCIÓN MÚLTIPLE

Elije cuál de las tres afirmaciones es correcta. Encierra en un círculo A o B o C.

1. ¿Por qué eligió Dios hacer un pacto especial con Abraham y sus descendientes?

A. Dios lo escogió debido a Su gracia soberana.

B. Abraham venía de una familia de personas que amaban y servían al verdadero Dios.

C. Abraham era una persona conocida por su sabiduría e integridad.

2. Dios hizo algunas promesas muy especiales a Abraham registradas en Génesis 12:1-3. ¿Cuál de las siguientes NO le fue prometido a Abraham?

A. Los descendientes de Abraham se convertirían en una gran nación.

B. Todas las familias de la tierra serían bendecidas en Abraham.

C. Los descendientes de Abraham nunca serían derrotados en batalla.

3. Dios le prometió a Abraham que bendeciría a aquellos que lo bendijeran (Abraham) y maldeciría a aquellos que lo maldijeran. ¿Por qué Dios hizo esto?

A. Aquellos que alentaran a Abraham promoverían el propósito de Dios y aquellos que se opusieran a Abraham interferirían con el propósito de Dios.

B. Dios no quería que nadie interfiriera con la felicidad y la prosperidad que Abraham obtuvo al ser un siervo de Dios humilde, fiel y obediente.

C. Abraham came from a pagan background, so God wanted to make sure that others would encourage Abraham as he sought to increasein faith and obedience.

4. God told Abraham to circumcise all the male members of his family as asign that all of his descendants were members of God's covenant with Abraham. How did they respond?

A. Many of his descendants did what God had commanded while others did not.

B. The Jews in the Old Testament obeyed what had God commanded but by the time Jesus was born most Jews disregarded God's command.

C. The Jews in both Old and New Testament times faithfully did what God had commanded.

5. God gave Abraham many promises recorded in Genesis. Most of thesepromises were made:

A. After Abraham had faithfully served God for many years.

B. Before Abraham demonstrated his faith and obedience.

C. After Abraham demonstrated his abilities when he rescued his nephew Lot from the people who had captured him.

6. What does Romans 4:18-21 teach us about Abraham's faith?

A. Abraham sincerely thanked God for the promise that he would have a son, but in his heart he really didn't believe that it would happen.

B. Abraham believed what God had promised even it seemed impossible

C. Abraham provenía de un entorno pagano, por lo que Dios quería asegurarse de que otros alentaran a Abraham mientras él trataba de crecer en fe y obediencia.

4. Dios le dijo a Abraham que circuncidara a todos los miembros masculinos de su familia como una señal de que todos sus descendientes eran miembros del pacto de Dios con Abraham. ¿Cómo respondieron?

A. Muchos de sus descendientes hicieron lo que Dios había mandado, mientras que otros no lo hicieron.

B. Los judíos en el Antiguo Testamento obedecieron lo que Dios había mandado, pero para cuando Jesús nació, la mayoría de los judíos ignoraron el mandato de Dios.

C. Los judíos en los tiempos del Antiguo y Nuevo Testamento hicieron fielmente lo que Dios había mandado.

5. Dios le dio a Abraham muchas promesas registradas en Génesis. La mayoría de estas promesas fueron hechas:

A. Después de que Abraham había servido fielmente a Dios durante muchos años.

B. Antes de Abraham demostrara su fe y obediencia.

C. Después de Abraham demostrara sus habilidades cuando rescató a su sobrino Lot de la gente que lo había capturado.

6. ¿Qué nos enseña Romanos 4:18-21 acerca de la fe de Abraham?

A. Abraham agradeció sinceramente a Dios por la promesa de que tendría un hijo, pero en su corazón realmente no creía que eso sucedería.

B. Abraham creyó lo que Dios había prometido, incluso parecía imposible para él tener un hijo

for him to have a son when both he and his wife were very old.

C. Abraham humbly asked God why He didn't fulfill His promise.

7. When God told Abraham to sacrifice his son on the altar:

A. Abraham prepared to do all that God had commanded.

B. Abraham tearfully asked God to please change his mind.

C. Abraham asked his son whether he was willing to make this sacrifice.

8. When God told Abraham later that he did not have to sacrifice his son Isaac:

A. God prepared a "substitute" for Isaac who pointed forward to the coming of Jesus who would give His own life as a sacrifice for our sins.

B. The "substitute" did not really give up his life any more than Isaac did.

C. The event described in Genesis 22 did not actually happen but was told as a story to point forward to the coming of Jesus.

9. God chose Isaac's son Jacob to carry out His plan of redemption ratherhis older brother Esau because:

A. Jacob would be known as a man of great faith and also a man of holiness and obedience.

B. Esau was a schemer and could not be trusted to do what God askedof him.

C. God made His choice on the basis of His divine grace and not on the basis of Jacob's merit.

10. This lesson clearly teaches and demonstrates that:

cuando tanto él como su esposa eran muy viejos.

C. Abraham humildemente le preguntó a Dios por qué no cumplió Su promesa.

7. Cuando Dios le dijo a Abraham que sacrificara a su hijo en el altar:

A. Abraham se preparó para hacer todo lo que Dios había mandado.

B. Abraham entre lágrimas le pidió a Dios que por favor cambiara de opinión.

C. Abraham le preguntó a su hijo si estaba dispuesto a hacer esto sacrificio.

8. Cuando Dios le dijo a Abraham más tarde que no tenía que sacrificar a su hijo Isaac:

A. Dios preparó un "sustituto" para Isaac que apuntó hacia la venida de Jesús quien daría su propia vida como un sacrificio por nuestros pecados.

B. El "sustituto" realmente no entregó su vida más de lo que lo hizo Isaac.

C. El evento descrito en Génesis 22 en realidad no sucedió, sino que fue contado como una historia para apuntar hacia la venida de Jesús.

9. Dios escogió al hijo de Isaac, Jacob, para que llevara a cabo Su plan de redención en lugar de a su hermano mayor Esaú porque:

A. Jacob sería conocido como un hombre de gran fe y también un hombre de santidad y obediencia.

B. Esaú era un conspirador y no se podía confiar en que hiciera lo que Dios le pidió.

C. Dios hizo Su elección sobre la base de Su gracia divina y no sobre la base del mérito de Jacob.

10. Esta lección enseña claramente y demuestra que:

A. Salvation was and always will be a gift of God's grace.

B. Some people are able to earn their salvation while others are saved only by grace.

C. Only a few people are worthy of salvation since everyone has a significant weakness of one kind or another.

LESSON 2 – Additional QUESTIONS

1. God established His Covenant of Grace with a man called Abram (Abraham). Where was Abraham living when God first called him?

2. Why did God choose Abraham for this honor? Choose A or B or C.

A. God chose him because of His sovereign grace.

B. Abraham came from a family of people who loved and served the true God.

C. Abraham was a person known for his wisdom and integrity.

3. List four great promises God gave to Abraham (as recorded in Genesis12:1-3).

A.

B.

C.

D.

4. What was God's ultimate purpose in calling Abraham and working through him?

5. How did Abraham respond when God called him to leave his homeland and go to a new land about which he knew little or nothing?

6. How does the apostle Paul describe Abraham in Romans 4:11 and 4:16?

7. God promised Abraham that He

A. La salvación fue y siempre será un regalo de la gracia de Dios.

B. Algunas personas son capaces de obtener su salvación, mientras que otros son salvos sólo por gracia.

C. Sólo unas pocas personas son dignas de la salvación ya que todo el mundo tiene una debilidad significativa de algún u otro tipo.

LECCIÓN 2 – PREGUNTAS ADICIONALES

1. Dios estableció Su Pacto de Gracia con un hombre llamado Abram (Abraham). ¿Dónde vivía Abraham cuando Dios lo llamó por primera vez?

2. ¿Por qué eligió Dios a Abraham para este honor? Elije A, B o C.

A. Dios lo escogió debido a Su gracia soberana.

B. Abraham venía de una familia de personas que amaban y servían al verdadero Dios.

C. Abraham era una persona conocida por su sabiduría e integridad.

3. Enlista cuatro grandes promesas que Dios le dio a Abraham (como se registran en Génesis 12:1-3).

A.

B.

C.

D.

4. ¿Cuál fue el propósito último de Dios al llamar a Abraham y obrar a través de él?

5. ¿Cómo respondió Abraham cuando Dios lo llamó a abandonar su patria e ir a una nueva tierra de la que sabía poco o nada?

6. ¿Cómo describe el apóstol Pablo a Abraham en Romanos 4:11 y 4:16?

7. Dios le prometió a Abraham que

would bless those who blessed him (Abraham) and curse those who cursed him. Why did God do this? Choose A or B or C.

A. God chose Abraham to be a blessing to all the nations on earth. Those who encouraged Abraham would further God's purpose and those who opposed Abraham would interfere with God's purpose.

B. God didn't want anyone to interfere with the happiness and prosperity which Abraham earned by being a humble, faithful, and obedient servant of God.

C. Abraham was personally not yet firmly anchored in his faith, so Godmade sure that others would encourage Abraham as he gradually increased in faith and obedience.

8. List two ways in which the people of Israel were called to be a blessing to the other nations of the world. (See the Lesson notes.)

A.

B.

9. Were these two purposes (from question 8 above) fulfilled? Please explain your answer.

10. A. What promise of God is recorded in Genesis 13:14-16?

B. Why was this promise so significant?

C. How did Abraham respond when God gave him this promise?

11. A. What additional promise did God give to Abraham in Genesis 15:4-5?

B. How did Abraham respond to this new promise?

bendeciría a aquellos que lo bendijeran (Abraham) y maldeciría a aquellos que lo maldijeran. ¿Por qué Dios hizo esto? Elije A, B o C.

A. Dios escogió a Abraham para que fuese una bendición para todas las naciones de la tierra. Aquellos que alentasen a Abraham promoverían el propósito de Dios y aquellos que se opusiesen a Abraham interferirían con el propósito de Dios.

B. Dios no quería que nadie interfiriera con la felicidad y la prosperidad que Abraham obtuvo al ser un humilde, fiel y obediente siervo de Dios.

C. Abraham personalmente aún no estaba firmemente anclado en su fe, por lo que Dios se aseguró de que otros alentaran a Abraham a medida que crecía gradualmente en fe y obediencia.

8. Enlista dos maneras en que el pueblo de Israel fue llamado a ser de bendición para las otras naciones del mundo. (Consulta las notas de la lección.)

A.

B.

9. ¿Se cumplieron estos dos propósitos (de la pregunta 8 anterior)? Por favor explica tu respuesta.

10. A. ¿Qué promesa de Dios está registrada en Génesis 13:14-16?

B. ¿Por qué fue tan significativa esta promesa?

C. ¿Cómo respondió Abraham cuando Dios le dio esta promesa?

11. A. ¿Qué promesa adicional dio Dios a Abraham en Génesis 15:4-5?

B. ¿Cómo respondió Abraham a esta nueva promesa?

C. How did God respond to Abraham's faith? (Genesis 15:6)

12. What does Romans 4:18-21 tell us about the faith of Abraham?

13. Why was Abram's name changed to Abraham? See Genesis 17:1-6.

14. A. What promise did God give to Abraham in Genesis 17:6?

B. What promise did God give to Abraham in Genesis 17:7?

C. What promise did God give to Abraham in Genesis 17:8?

15. God's promise to bless all nations through Abraham and his descendantswas first recorded in Genesis 12:3. List three other places (outside of Genesis) where this promise was repeated in the Bible.

A.

B.

C.

16. A. What was the sign of the Covenant of Grace that God made with Abraham and his descendants? (Genesis 17:11-13)

   B. How important was this sign in the sight of God? (See Genesis 17:14.)

C. How important was this sign to the Israelites?

17. A. When God told Abraham to sacrifice his son Isaac as an offering, how did Abraham respond?

B. When God spared Isaac's life, what "substitute" did God provide?

C. In what ways does this story of Abraham and Isaac point forward to the coming of Christ? (See Genesis 22:2, John 1:29, John 3:16.)

18. A. When Isaac and his wife Rebekah

C. ¿Cómo respondió Dios a la fe de Abraham? (Génesis 15:6)

12. ¿Qué nos dice Romanos 4:18-21 acerca de la fe de Abraham?

13. ¿Por qué fue cambiado el nombre de Abram a Abraham? Ver Génesis 17:1-6.

14. A. ¿Qué promesa le dio Dios a Abraham en Génesis 17:6?

B. ¿Qué promesa le dio Dios a Abraham en Génesis 17:7?

C. ¿Qué promesa le dio Dios a Abraham en Génesis 17:8?

15. La promesa de Dios de bendecir a todas las naciones a través de Abraham y sus descendientes fue registrada por primera vez en Génesis 12:3. Enlista otros tres lugares (fuera del Génesis) donde esta promesa se repitió en la Biblia.

A.

B.

C.

16. A. ¿Cuál fue la señal del Pacto de Gracia que Dios hizo con Abraham y sus descendientes? (Génesis 17:11-13)

B. ¿Qué tan importante fue esta señal ante los ojos de Dios? (Ver Génesis 17:14.)

C. ¿Qué tan importante fue esta señal para los israelitas?

17. A. Cuando Dios le dijo a Abraham que sacrificara a su hijo Isaac como ofrenda, ¿cómo respondió Abraham?

B. Cuando Dios perdonó la vida de Isaac, ¿qué "sustituto" suplió Dios?

C. ¿De qué manera esta historia de Abraham e Isaac apunta hacia la venida de Cristo? (Ver Génesis 22:2, Juan 1:29, Juan 3:16.)

18. A. Cuando Isaac y su esposa Rebeca no pudieron tener hijos,

were not able to have children, what did Isaac do?

B. When Rebekah later gave birth to twin sons, which one of them was chosen by God to continue the "covenant line"?

C. Why was God's choice so significant?

19. Jacob (also called Israel) had to run away from his home in Canaan because he had deceived his father and cheated his brother. When God appeared to him in a dream while he was running away, what did God promise him? (Genesis 28:13-15)

20. Did Jacob deserve to receive this promise? Give the reason for your answer.

QUESTIONS For REFLECTION or DISCUSSION

1. Out of all the stories and events listed in this Lesson, select two that, inyour mind, best illustrate that salvation is by grace alone. Then explain why you have chosen these two stories.

2. According to the Lesson notes, what was the significance of choosing circumcision as a sign of the Covenant of Grace? Can you think of any other reasons why God might have chosen this particular sign?

3. In the New Testament Abraham is called "The father of believers." Do you think this is an appropriate title for Abraham? Give the reason for your answer.

4. Give some examples from Genesis that demonstrate that "God's grace precedes His commands."

5. In the book of Genesis God often

¿qué hizo Isaac?

B. Cuando Rebeca más tarde dio a luz a hijos gemelos, ¿cuál de ellos fue elegido por Dios para continuar el "linaje del pacto"?

C. ¿Por qué fue tan importante la elección de Dios?

19. Jacob (también llamado Israel) tuvo que huir de su casa en Canaán porque había engañado a su padre y engañado a su hermano. Cuando Dios se le apareció en un sueño mientras huía, ¿qué le prometió? (Génesis 28:13-15)

20. ¿Merecía Jacob recibir esta promesa? Da la razón de tu respuesta.

PREGUNTAS PARA DISCUTIR O REFLEXIONAR

1. De todas las historias y eventos que se enlistan en esta lección, selecciona dos que, en tu mente, ilustren mejor que la salvación es sólo por gracia. A continuación, explica por qué has elegido estas dos historias.

2. Según las notas de la Lección, ¿cuál fue el significado de elegir la circuncisión como señal del Pacto de Gracia? ¿Puedes pensar en alguna otra razón por la que Dios pudo haber elegido esta señal en particular?

3. En el Nuevo Testamento, Abraham es llamado "El padre de los creyentes". ¿Crees que este es un título apropiado para Abraham? Da la razón de tu respuesta.

4. Da algunos ejemplos de Génesis que demuestren que "la gracia de Dios precede a Sus mandamientos".

5. En el libro de Génesis, Dios a

showed kindness, grace, and love to people who failed to trust or obey Him consistently. Do you think God stilldoes that today? Can you give some examples from your own life?

menudo mostraba bondad, gracia y amor a las personas que no confiaban en Él ni lo obedecía constantemente. ¿Crees que Dios todavía hace eso hoy en día? ¿Puedes dar algunos ejemplos de tu propia vida?

THE BLESSING OF GOD'S GRACE IN THE OLD TESTAMENT
Lesson Three

Introduction

The first two Lessons emphasized that no one can be saved from the punishment and guilt of sin except by God's grace. There is nothing we can do to atone for our sins and nothing we can do to earn our salvation or merit God's favor. Every spiritual gift we receive is because of God's grace.

In the Old Testament God frequently demonstrated His grace for His chosen people in many wonderful ways. Though the people of Israel faced many challenges in their lives and frequently disobeyed their God, they continued to experience God's grace over and over again.

Grace For the Israelites in captivity

After the deaths of Abraham, Isaac and Jacob, the people of Israel lived for four hundred years as slaves in the land of Egypt. They had left the land of Canaan during a time of great famine and had gone to find food in the land of Egypt where Jacob's son Joseph had become one of the highest rulers in the land.

Joseph suffered much because of the antagonism of his brothers and the actions of some people in Egypt, but God graciously used all those negative circumstances to keep the people of Israel alive during the time of famine (Genesis 50:20).

After Joseph died, the new rulers in Egypt forgot what Joseph had done and began to mistreat the people of Israel and make slaves of them. Eventually the Israelites would return to the land of Canaan, but not until they had spent four hundred years as *"sojourners in a land that is not theirs"*— just as God had told Abraham many years before (Genesis 15:13).

LA BENDICIÓN DE LA GRACIA DE DIOS EN EL ANTIGUO TESTAMENTO
Tercera Lección

Introducción

Las dos primeras Lecciones enfatizaron que nadie puede ser salvo del castigo y de la culpa del pecado sino por la gracia de Dios. No hay nada que podamos hacer para expiar nuestros pecados y nada que podamos hacer para obtener nuestra salvación o merecer el favor de Dios. Cada don espiritual que recibimos es debido a la gracia de Dios.

En el Antiguo Testamento, Dios frecuentemente demostró Su gracia para Su pueblo escogido de muchas maneras maravillosas. Aunque el pueblo de Israel enfrentó muchos desafíos en sus vidas y con frecuencia desobedeció a su Dios, ellos continuaron experimentando la gracia de Dios una y otra vez.

Gracia para los israelitas en cautividad

Después de las muertes de Abraham, Isaac y Jacob, el pueblo de Israel vivió durante cuatrocientos años como esclavo en la tierra de Egipto. Habían dejado la tierra de Canaán durante una época de gran hambruna y habían ido a buscar comida a la tierra de Egipto, donde el hijo de Jacob, José, se había convertido en uno de los gobernantes más importantes de la tierra.

José sufrió mucho debido al antagonismo de sus hermanos y a las acciones de algunas personas de Egipto, pero Dios por gracia usó todas esas circunstancias negativas para mantener vivo al pueblo de Israel durante el tiempo de hambruna (Génesis 50:20).

Después de la muerte de José, los nuevos gobernantes de Egipto olvidaron lo que José había hecho y comenzaron a maltratar al pueblo de Israel y a hacerlos esclavos. Eventualmente los israelitas regresarían a la tierra de Canaán, pero no hasta que hubieran pasado cuatrocientos años como *"extranjeros en una tierra que no es suya"*, tal como Dios le había dicho a Abraham muchos años antes (Génesis 15:13).

During their time in Egypt, the people of Israel suffered much, but they grew rapidly in numbers. They had actually become a "nation within a nation" and the Egyptian ruler (called Pharaoh) felt threatened by them (Exodus 1:6-10). As a result, Pharaoh made life very difficult for the people of Israel and treated them as slaves without rights and without power. But that situation would not continue.

> *"The people of Israel groaned because of their slavery and cried out for help. Their cry for rescue from slavery came up to God. And God heard their groaning, and God remembered his covenant with Abraham, with Isaac, and with Jacob. God saw the people of Israel— and God knew"* (Exodus 2:23-25).

God determined that the Israelites would not only leave Egypt as free people but promised that they would leave with great possessions. Alreadyfour hundred years before, He said to Abraham:

> *"I will bring judgment on the nation that they serve, and afterward they shall come out with great possessions"* (Genesis 15:14).

The Israelites were totally unable to free themselves from their bondage and they certainly could not gain "great possessions" on their own while living as slaves. But God, in His grace, delivered them from slavery and also provided them with riches which they never expected to have.

> When the Pharaoh at first refused to let God's people leave Egypt as free people, God sent ten devastating plagues on the country. During the first three plagues, the Israelites suffered along with the Egyptians, but from the fourth plague onwards, God graciously spared them from the awesome punishment He inflicted on their heartless oppressors (Exodus 8:20-24).

By the time God sent the final plague, the Israelites knew that their God had not forgotten them or His promises to Abraham. GOD would set them free— free from bondage and free to serve and love and honor Him as they finally moved from Egypt to Canaan, the Land of Promise.

> All these things would be done by God's grace and by God's power. The people of Israel could do nothing to redeem themselves or escape from

Durante su tiempo en Egipto, el pueblo de Israel sufrió mucho, pero creció rápidamente en número. En realidad, se habían convertido en una "nación dentro de una nación" y el gobernante egipcio (llamado faraón) se sentía amenazado por ellos (Éxodo 1:6-10). Como resultado, faraón hizo la vida muy difícil para el pueblo de Israel y los trató como esclavos sin derechos y sin poder. Pero esa situación no continuaría.

> *"Y los hijos de Israel gemían a causa de la servidumbre, y clamaron; y su clamor, a causa de su servidumbre, subió a Dios. Oyó Dios su gemido, y se acordó Dios de su pacto con Abraham, Isaac y Jacob. Y miró Dios a los hijos de Israel, y Dios los tuvo en cuenta"* (Éxodo 2:23-25).

Dios determinó que los israelitas no sólo abandonarían Egipto como personas libres, sino que prometió que se irían con grandes posesiones. Ya cuatrocientos años antes, Él le había dicho a Abraham:

> *"Yo también juzgaré a la nación a la cual servirán, y después saldrán de allí con grandes riquezas"* (Génesis 15:14).

Los israelitas eran totalmente incapaces de liberarse de su esclavitud y ciertamente no podían obtener "grandes posesiones" por su cuenta mientras vivían como esclavos. Pero Dios, en Su gracia, los liberó de la esclavitud y también les proporcionó riquezas que nunca esperaron tener.

> Cuando el faraón al principio se negó a dejar que el pueblo de Dios saliera de Egipto como pueblo libre, Dios envió diez plagas devastadoras al país. Durante las primeras tres plagas, los israelitas sufrieron junto con los egipcios, pero desde la cuarta plaga en adelante, Dios por gracia los salvó del impresionante castigo que infligió a sus opresores desalmados (Éxodo 8:20-24).

Para cuando Dios envió la plaga final, los israelitas sabían que su Dios no los había olvidado a ellos ni Sus promesas hechas a Abraham. DIOS los liberaría; libres de la esclavitud y libres para servirlo, amarlo y honrarlo cuando finalmente partieran de Egipto a Canaán, la Tierra de la Promesa.

> Todas estas cosas serían hechas por la gracia de Dios y por el poder de Dios. El pueblo de Israel no puede

slavery. If they were ever to be set free, it would have to come about because of what GOD would do!

God's Grace in the Passover

Before the Israelites left Egypt, God demonstrated in a powerful and unforgettable way that the freedom of His people would come at great cost— but not at great cost to them! God determined to kill all the firstborn of the Egyptians (both men and animals), but He would spare the lives of all the Israelites. However, as He spared the lives of His own people, He made it very clear to them that their deliverance would come about only through the shedding of the blood of a substitute.

God told each Israelite family to select a perfect lamb as a sacrifice and put the blood of the lamb on the sides and tops of the door frames of the houses where they would eat the lamb (Exodus 12:1-7). And then He said:

> *"For I will pass through the land of Egypt that night, and I will strike all the firstborn in the land of Egypt, both man and beast; and on all the gods of Egypt I will execute judgments: I am the LORD. The blood shall be a sign for you, on the houses where you are. And when I see the blood, I will pass over you, and no plague will befall you to destroy you, when I strike the land of Egypt"* (Exodus 12:12-13).

It was clearly God's grace that would save them, though the people had to believe what God said and obey what He commanded.

> Throughout the Old Testament period, the Israelites were commanded to celebrate the Passover every year (Deuteronomy 16:1-3). This annual celebration continued until Jesus became the Passover Lamb to which all previous Passover celebrations had pointed (1 Corinthians 5:7). The importance of the death of the "substitute" was also re- emphasized in the book of Hebrews where we read that *"Without the shedding of blood there is no forgiveness of sins"* (Hebrews 9:22).

God's Grace at the red sea

When the Israelites hastily left Egypt, having been covered and protected by the blood of the Passover

hacer nada para redimirse o escapar de la esclavitud. Si alguna vez fueran a ser liberados, ¡aquello tendría que venir debido a lo que DIOS haría!

La gracia de Dios en la Pascua

Antes de que los israelitas abandonaran Egipto, Dios demostró de una manera poderosa e inolvidable que la libertad de Su pueblo vendría a un gran costo, ¡pero no a un gran costo para ellos! Dios determinó matar a todos los primogénitos de los egipcios (tanto hombres como animales), pero perdonaría las vidas de todos los israelitas. Sin embargo, al perdonar la vida de Su propio pueblo, les dejó muy claro que su liberación sólo se lograría a través del derramamiento de la sangre de un sustituto.

Dios le dijo a cada familia israelita que seleccionara un cordero perfecto como sacrificio y pusiera la sangre del cordero en los lados y en la parte superior de los marcos de las puertas de las casas donde comerían el cordero (Éxodo 12:1-7). Y entonces Él dijo:

> *"Porque esa noche pasaré por la tierra de Egipto, y heriré a todo primogénito en la tierra de Egipto, tanto de hombre como de animal; y ejecutaré juicios contra todos los dioses de Egipto. Yo, el Señor. Y la sangre os será por señal en las casas donde estéis; y cuando yo vea la sangre pasaré sobre vosotros, y ninguna plaga vendrá sobre vosotros para destruiros cuando yo hiera la tierra de Egipto"* (Éxodo 12:12-13).

Era claramente la gracia de Dios la que los salvaría, aunque el pueblo tenía que creer lo que Dios había dicho y obedecer lo que Él había mandado.

> A lo largo del período del Antiguo Testamento, a los israelitas se los ordenó celebrar la Pascua cada año (Deuteronomio 16:1-3). Esta celebración anual continuó hasta que Jesús se convirtió en el Cordero de Pascua hacia quien todas las celebraciones anteriores de la Pascua habían apuntado (1 Corintios 5:7). La importancia de la muerte del "sustituto" también fue re enfatizada en el libro de Hebreos donde leemos que *"Sin derramamiento de sangre no hay perdón"* (Hebreos 9:22).

La Gracia de Dios en el mar rojo

Cuando los israelitas abandonaron apresuradamente Egipto, habiendo sido cubiertos y protegidos por la sangre del Cordero de Pascua, salieron cargados de regalos de sus antiguos amos.

Lamb, they left loaded with gifts from their former masters. The Lord graciously inclined the hearts of the Egyptians to send the Israelites out of their country in haste, showering them with costly treasures of various kinds. This dramatic and sudden change from bondage and poverty to freedom and wealth was amazing.

> *"The LORD had given the people favor in the sight of the Egyptians, so that they let them have what they asked. Thus they plundered the Egyptians"* (Exodus 12:36).

only divine grace and power could have accomplished what the Israelites experienced on that historic night of freedom.

As the people journeyed in the strange and barren wilderness, God led the people in a unique but very comforting way.

> *"The LORD went before them by day in a pillar of cloud to lead them along the way, and by night in a pillar of fire to give them light, that they might travel by day and by night. The pillar of cloud by day*
>
> *and the pillar of fire by night did not depart from before the people"*

(Exodus 13:21-22).

Living and traveling in the wilderness was a totally new experience for the Israelites after living for so many years in the land of Egypt. But God graciously gave them a miraculous sign that He was with them every step of the way. As long as they put their trust in Him and followed where He led them, they had nothing to fear.

However, the Israelites soon realized that their travel to the Promised Land would not be free from challenge or difficulty. Within a short time after they escaped from Egypt, Pharaoh regretted that he had let the people of Israel go and went out in force to overtake them. When he and his soldiers got close to the slow-moving Israelites, the Israelites began to panic and doubt and complain. With the Red Sea in front of them and Pharaoh's troops behind them, their faith faltered and their joy dissolved. Desperately, they called out to their leader Moses, fearing greatly and complaining bitterly (Exodus 14:10-12).

God could have punished the Israelites for their unbelief and fear, but He didn't. Through His servant Moses God told them to believe in His

El Señor inclinó por gracia los corazones de los egipcios para que enviaran a los Israelitas fuera de su país apresuradamente, dándoles costosos tesoros de varios tipos. Este cambio dramático y repentino de la esclavitud y la pobreza a la libertad y la riqueza fue increíble.

> *"Y el Señor hizo que el pueblo se ganara el favor[a] de los egipcios, que les concedieron lo que pedían. Así despojaron a los egipcios"* (Éxodo 12:36).

Sólo la gracia y el poder divinos podrían haber logrado lo que los israelitas experimentaron en esa noche histórica de libertad.

A medida que el pueblo viajaba en el extraño y estéril desierto, Dios guio al pueblo de una manera única pero muy reconfortante.

> *"El Señor iba delante de ellos, de día en una columna de nube para guiarlos por el camino, y de noche en una columna de fuego para alumbrarlos, a fin de que anduvieran de día y de noche. No quitó de delante del pueblo la columna de nube durante el día, ni la columna de fuego durante la noche"*
>
> (Éxodo 13:21-22).

Vivir y viajar en el desierto fue una experiencia totalmente nueva para los israelitas después de vivir durante tantos años en la tierra de Egipto. Pero Dios por gracia les dio una señal milagrosa de que Él estaba con ellos en cada paso del camino. Mientras pusieran su confianza en Él y le siguieran a donde Él los guiaba, no tenían nada que temer.

Sin embargo, los israelitas pronto se dieron cuenta de que su viaje a la Tierra Prometida no estaría libre de desafíos o dificultades. Poco tiempo después de que escaparan de Egipto, faraón lamentó haber dejado ir al pueblo de Israel y salió con fuerza para adelantárseles. Cuando él y sus soldados se acercaron a los israelitas de movimiento lento, los israelitas comenzaron a entrar en pánico, a dudar y a quejarse. Con el Mar Rojo frente a ellos y las tropas del faraón detrás de ellos, su fe flaqueó y su alegría se disolvió. Desesperadamente, llamaron a su líder Moisés, temiendo mucho y quejándose amargamente (Éxodo 14:10-12).

Dios hubiese podido castigar a los israelitas por su incredulidad y temor, pero no lo hizo. Por medio de Su siervo Moisés, Dios les dijo que creyeran en

promises and to go forward toward the Sea. He said:

"I will get glory over Pharaoh and all his host, his chariots, and his horsemen   And the Egyptians shall know that I am the LORD, when I have gotten glory over Pharaoh, his chariots, and his horsemen" (Exodus 14:17-18).

And then, by a miracle of grace and power, God caused the waters of the Sea to divide in such a way that His people were able to march through the sea on dry ground until they reached the other side. When the Egyptians boldly tried to pursue them, God caused the waters to roll back and destroy Pharaoh and all his powerful soldiers (Exodus 14:13-31).

What a tremendous miracle this was! Once again God gave His people a powerful demonstration of the fact that HE was the source of their strength, their security, and their salvation. The people had done nothing to earn or deserve this victory and they could never have won it in their own strength or by their own power. it was God's grace that saved them! The people simply had to believe what God said and obey what He commanded! Israel's future would not depend on what they could do by themselves. GOD would have to rescue, preserve, and provide for them over and over again.

Grace in the Wilderness

After expressing their humble but sincere gratitude for God's victory at the Red Sea (Exodus 15:1-21), the Israelites again exhibited a lack of faith and a spirit of rebellion and fear. Though God had provided one mighty miracle after another during their last days in Egypt and had also provided for them during their early days in the desert, they openly longed for the difficult but predictable days of life they had while in Egypt.

Shortly after crossing the Red Sea on dry ground, the people began to suffer from thirst. Only a short time before they were desperately afraid of the threatening waters of the Red Sea. Now they were filled with anxiety and fear because they had no water to drink (Exodus 15:22-24).

Their concern was understandable, but their complaining and grumbling demonstrated a complete lack of faith in the Lord who had already

Sus promesas y que avanzaran hacia el Mar. Él dijo:

"Me glorificaré en Faraón y en todo su ejército, en sus carros y en su caballería. Entonces sabrán los egipcios que yo soy el Señor, cuando sea glorificado en Faraón, en sus carros y en su caballería" (Éxodo 14:17-18).

Y luego, mediante un milagro de gracia y poder, Dios hizo que las aguas del Mar se dividieran de tal manera que Su pueblo pudo marchar a través del mar sobre tierra seca hasta que alcanzaron el otro lado. Cuando los egipcios osadamente trataron de perseguirlos, Dios hizo que las aguas retrocedieran y destruyeran al faraón y a todos sus poderosos soldados (Éxodo 14:13-31).

¡Qué tremendo milagro fue este! Una vez más, Dios le dio a Su pueblo una poderosa demostración del hecho de que ÉL era la fuente de su fuerza, su seguridad y su salvación. El pueblo no había hecho nada para obtener o merecer esta victoria y nunca podría haberla obtenido con sus propias fuerzas o por su propio poder. ¡Fue la gracia de Dios la que los salvó! ¡El pueblo simplemente tenía que creer lo que Dios dijo y obedecer lo que Él mandó! El futuro de Israel no dependería de lo que pudieran hacer por sí mismos. DIOS tendría que rescatarlos, preservarlos y proveerles una y otra vez.

Gracia en el desierto

Después de expresar su humilde pero sincera gratitud por la victoria de Dios en el Mar Rojo (Éxodo 15:1-21), los israelitas nuevamente exhibieron una falta de fe y un espíritu de rebelión y temor. Aunque Dios había provisto un poderoso milagro tras otro durante sus últimos días en Egipto y también los había provisto durante sus primeros días en el desierto, ellos anhelaron abiertamente los días difíciles pero predecibles de la vida que tuvieron mientras estaban en Egipto.

Poco después de cruzar el Mar Rojo en tierra seca, el pueblo comenzó a sufrir de sed. Poco tiempo antes tuvieron un miedo desesperado de las aguas amenazantes del Mar Rojo. Ahora estaban llenos de ansiedad y temor porque no tenían agua para beber (Éxodo 15:22-24).

Su preocupación era comprensible, pero las quejas y lamentos demostraban una completa falta de fe en el Señor que ya les había suplido de tantas

provided for them in so many wonderful ways. However, in spite of their complaining and lack of faith, God, in his grace, responded to their concern by miraculously turning undrinkable water into water they could safely drink (Exodus 15:25).

Immediately after demonstrating His grace once again to His unworthy people, God gave them another wonderful promise. He said,

> *"If you will diligently listen to the voice of the LORD your God, and do that which is right in his eyes, and give ear to his commandments and keep all his statutes, I will put none of the diseases on you that I put on the Egyptians, for I am the LORD, your healer"* (Exodus 15:26).

After giving them this wonderful promise, God led the people to a place called Elim where there were twelve springs of water and seventy palm trees (Exodus 15: 27).

> Did the Israelites somehow "earn" all these blessings which God continued to give them? Not at all. By trusting and obeying what God commanded, they would continue to *receive* God's gifts of grace, but in no way did they *earn* them or merit them.

Shortly after God gave them His wonderful promise concerning their future health and well-being, the people again grumbled because they did not have enough food (Exodus 16:2-3).

> They had been living in freedom for less than fifty days, witnessing God's grace in one miracle after another, but they still continued to live in rebellion, doubt, and fear. There was one brief period in which they paused to give God thanksgiving and praise (Exodus 15:1-21), but their worship soon gave way to grumbling and their gratitude gave way to complaints.

Even then, however, God's grace continued to guide them, protect them, and provide for them. And as God's glory appeared to them in the cloud, He left no question that it was HE, the God who graciously brought them out of the slavery of Egypt, who was leading them every step of the way (Exodus 16:9-10).

maneras maravillosas. Sin embargo, a pesar de sus quejas y falta de fe, Dios, en su gracia, respondió a su preocupación convirtiendo milagrosamente el agua imbebible en agua que podían beber con seguridad (Éxodo 15:25).

Inmediatamente después de demostrar Su gracia una vez más a Su pueblo indigno, Dios les dio otra maravillosa promesa. Él dijo:

> *"Si escuchas atentamente la voz del Señor tu Dios, y haces lo que es recto ante sus ojos, y escuchas sus mandamientos, y guardas todos sus estatutos, no te enviaré ninguna de las enfermedades que envié sobre los egipcios; porque yo, el Señor, soy tu sanador"* (Éxodo 15:26).

Después de darles esta maravillosa promesa, Dios condujo al pueblo a un lugar llamado Elim donde había doce manantiales de agua y setenta palmeras (Éxodo 15:27).

> ¿De alguna manera los israelitas "ganaron" todas estas bendiciones que Dios quiso darles? En absoluto. Al confiar y obedecer lo que Dios mandó, continuarían *recibiendo* los regalos de gracia de Dios, pero de ninguna manera los ganaron ni fueron merecedores de ellos.

Poco después de que Dios les dio Su maravillosa promesa con respecto a su salud y bienestar futuros, el pueblo nuevamente se quejó porque no tenían suficiente comida (Éxodo 16:2-3).

> Habían estado viviendo en libertad por menos de cincuenta días, presenciando la gracia de Dios en un milagro tras otro, pero aun así continuaron viviendo en rebelión, duda y temor. Hubo un breve período en el que se detuvieron para dar a Dios acción de gracias y alabanza (Éxodo 15:1-21), pero su adoración pronto dio paso a quejas y su gratitud dio paso a quejas.

Incluso entonces, sin embargo, la gracia de Dios continuó guiándolos, protegiéndolos y supliendo para ellos. Y como la gloria de Dios se les apareció en la nube, Él no dejó ninguna duda de que era ÉL, el Dios que por gracia los había sacado de la esclavitud de Egipto, quien los estaba guiando en cada paso del camino (Éxodo 16:9-10).

Grace For daily needs

When the people continued to grumble and complain, God sent them a large supply of quails to satisfy their yearning for meat. He also provided a daily supply of manna for them to eat. He provided this manna for them each day (except for Sabbath days) for the next forty years (Exodus 16: 11-35)! Later God provided the people with an abundant supply of water when Moses struck a rock at God's command (Exodus 17:1-7).

> Even then, however, the people tested the Lord, saying, *Is the LORD among us or not?*" (Exodus 17:7). The people almost seemed deliberately intent on forfeiting the blessings God had promised them!

Both the manna and the water which God miraculously provided pointed forward to the coming of Jesus who would be born many centuries later. Over and over again, events that took place in Old Testament times pointed forward to the life and ministry of Jesus.

> In John 6:32, for example, Jesus referred to Himself as *"the true bread from heaven."* In John 6:33 He called Himself *"the bread of God"* who *"gives life to the world."* In John 6:35 and 48 He said that He was *"the bread of life."* And in John 6:51 He said that He was *"the living bread that came down from heaven If anyone eats of this bread, he will live forever."*

On another occasion, while talking with a non-Israelite at the well of Jacob, Jesus discussed the importance of drinking "living water" (John 4:4-10). He said:

> *"Everyone who drinks of this water [from Jacob's well] will be thirsty again, but whoever drinks of the water that I will give him will never be thirsty again. The water that I will give him will become in him a spring of water welling up to eternal life"* (John 4:13-14).

Just as God provided for the physical needs of the Israelites in the wilderness, so He later provided for the spiritual needs of all who would trust and believe in Jesus. And, just as the Israelites did not "earn" the manna that they ate for 40 years or the water that God provided for them, so no one could earn or merit the "Living Water" or the "Bread of Life" which came from heaven. "Living water" and the "Bread of Life" were always gifts of grace.

Gracia para las necesidades diarias

Cuando el pueblo continuó quejándose y lamentándose, Dios les envió un gran suministro de codornices para satisfacer su anhelo de carne. También les suplió un suministro diario de maná para que comieran. ¡Él les proveyó este maná cada día (excepto para los días de reposo) durante los próximos cuarenta años (Éxodo 16: 11-35)! Más tarde, Dios suplió al pueblo un abundante suministro de agua cuando Moisés golpeó una roca por orden de Dios (Éxodo 17:1-7).

> Incluso entonces, sin embargo, el pueblo probó al Señor, diciendo, *"¿Está el Señor entre nosotros o no?"* (Éxodo 17:7). ¡El pueblo casi parecía deliberadamente decidida a perder las bendiciones que Dios les había prometido!

Tanto el maná como el agua que Dios había suplido milagrosamente apuntaban hacia la venida de Jesús, quien nacería muchos siglos después. Una y otra vez, los eventos que tuvieron lugar en los tiempos del Antiguo Testamento apuntaron hacia la vida y el ministerio de Jesús.

> En Juan 6:32, por ejemplo, Jesús se refirió a Sí mismo como *"el verdadero pan del cielo".* En Juan 6:33 Se llamó a sí mismo *"el pan de Dios"* que *"da vida al mundo".* En Juan 6:35 y 48 dijo que Él era *"el pan de vida".* Y en Juan 6:51 Él dijo que Él era *"el pan vivo que descendió del cielo; si alguno come de este pan, vivirá para siempre".*

En otra ocasión, mientras hablaba con un no israelita en el pozo de Jacob, Jesús discutió sobre la importancia de beber "agua viva" (Juan 4:4-10). Él dijo:

> *"Todo el que beba de esta agua volverá a tener sed, pero el que beba del agua que yo le daré, no tendrá sed jamás, sino que el agua que yo le daré se convertirá en él en una fuente de agua que brota para vida eterna"* (Juan 4:13-14).

Así como Dios suplió para las necesidades físicas de los israelitas en el desierto, así más tarde suplió para las necesidades espirituales de todos los que llegarían a confiar y a creer en Jesús. Y, así como los israelitas no hicieron nada para "ganar" el maná que habían estado comiendo durante 40 años o el agua que Dios les suplió, nadie podía hacer nada para ganar ni merecer el "Agua Viva" o el "Pan de

Grace in Battle

As the Israelites continued their journey in the wilderness, a group of people called Amalekites came out and attacked them. Up to this point the people of Israel had never been involved in fighting a war. They had lived as slaves and had been involved in building store cities for the Egyptians, but they were totally inexperienced in warfare.

> They may have had some weapons which they could use in the battle, but their enemies were almost certainly much better equipped for fighting than they were. Once again, therefore, they had to depend completely on the grace of God to win a victory.

The most significant "weapon" the Israelites had for this battle was prayer. So Moses appointed one man (Joshua) to lead the Israelites in battle while he and two others went to the top of a hill to pray.

> *"Whenever Moses held up his hand, Israel prevailed, and whenever he lowered his hand, Amalek prevailed"* (Exodus 17:11).

When Moses' hands grew tired, his two companions continued to hold up his hands in prayer until the battle was won (Exodus 17:12). The lesson was unmistakable. Unless the Lord protected them and defended them, they would not be able to win any of the battles they would face in the future. The Bible says that *"Joshua overwhelmed Amalek and his people with the sword"* (Exodus 17:13), but it was very clear that God gave him the victory in answer to the prayers of Moses.

Grace through the Gifts of others

in his grace, God chose the descendants of Abraham to be His "Chosen People." He promised to bless them, care for them, protect them, guide them, and direct them in all their ways so that they could someday be a blessing to all the nations of the world.

But God didn't always bless His people directly without the help of others! Already early in their history God used Jethro, Moses' father-in-law, a *non- Israelite*, to be a blessing to Moses and the people of Israel. Jethro had been a priest in the land of Midian (Exodus 2:16, 21), presumably

Vida" que venía del cielo. El "Agua Viva" y el "Pan de Vida" siempre fueron regalos de gracia.

Gracia en la batalla

Mientras los israelitas continuaban su viaje en el desierto, un grupo de personas llamadas amalecitas salieron y los atacaron. Hasta este punto, el pueblo de Israel nunca había estado involucrado en librar una batalla. Habían vivido como esclavos y habían estado involucrados en la construcción de ciudades de tiendas para los egipcios, pero eran totalmente inexpertos en la guerra.

> Puede que hayan tenido algunas armas que podrían usar en la batalla, pero sus enemigos casi seguramente estaban mejor equipados para luchar de lo que ellos lo estaban. Una vez más, por lo tanto, tuvieron que depender completamente de la gracia de Dios para obtener una victoria.

El "arma" más importante que los israelitas tenían para esta batalla fue la oración. Así que Moisés nombró a un hombre (Josué) para que guiara a los israelitas en la batalla, mientras que él y otros dos fueron a la cima de una colina para orar.

> *"Y sucedió que mientras Moisés tenía en alto su mano, Israel prevalecía; y cuando dejaba caer la mano, prevalecía Amalec"* (Éxodo 17:11).

Cuando las manos de Moisés se cansaban, sus dos compañeros continuaban levantando sus manos en oración hasta que se ganó la batalla (Éxodo 17:12). La lección fue inconfundible. A menos que el Señor los protegiera y los defendiera, no podrían ganar ninguna de las batallas que enfrentarían en el futuro. La Biblia dice que *"Josué deshizo a Amalec y a su pueblo a filo de espada"* (Éxodo 17:13), pero estaba muy claro que Dios le dio la victoria en respuesta a las oraciones de Moisés.

Gracia a través de los dones de otros

En su gracia, Dios escogió a los descendientes de Abraham para que fueran Su "Pueblo Elegido". Prometió bendecirlos, cuidarlos, protegerlos, guiarlos y dirigirlos en todos sus caminos para que algún día pudieran ser una bendición para todas las naciones del mundo.

¡Pero Dios no siempre bendice a Su pueblo directamente sin la ayuda de otros! Ya al principio de su historia, Dios usó a Jetro, el suegro de

serving other gods, when Moses married his daughter. However, when Jethro heard from Moses about all the things that God had done for the people of Israel, he exclaimed:

"Blessed be the LORD, who has delivered you out of the hand of the Egyptians and out of the hand of Pharaoh and has delivered the people from under the hand of the Egyptians. Now I know that the LORD is greater than all gods   And Jethro, Moses' father-in-law, brought a burnt offering and sacrifices to God" (Exodus 18:10-12).

Jethro then gave Moses some very important advice on how he (Moses) could best serve the people of Israel as their spokesman and their judge (Exodus 18:17-23). His advice was excellent and Moses immediately followed it (Exodus 18:24-27). God could obviously have given this advice directly to Moses without the help of Jethro, but He chose to use someone from outside the nation of Israel to accomplish His purposes.

God's grace often takes many forms and comes into our lives in many different ways—even in ways that might seem unusual or very surprising to us. Moses had been appointed and called directly by God to lead His people while his father-in-law had only recently come to faith in God. However, because Moses humbly recognized and followed Jethro's advice as coming from God, both he and the people of Israel were richly blessed ... and God was honored and glorified.

Grace at Mount Sinai

When the Israelites encamped at Mount Sinai in the wilderness, God gave Moses a message to pass on to the people. It was a tremendous promise, one built on the covenant promise given earlier to Abraham, and one that would set the nation of Israel apart from all other people in the world. God said:

"You yourselves have seen what I did to the Egyptians, and how I bore you on eagles' wings and brought you to myself. Now therefore, if you will indeed obey my voice and keep my covenant, you shall be my treasured possession among all peoples, for all the

Moisés, un *no israelita*, para ser una bendición para Moisés y para el pueblo de Israel. Jetro había sido sacerdote en la tierra de Madián (Éxodo 2:16, 21), presumiblemente sirviendo a otros dioses, cuando Moisés se casó con su hija. Sin embargo, cuando Jetro escuchó de parte de Moisés acerca de todas las cosas que Dios había hecho por el pueblo de Israel, exclamó:

"Bendito sea el Señor que os libró de la mano de los egipcios y de la mano de Faraón, y que libró al pueblo del poder de los egipcios. Ahora sé que el Señor es más grande que todos los dioses; ciertamente, esto se probó cuando trataron al pueblo con arrogancia. Y Jetro, suegro de Moisés, tomó un holocausto y sacrificios para Dios" (Éxodo 18:10-12).

Jetro entonces le dio a Moisés algunos consejos muy importantes sobre cómo él (Moisés) podría servir mejor al pueblo de Israel como su portavoz y su juez (Éxodo 18:17-23). Su consejo fue excelente y Moisés lo siguió inmediatamente (Éxodo 18:24-27). Obviamente, Dios podría haber dado este consejo directamente a Moisés sin la ayuda de Jetro, pero eligió usar a alguien de fuera de la nación de Israel para lograr Sus propósitos.

La gracia de Dios a menudo toma muchas formas y entra en nuestras vidas de muchas maneras diferentes, incluso de maneras que pueden parecer inusuales o muy sorprendentes para nosotros. Moisés había sido nombrado y llamado directamente por Dios para guiar a Su pueblo, mientras que su suegro sólo recientemente había llegado a la fe en Dios. Sin embargo, debido a que Moisés humildemente reconoció y siguió el consejo de Jetro como si viniera de Dios, tanto él como el pueblo de Israel fueron ricamente bendecidos... y Dios fue honrado y glorificado.

Gracia en el Monte Sinaí

Cuando los israelitas acamparon en el Monte Sinaí en el desierto, Dios le dio a Moisés un mensaje para que lo transmitiera al pueblo. Fue una tremenda promesa, una edificada sobre la promesa del pacto dada anteriormente a Abraham, y una que diferenciaría a la nación de Israel de todos los demás pueblos en el mundo. Dios dijo:

"Vosotros habéis visto lo que he hecho a los egipcios, y cómo os he tomado sobre alas de águilas y os he traído a mí. Ahora pues, si en verdad escucháis mi voz y guardáis mi pacto, seréis mi especial tesoro entre

earth is mine; and you shall be to me a kingdom of priests and a holy nation" (Exodus 19:4-6).

All that follows in the book of Exodus from this point on is related to (1) The Covenant of Grace that God had made with Abraham in Genesis and/or (2) The Covenant Promise made to the nation of Israel in Exodus 19.

Summary and Conclusion

Both before and after God led His people out of slavery in the land of Egypt, He demonstrated His grace and power to them in many wonderful ways. He delivered them, enriched them, protected them, fed them, and gave them victory over their enemies. Though they were often stubborn, disobedient, and unfaithful, God remained faithful to the promises He had given long before to Abraham.

> He would soon be giving them laws and commands to guide them in the days and years ahead, but BeFore He gave the people His laws, He reminded them of the wonderful blessings He had already given to them by His grace. In the midst of trials, difficulties, and fears, He had carried them "on eagles' wings" and had brought them to Himself.

God did not do all this because the people of Israel had obeyed Him or honored Him or done anything that would cause Him to choose them over others. In fact, their continued failures and complaints and lack of faith demonstrated how totally unworthy they were of receiving any favor or blessing from God. God made it very clear, therefore, that He had chosen them over all other nations to be His treasured people *solely because of His grace.*

In the next Lesson we will study the circumstances surrounding the giving of the Ten Commandments and other laws as we seek to answer the question: "If God saved His people purely by grace, why did He give them so many laws?"

---

todos los pueblos, porque mía es toda la tierra; y vosotros seréis para mí un reino de sacerdotes y una nación santa" (Éxodo 19:4-6).

Todo lo que sigue en el libro del Éxodo a partir de este punto se relaciona con (1) El Pacto de Gracia que Dios había hecho con Abraham en el Génesis y/o (2) La Promesa del Pacto hecha a la nación de Israel en Éxodo 19.

Resumen y Conclusión

Tanto antes como después de que Dios sacara a Su pueblo de la esclavitud de la tierra de Egipto, Él les demostró su gracia y su poder de muchas maneras maravillosas. Los liberó, los enriqueció, los protegió, los alimentó y les dio la victoria sobre sus enemigos. Aunque a menudo fueron tercos, desobedientes e infieles, Dios permaneció fiel a las promesas que había dado mucho antes a Abraham.

> Pronto les daría leyes y mandamientos para guiarlos en los días y años venideros, pero Antes de que él le diera al pueblo Sus leyes, les recordó las maravillosas bendiciones que ya les había dado por Su gracia. En medio de pruebas, dificultades y temores, Él los había llevado "en alas de águilas" y los había atraído haca Sí mismo.

Dios no hizo todo esto porque el pueblo de Israel lo había obedecido, honrado o porque hubieran hecho cualquier cosa que lo hiciera elegirlos sobre otros. De hecho, sus continuas fallas, quejas y falta de fe demostraron cuán totalmente indignos son los que reciben cualquier favor o bendición de Dios. Dios dejó muy claro, por lo tanto, que Él los había elegido sobre todas las demás naciones para ser Su pueblo apreciado *únicamente debido a Su gracia.*

En la próxima lección estudiaremos las circunstancias que rodean la entrega de los Diez Mandamientos y de otras leyes mientras tratamos de responder a la pregunta: "Si Dios salvó a Su pueblo puramente por gracia, ¿por qué les dio tantas leyes?"

LESSON 3 – TEST QUESTIONS

True Or False

circle **t** or F.

1. T F The people of Israel frequently disobeyed God's commands and often complained about their situation, but God still showed themHis grace over and over again.

2. T F Because God was so gracious, He never punished the Israelites on their way to the Promised Land.

3. T F God indicated that He would destroy all the firstborn males of Egypt, but He did not carry this out because the Egyptians gave many gifts to the Israelites before they left Egypt.

4. T F The killing of the Passover lamb pointed forward to the death of Jesus.

5. T F When Pharaoh and his army chased after the Israelites, the Israelites were not afraid since they were confident that God would deliver them.

6. T F Some of the Israelites longed to go back to Egypt in spite of the fact that God had blessed them so richly and in so many ways.

7. T F After living on manna for several years, the Israelites learned how to provide food for themselves in the desert, so they no longer needed or received the manna during their last years in the desert.

8. T F The manna and fresh water which the Israelites received in the desert pointed forward to the coming of Jesus who was the Bread

LECCIÓN 3 – PREGUNTAS DE PRUEBA

VERDADERO O FALSO

Encierra con un círculo si es V o F.

1. V F El pueblo de Israel con frecuencia desobedeció los mandamientos de Dios y a menudo se quejó de su situación, pero Dios todavía les mostró Su gracia una y otra vez.

2. V F Debido a que Dios fue tan misericordioso, Él nunca castigó a los israelitas en su camino a la Tierra Prometida.

3. V F Dios indicó que él destruiría a todos los varones primogénitos de Egipto, pero no llevó a cabo esto porque los egipcios dieron muchos regalos a los israelitas antes de que salieran de Egipto.

4. V F La matanza del cordero de pascua apuntaba hacia la muerte de Jesús.

5. V F Cuando el faraón y su ejército persiguieron a los israelitas, los israelitas no tuvieron miedo ya que confiaban en que Dios los liberaría.

6. V F Algunos de los israelitas anhelaba regresar a Egipto a pesar del hecho de que Dios los había bendecido tan abundantemente y de tantas maneras.

7. V F Después de vivir con maná durante varios años, los israelitas aprendieron a proveerse de alimento en el desierto, por lo que ya no necesitaron ni recibieron el maná durante sus últimos años en el desierto.

8. V F El maná y el agua dulce que los israelitas recibieron en el desierto apuntaban hacia la venida de Jesús, que era el Pan de Vida y

of Life and the Light of the World.

9. T F Although Moses' father-in-law was not an Israelite, he gave Moses some very helpful advice which Moses welcomed and followed.

10. T F When the Israelites were at Mount Sinai, God promised that theywould be His treasured possession if they obeyed Him and keptHis covenant.

Multiple Choice

choose which of the three statements is correct. circle a *or* B *or* c.

1. How long did the people of Israel live as slaves in Egypt?

A. 70 years

B. 120 years

C. 400 years

2. What did Joseph do when he first made himself known to his brothers who had sold him into slavery:

A. He forgave them and said that God meant it all for good.

B. He scolded them severely for causing their father and himself so much suffering.

C. He promised to take care of them and provide for them in the future if they showed remorse for what they had done in the past and did not repeat it in the future.

3. If Abraham suddenly appeared in Egypt and met with his descendants:

A. He would have been amazed that his descendants lived in a foreign land for so many years.

B. He would have felt that God had failed to keep the promises He had made to him earlier.

la Luz del Mundo.

9. V F Aunque el suegro de Moisés no era israelita, le dio a Moisés algunos consejos muy útiles que Moisés acogió con beneplácito y siguió.

10. V F Cuando los israelitas estaban en el Monte Sinaí, Dios prometió que serían Su preciada posesión si le obedecían y guardaban Su pacto.

OPCIÓN MÚLTIPLE

Elije cuál de las tres afirmaciones es correcta. Encierra en un círculo A o B o C.

1. ¿Cuánto tiempo vivió el pueblo de Israel como esclavo en Egipto?

A. 70 años

B. 120 años

C. 400 años

2. ¿Qué hizo José cuando se dio a conocer por primera vez ante sus hermanos quienes lo había vendido como esclavo:

A. Él los perdonó y dijo que Dios permitió todo para bien.

B. Los regañó severamente por causar tanto sufrimiento a su padre y a sí mismo.

C. Prometió cuidarlos y proveer para ellos en el futuro si mostraban remordimiento por lo que habían hecho en el pasado y no lo repetían en el futuro.

3. Si Abraham hubiese aparecido repentinamente en Egipto y se hubiese reunido con sus descendientes:

A. Se habría sorprendido de que sus descendientes habían vivido en una tierra extranjera durante tantos años.

B. Él habría sentido que Dios no había cumplido las promesas que

C. He would not have been surprised because God had told him these things were going to happen.

4. How many of the Ten Plagues affected both the Egyptians and the Israelites?

A. One of them

B. Three of them

C. Six of them

5. What did the Israelites have to do in order to have the angel of death "pass over" their houses?

A. They had to kill a lamb and put its blood on the doorposts of their houses.

B. They had to spend the entire night in prayer with their families.

C. They had to promise God that they would serve only the Lord as they went through the desert on the way to the Promised Land.

6. Why did the Israelites win a military battle over their enemies when they first left Egypt?

A. They had become exceptionally strong during their years of slavery.

B. Two men held up Moses' arms in prayer to God while the fighting was going on.

C. The Israelites vastly outnumbered the people they were fighting

7. Why did the Israelite leave Egypt with great riches?

A. The Egyptians began to realize that the Israelites deserved to receive some compensation for all their years of slavery.

B. The Egyptians were extremely eager to get the Israelites out of theircountry because of all the sufferings they were going through duringthe Ten Plagues.

---

le había hecho antes.

C. Él no se habría sorprendido porque Dios le había dicho que estas cosas iban a suceder.

4. ¿Cuántas de las Diez Plagas afectaron tanto a los egipcios como a los Israelitas?

A. Una de ellas

B. Tres de ellas

C. Seis de ellas

5. ¿Qué tuvieron que hacer los israelitas para que el ángel de la muerte "pasara sobre" de sus casas?

A. Tuvieron que matar a un cordero y poner su sangre en los postes de las puertas de sus casas.

B. Tuvieron que pasar toda la noche en oración con sus familias.

C. Tuvieron que prometer a Dios que servirían sólo al Señor mientras atravesaban el desierto de camino a la Tierra Prometida.

6. ¿Por qué los israelitas obtuvieron la victoria en una batalla militar sobre sus enemigos al salir de Egipto?

A. Se habían vuelto excepcionalmente fuertes durante sus años de esclavitud.

B. Dos hombres levantaron los brazos de Moisés en oración a Dios mientras se libraba la batalla.

C. Los israelitas superaban ampliamente en número a las personas contra las que luchaban.

7. ¿Por qué los israelitas abandonaron Egipto con grandes riquezas?

A. Los egipcios comenzaron a darse cuenta de que los israelitas merecían recibir alguna compensación por todos sus años de esclavitud.

B. Los egipcios se sintieron extremadamente ansiosos por sacar a los israelitas de su país debido a todos los sufrimientos que estaban pasando durante las

C. The Egyptian leaders did not want the Israelites to leave their country with negative feelings, since some day they might come back and try to punish or destroy them.

8. When God led the Israelites across the Red Sea on dry ground, how did the people respond?

A. They sincerely promised never to doubt God's power and grace again.

B. They rejoiced and praised God for their deliverance.

C. They took their deliverance for granted since God has promised toprotect them.

9. When the Israelites complained that they needed food in the wilderness:

A. God miraculously took away their pressing hunger.

B. Every two days God sent them a supply of a special food called manna.

C. Each day, except for the Sabbath day, God sent them a supply of manna and did so until they entered the Promised Land.

10. What great promise did God give to His people in Exodus 19:5-6?

A. He promised that He would be their God and they would be His people.

B. He promised that He would lead them directly to the Promised Land (Canaan) without having to face any more enemies.

C. He promised that everyone who had left Egypt would arrive safely inthe Promised Land.

Diez Plagas.

C. Los líderes egipcios no querían que los israelitas abandonaran su país con sentimientos negativos, ya que algún día podrían regresar y tratar de castigarlos o destruirlos.

8. Cuando Dios guio a los israelitas a través del Mar Rojo sobre tierra seca, ¿cómo respondió el pueblo?

A. Prometieron sinceramente nunca dudar del poder y de la gracia de Dios de nuevo.

B. Se regocijaron y alabaron a Dios por su liberación.

C. Ellos dieron por sentada su liberación, ya que Dios había prometido protegerlos.

9. Cuando los israelitas se quejaron de que necesitaban comida en el desierto:

A. Dios milagrosamente les quitó el hambre apremiante.

B. Cada dos días Dios les enviaba un suministro de un alimento especial llamado maná.

C. Cada día, a excepción del día de reposo, Dios les enviaba un suministro de maná y lo hizo hasta que entraron en la Tierra Prometida.

10. ¿Qué gran promesa dio Dios a Su pueblo en Éxodo 19:5-6?

A. Prometió que Él sería su Dios y ellos serían Su pueblo.

B. Prometió que los llevaría directamente a la Tierra Prometida (Canaán) sin tener que enfrentarse a más enemigos.

C. Prometió que todos los que habían salido de Egipto llegarían sanos y salvos a la Tierra Prometida.

LESSON 3 – additional QUESTIONS

1. Joseph's brothers treated Joseph very unkindly for many years.

A. Was Joseph willing to forgive his brothers for all they had done?

B. What did Joseph say about the treatment he had received from his brothers? See Genesis 50:20.

3. A. Why did the Egyptian rulers treat the people of Israel so harshly?

B. How did God respond to the groaning of His people in Egypt? (See Exodus 2:23-25.)

4. What reason did God give for sparing the Israelites from some of the plagues? (See Exodus 8:22.)

5. A. What was the tenth plague that God sent on the Egyptians?

B. Fill in the blanks in the following passage from Exodus 12:13. "The

_____ shall be a sign for you, on the houses where you are. And when I see the_____________, I will_________."

6. What does 1 Corinthians 5:7 tell us about Jesus Christ?

7. What does Hebrews 9:22 teach us?

8. A. How did God lead the people as they traveled through the wilderness? (See Exodus 13:21-22.)

B. Do you think these miraculous signs were comforting or frightening?

Please explain your answer.

9. A. How did the Israelites react when Pharaoh and his army chased after them?

B. What promise did God give them at this time? (See Exodus 14:17-18.)

10. How did God give the Israelites a victory over Pharaoh and his army?

LECCIÓN 3 – PREGUNTAS ADICIONALES

1. Los hermanos de José trataron a José muy cruelmente durante muchos años.

A. ¿Estuvo José dispuesto a perdonar a sus hermanos por todo lo que habían hecho?

B. ¿Qué dijo José sobre el trato que había recibido de parte de sus hermanos? Ver Génesis 50:20.

3. A. ¿Por qué los gobernantes egipcios trataron al pueblo de Israel tan duramente?

B. ¿Cómo respondió Dios al lamento de Su pueblo en Egipto? (Ver Éxodo 2:23-25.)

4. ¿Qué razón dio Dios para librar a los israelitas de algunos de las Plagas? (Ver Éxodo 8:22.)

5. A. ¿Cuál fue la décima plaga que Dios envió a los egipcios?

B. Rellena los espacios en blanco en el siguiente pasaje de Éxodo 12:13. "Y la _________ os será por señal en las casas donde estéis; y cuando yo vea la __________ pasaré __________."

6. ¿Qué nos dice 1 Corintios 5:7 acerca de Jesucristo?

7. ¿Qué nos enseña Hebreos 9:22?

8. A. ¿Cómo guio Dios al pueblo mientras viajaban por el desierto? (Ver Éxodo 13:21-22.)

B. ¿Crees que estas señales milagrosas fueron reconfortantes o espantosas?

Por favor explica tu respuesta.

9. A. ¿Cómo reaccionaron los israelitas cuando el faraón y su ejército fueron detrás de ellos?

B. ¿Qué promesa les dio Dios en este momento? (Ver Éxodo 14:17-18.)

10. ¿Cómo otorgó Dios a los israelitas una victoria sobre faraón y su ejército?

11. A. What did the Israelites do to deserve or earn this victory?

B. How did they respond to this great victory? See Exodus 14:31.

C. Did their response of trust and gratitude last for a long time or only a short time before they again grumbled and complained?

12. A. When the people had no water to drink, what did they do? (See Exodus 15:22-24.)

B. How did God respond to them? (See Exodus 15:25.)

13. A. According to Exodus 16:2-3, what did the murmuring Israelites want to do?

B. Why do you think they wanted to do this?

14. A. What great promise did God give the Israelites in Exodus15:26?

B. What had the people done to earn or deserve this exceptional promise?

C. Why did God give them this promise?

15. A. When the people complained that they did not have enough food or water, how did God provide for them?

B. How did the people respond to God's miraculous provision? (See Exodus 17:7.)

C. What does their response teach us about the "worthiness" of the people to receive God's blessings?

16. How did the manna which God provided point to Jesus Christ in the New Testament?

17. How did the water that God provided point to Jesus?

18. A. The people of Israel would fight many battles before they would conquer the land of Canaan. (See the book of Joshua.) With whom did they fight their first battle in the wilderness?

B. How many of the Israelite men were trained and experienced fighters?

11. A. ¿Qué hicieron los israelitas para merecer u obtener esta victoria?

B. ¿Cómo respondieron a esta gran victoria? Ver Éxodo 14:31.

C. ¿Su respuesta de confianza y gratitud duró mucho tiempo o sólo un poco tiempo antes de que otra vez se quejaran y se lamentaran?

12. A. Cuando el pueblo no tuvo agua para beber, ¿qué hicieron? (Ver Éxodo 15:22-24.)

B. ¿Cómo les respondió Dios? (Ver Éxodo 15:25.)

13. A. Según Éxodo 16:2-3, ¿qué querían hacer los israelitas murmurantes?

B. ¿Por qué crees que querían hacer esto?

14. A. ¿Qué gran promesa dio Dios a los israelitas en Éxodo15:26?

B. ¿Qué había hecho el pueblo para obtener o merecer esta promesa excepcional?

C. ¿Por qué Dios les dio esta promesa?

15. A. Cuando las personas se quejaron de que no tenían suficiente comida o agua, ¿cómo suplió Dios?

B. ¿Cómo respondió el pueblo a la provisión milagrosa de Dios? (Ver Éxodo 17:7.)

C. ¿Qué nos enseña su respuesta acerca de la "dignidad" de las personas para recibir las bendiciones de Dios?

16. ¿De qué forma el maná que Dios suplió apuntó hacia Jesucristo en el Nuevo ¿testamento?

17. ¿De qué forma el agua que Dios suplió apuntó hacia Jesús?

18. A. El pueblo de Israel libraría muchas batallas antes de conquistar la tierra de Canaán. (Ver el libro de Josué.) ¿Con quiénes libraron su primera batalla en el desierto?

B. ¿Cuántos de los hombres israelitas estaban entrenados y eran combatientes experimentados?

C.   How did they win a victory in this battle?

D.   How would this encourage them in the future?

19.   A. Who was Jethro?

B. How did God use Jethro to be a blessing to Moses and the Israelites?

20.   A. What great promise did God give to His people in Exodus 19:5-6?

B. What does this promise teach us about God's grace?

QUESTIONS For reflection Or DISCUSSION

1.   A. God blessed the Israelites in many wonderful and even miraculous ways during their time in the wilderness. Why do you think they continued to be so rebellious, ungrateful, and without faith most of the time?

B. Are Christians today much better in this regard than the Israelites?

C. Please give specific examples that support or explain your answer.

2.   God used Jethro, someone who probably served false gods much ofhis life, to give some very good advice to Moses. Do you think Godstill uses "new" believers or even "non-believers" to bless and help His people today? Please give specific examples which support or explain your answer.

3.   After God delivered the Israelites from Egypt, they may have thought thatthe way ahead would be smooth, pleasant, and without challenges. As aresult, they sometimes longed for their old life in Egypt, even though thatlife was far from pleasant or easy. Do you think some Christians today expect that their new life in Christ will be

C.   ¿Cómo obtuvieron una victoria en esta batalla?

D.   ¿Cómo los animaría esto en el futuro?

19.   A. ¿Quién era Jetro?

B.   ¿Cómo usó Dios a Jetro para ser de bendición para Moisés y para los Israelitas?

20.   A. ¿Qué gran promesa dio Dios a Su pueblo en Éxodo 19:5-6?

B.   ¿Qué nos enseña esta promesa acerca de la gracia de Dios?

PREGUNTAS PARA DISCUTIR O REFLEXIONAR

1.   A. Dios bendijo a los israelitas de muchas formas maravillosas e incluso milagrosas durante su tiempo en el desierto. ¿Por qué crees que continuaron siendo tan rebeldes, ingratos y sin fe la mayor parte del tiempo?

B. ¿Los cristianos en la actualidad son mucho mejores en este sentido que los israelitas?

C. Por favor da ejemplos concretos que apoyen o expliquen tu respuesta.

2.   Dios usó a Jetro, alguien que probablemente sirvió a dioses falsos gran parte de su vida, para dar un muy buen consejo a Moisés. ¿Crees que Dios todavía usa a los "nuevos" creyentes o incluso a los "no creyentes" para bendecir y ayudar a Su pueblo hoy en día? Por favor, da ejemplos específicos que apoyen o expliquen tu respuesta.

3.   Después de que Dios liberó a los israelitas de Egipto, es posible que hayan pensado que el camino a seguir sería fácil, agradable y sin desafíos. Como resultado, a veces anhelaba su antigua vida en Egipto, a pesar de que esa vida estaba lejos de ser agradable o fácil. ¿Crees que algunos cristianos de la actualidad esperan que su

smooth, pleasant, and with few challenges? If they do, do some of them sometimes long to go back to their "old ways"?

A. Please give specific examples that support or explain your answer.

B. How would you encourage Christians who have problems and challenges that they did not anticipate when they became Christians?

4. When the Israelites were in the wilderness God miraculously led them by a pillar of fire by night and a pillar of cloud by day. In this way they were continually reminded of the presence of God with them. In spite of that, however, and in spite of the many miracles God performed for them, they still wondered whether their God was truly with them (Exodus 17:7).

A. Is it possible for Christians today to doubt that God is truly with them?

B. How does God demonstrate His presence with believers today?

C. How would you respond today to a believer who doubts that God is always with him?

5. This Lesson seeks to demonstrate that the blessings which God gave to His people were always undeserved. It was only by His grace that they enjoyed freedom from captivity, victory over their enemies, a daily supply of food and drink, forgiveness for their many failures, and some very special promises from the Lord. List five stories or situations in your own life or in the lives of people you know which demonstrate that God's blessings and salvation are truly all by grace.

nueva vida en Cristo sea fácil, agradable y con pocos desafíos? Si es así, ¿algunos de ellos a veces anhelan volver a sus "viejas costumbres"?

A. Por favor, da ejemplos específicos que apoyen o expliquen tu respuesta.

B. ¿Cómo animarías a los cristianos que tienen problemas y desafíos que no anticiparon cuando se convirtieron en cristianos?

4. Cuando los israelitas estaban en el desierto, Dios los guio milagrosamente con una columna de fuego por la noche y una columna de nubes por el día. De esta manera se les recordaba continuamente la presencia de Dios con ellos. A pesar de eso, sin embargo, y a pesar de los muchos milagros que Dios realizó para ellos, todavía se preguntaban si su Dios estaba verdaderamente con ellos (Éxodo 17:7).

A. ¿Es posible que los cristianos de hoy en día duden que Dios está verdaderamente con ellos?

B. ¿Cómo demuestra Dios Su presencia con los creyentes hoy?

C. ¿Cómo responderías hoy a un creyente que duda que Dios está siempre con él?

5. Esta Lección busca demostrar que las bendiciones que Dios dio a Su pueblo siempre fueron inmerecidas. Fue sólo por Su gracia que disfrutaron de la libertad del cautiverio, la victoria sobre sus enemigos, una provisión diaria de comida y bebida, el perdón por sus muchas fallas, y algunas promesas muy especiales del Señor. Enlista historias o situaciones de tu propia vida o de las vidas de personas que conozcas que demuestran que las bendiciones y la salvación de Dios son verdaderamente todas por gracia.

GOD'S GRACE AND GOD'S LAWS
Lesson Four

Introduction

Some people believe that the way of salvation in the Old Testament is completely different from that in the New Testament. They teach that people in the New Testament were saved by grace while people in the Old Testament were saved by keeping God's laws. However, a careful study of the Old Testament clearly demonstrates that people have always been saved by God's grace and by grace alone.

> *But if this is true, why did God give His people hundreds of different laws in the Old Testament? And why does the Old Testament put so much emphasis on the keeping of these laws, the blessing of obeying the laws, and the punishment which follows from disobeying them? If no one can be saved by keeping these laws, why did God give them to us? And if no one is able to keep those laws perfectly, why did He promise that those who kept them would be blessed while those who broke them would be punished?*

Those are good questions and this Lesson will focus on answering them.

It is definitely true that God's people in the Old Testament were given hundreds of commands to obey and obligations to fulfill. They had regulations which covered virtually every area of their personal lives and also laws which governed their public or civil lives. In addition, the requirements for worship and sacrifice were spelled out in great detail with feasts to observe, sacrifices to offer, duties to perform, and tithes to present.

It is also true that for many of the Jews, the laws seemed not only endless but also burdensome (Acts 15:10). How could the Lord of grace give his people so many laws—laws which seemed in some ways to be almost as burdensome as the slavery the Israelites experienced for hundreds of years in Egypt?

LA GRACIA DE DIOS Y LAS LEYES DE DIOS
Cuarta Lección

Introducción

Algunas personas creen que el camino de la salvación en el Antiguo Testamento es completamente diferente al del Nuevo Testamento. Enseñan que las personas en el Nuevo Testamento eran salvas por gracia, mientras que las personas en el Antiguo Testamento eran salvas al guardar las leyes de Dios. Sin embargo, un estudio cuidadoso del Antiguo Testamento demuestra claramente que las personas siempre han sido salvas por gracia de Dios y sólo por gracia.

> *Pero si esto es cierto, ¿por qué Dios le dio a Su pueblo cientos de leyes diferentes en el Antiguo Testamento? ¿Y por qué el Antiguo Testamento pone tanto énfasis en el cumplimiento de estas leyes, en la bendición de obedecer las leyes y en el castigo que se deriva de desobedecerlas? Si nadie puede ser salvo guardando estas leyes, ¿por qué Dios nos las dio? Y si nadie es capaz de guardar esas leyes perfectamente, ¿por qué prometió que aquellos que las guardaran serían bendecidos mientras que aquellos que las violaran serían castigados?*

Esas son buenas preguntas y esta lección se centrará en responderlas.

Es definitivamente cierto que al pueblo de Dios en el Antiguo Testamento le fueron dados cientos de mandamientos que obedecer y obligaciones que cumplir. Tenían reglamentos que abarcaban prácticamente todos los ámbitos de sus vidas personales y también leyes que regían sus vidas públicas o civiles. Además, los requisitos para la adoración y el sacrificio se especificaron con gran detalle con fiestas que observar, sacrificios que ofrecer, deberes que realizar y diezmos que presentar.

También es cierto que, para muchos de los judíos, las leyes parecían no sólo interminables, sino también onerosas (Hechos 15:10). ¿Cómo pudo el Señor de la gracia dar a su pueblo tantas leyes, leyes que de alguna manera parecían ser casi tan gravosas como la esclavitud que los israelitas

God did have a divine purpose for giving these laws, but that purpose was definitely not to provide a "new" way of salvation. After giving His people one blessing after another by His grace, He did not suddenly decide that they would have to start "earning" their salvation in the future.

God knew very well that the people of Israel could never merit salvation on their own or be "good enough" to earn eternal life. And the people themselves should have realized that, too. Their record of trust and obedience during the first weeks after they left Egypt was terrible. But for some reason they didn't fully understand their weaknesses or the depths of their failures. So when they first heard the words God gave Moses to pass on to them, they responded with confidence and enthusiasm: *"We will do everything the Lord has said"* (Exodus 19:8).

Their response may have been serious, but it was also totally unrealistic. The people obviously did not understand the holiness of God or their own spiritual limitations. Though they had experienced God's grace in so many ways, they had so much to learn about this God of Grace. And God was ready to teach them!

The Giving of the law

After living in idolatrous Egypt for many years, the people of Israel had very little awareness of the absolute holiness of God. They grumbled against Him, made demands on Him, and kept on asking Him for one blessing after another. They had very little awareness of their own weaknesses and did not even begin to understand the great distance between God's infinite perfections and their own great sinfulness.

So before God gave His laws to Moses, He told him to prepare the people for their "meeting" with God on the third day. They were to consecrate themselves for the next two days, wash their clothes, and abstain from sexual relations (Exodus 19:10-11, 14- 15). They were also to keep away from the mountain where God would come near to them, not even touching it. Those who did touch

experimentaron durante cientos de años en Egipto?

Dios tenía un propósito divino para dar estas leyes, pero ese propósito definitivamente no era brindar un "nuevo" camino de salvación. Después de dar a Su pueblo una bendición tras otra por Su gracia, Él no desmintió repentinamente que tendrían que comenzar a "ganar" su salvación en el futuro.

Dios sabía muy bien que el pueblo de Israel nunca podría merecer la salvación por sí mismo o ser "lo suficientemente bueno" para ganar la vida eterna. Y el pueblo mismo debería haberse dado cuenta de eso también. Su historial de confianza y obediencia durante las primeras semanas después de salir de Egipto fue terrible. Pero por alguna razón no entendieron completamente sus debilidades o la profundidad de sus fracasos. Así que cuando escucharon por primera vez las palabras que Dios le dio a Moisés para que se las comunicara, respondieron con confianza y entusiasmo: *"Haremos todo lo que el Señor ha dicho"* (Éxodo 19:8).

Su respuesta pudo haber sido grave, pero también fue totalmente no realista. El pueblo obviamente no entendía la santidad de Dios o sus propias limitaciones espirituales. Aunque habían experimentado la gracia de Dios de tantas maneras, tenían mucho que aprender acerca de este Dios de gracia. ¡Y Dios estaba listo para enseñarles!

La entrega de la Ley

Después de vivir en el Egipto idólatra durante muchos años, el pueblo de Israel tenía muy poca conciencia de la santidad absoluta de Dios. Se quejaron de Él, le hicieron demandas y siguieron pidiéndole una bendición tras otra. Tenían muy poca conciencia de sus propias debilidades y ni siquiera comenzaron a entender la gran distancia entre las perfecciones infinitas de Dios y su propia gran pecaminosidad.

Así que antes de que Dios le diera Sus leyes a Moisés, Él le dijo que preparara al pueblo para su "encuentro" con Dios al tercer día. Debían consagrarse durante los próximos dos días, lavar sus ropas y abstenerse de tener relaciones sexuales (Éxodo 19:10-11, 14-15). También debían mantenerse alejados del monte al que Dios se acercaría, sin siquiera tocarlo. Aquellos que

the mountain would be put to death (Exodus 19:
12-13).

Exodus 19:16-19 describes the situation in these
solemn words:

*"On the morning of the third day there was thunder
and lightning and a very loud trumpet blast. Everyone
in the camp trembled.*

*Then Moses led the people out of the camp to meet
with God, and they stood at the foot of the mountain.
Mount Sinai was covered with smoke, because the
LORD descended on it in fire. The smoke billowed up
from it like smoke from a furnace, the whole
mountain trembled violently, and the sound of the
trumpet grew louder and louder. Then Moses spoke
and the voice of God answered him."* Exodus 19:16-
19

This was probably the first time that the people
became aware of the holiness and majesty of their
God. They had often seen His power through the
miracles He performed, but they were never fully
aware of His supreme holiness. They did not fully
understand the reality or the seriousness of their
sin or realize how their lives were frequently out of
harmony with God's will for them. But now they
were introduced to something new and awesome,
and they were humbled and afraid.

*"When the people saw the thunder and lightning and
heard the trumpet and saw the mountain in smoke,
they trembled with fear. They stayed at a distance and
said to Moses, 'Speak to us yourself and we will listen.
But do not have God speak to us or we will
die.'"*Exodus 20:18-19

The First reason

Then, why God gave His laws and commandments
to the people was to help them understand His
majestic holiness and their own dreadful
sinfulness.

Most of the people seemed to be living in spiritual
ignorance. They did not have a Bible to read and
there had not been a prophet or spiritual teacher
among them for many years. The gods of the
Egyptians had obviously not helped them
understand anything about the God of Abraham,
Isaac and Jacob. Many of the people had seemingly

tocaran el monte serían ejecutados (Éxodo 19:12-
13).

Éxodo 19:16-19 describe la situación en estas
palabras solemnes:

*"Y aconteció que al tercer día, cuando llegó la
mañana, hubo truenos y relámpagos y una densa
nube sobre el monte y un fuerte sonido de trompeta; y
tembló todo el pueblo que estaba en el campamento.
Entonces Moisés sacó al pueblo del campamento para
ir al encuentro de Dios, y ellos se quedaron al pie del
monte. Y todo el monte Sinaí humeaba, porque el
Señor había descendido sobre él en fuego; el humo
subía como el humo de un horno, y todo el monte se
estremecía con violencia. El sonido de la trompeta
aumentaba más y más; Moisés hablaba, y Dios le
respondía con el trueno."* Éxodo 19:16-19

Esta fue probablemente la primera vez que el
pueblo se dio cuenta de la santidad y majestad de
su Dios. A menudo habían visto Su poder a través
de los milagros que Él realizaba, pero nunca
fueron plenamente conscientes de Su santidad
suprema. No entendían completamente la realidad
o la gravedad de su pecado ni se daban cuenta de
cómo sus vidas con frecuencia estaban fuera de
armonía con la voluntad de Dios para ellos. Pero
ahora les había sido presentado algo nuevo e
impresionante, y fueron humillados y
atemorizados.

*"Y todo el pueblo percibía los truenos y relámpagos, el
sonido de la trompeta y el monte que humeaba; y
cuando el pueblo vio aquello, temblaron, y se
mantuvieron a distancia. Entonces dijeron a Moisés:
Habla tú con nosotros y escucharemos; pero que no
hable Dios con nosotros, no sea que muramos".*
Éxodo 20:18-19

El primer motivo

Entonces, de por qué Dios dio Sus leyes y
mandamientos al pueblo fue para ayudarles a
entender Su majestuosa santidad y su propia
pecaminosidad terrible.

La mayoría de las personas parecían estar viviendo
en la ignorancia espiritual. No tenían una Biblia
que leer y no habían tenido un profeta o maestro
espiritual entre ellos durante muchos años. Los
dioses de los egipcios obviamente no les habían
ayudado a entender nada acerca del Dios de
Abraham, Isaac y Jacob. Muchas de las personas

adjusted themselves to the lifestyle of the people around them and remembered little about the history of their ancestors.

There were probably many God-fearing people among them who still served the Lord (such as Moses' family), but they had no divine law, no central place of worship, no sacrificial system, and little knowledge of the things that God taught them later in the wilderness. If God did not give them His laws, they would never know how often they failed to live the way He wanted them to live. As a result, they would never realize or understand their need for repentance and forgiveness. And they would never understand the riches of God's grace which continued to surround them and bless them.

After Adam and Eve fell into sin in the Garden of Eden, their hearts and the hearts of all their descendants were inclined to sin rather than to holiness (Ephesians 2:1-3). They did not understand that *"The heart is deceitful above all things and beyond cure"* (Jeremiah 17:9). And they had never been taught that, in God's sight, *"There is no one who does good, not even one"* (Psalm 53:3).

Most of the people did not understand or realize that man, left to himself, is inclined toward selfishness, pride, jealousy, envy, greed and many other forms of evil. And they were not fully aware, as Jesus taught, that *"out of the heart come evil thoughts, murder, adultery, sexual immorality, theft, false testimony, slander"* (Matthew 15:19).

Though the people of Israel had repeatedly been sinning against God during their first few months in the wilderness through their grumbling, disobedience and unbelief, they were sadly unaware of it. Perhaps they were comparing themselves with the people in Egypt. Or maybe they had simply taken God for granted and did not realize how holy He was and how sinful they were. They needed God's laws to help them understand their true status in the presence of a holy God.

aparentemente se habían adaptado al estilo de vida de aquellos que los rodeaban y recordaban poco sobre la historia de sus antepasados.

Probablemente había algunas personas temerosas de Dios entre ellos que todavía servían al Señor (como la familia de Moisés), pero no tenían ninguna ley divina, ningún lugar central de adoración, ningún sistema de sacrificios, y poco conocimiento de las cosas que Dios les enseñaría más tarde en el desierto. Si Dios no les hubiese dado Sus leyes, nunca hubiesen sabido con qué frecuencia no vivían de la manera que Él quería que vivieran. Como resultado, nunca se hubiesen dado cuenta o hubiesen entendido su necesidad de arrepentimiento y perdón. Y nunca hubiesen entendido las riquezas de la gracia de Dios que continuaba rodeándolos y bendiciéndolos.

Después de que Adán y Eva cayeron en pecado en el Huerto del Edén, sus corazones y los corazones de todos sus descendientes se inclinaron a pecar en lugar de a la santidad (Efesios 2:1-3). No entendían que *"Más engañoso que todo, es el corazón, y sin remedio"* (Jeremías 17:9). Y nunca se les había enseñado que, ante los ojos de Dios, *"No hay* nadie que haga *el bien, ni siquiera uno"* (Salmo 53:3).

La mayoría de las personas no entendía o no se daba cuenta de que el hombre, abandonado a sí mismo, se inclina hacia el egoísmo, el orgullo, los celos, la envidia, la codicia y muchas otras formas de maldad. Y no eran plenamente conscientes, como Jesús enseñó, de que *"del corazón provienen malos pensamientos, homicidios, adulterios, fornicaciones, robos, falsos testimonios y calumnias"* (Mateo 15:19).

Aunque el pueblo de Israel había estado pecando repetidamente contra Dios durante sus primeros meses en el desierto a través de su lamento, desobediencia e incredulidad, lamentablemente no fueron conscientes de ello. Tal vez se estaban comparando con el pueblo de Egipto. O tal vez simplemente habían dado a Dios por sentado y no se dieron cuenta de lo santo que Él era y lo pecaminosos que ellos eran. Necesitaban las leyes de Dios para ayudarles a entender su verdadero estado en la presencia de un Dios santo.

Siglos más tarde, el apóstol Pablo escribió en su carta a la iglesia de Roma:

Centuries later the Apostle Paul wrote in his letter to the church in Rome:

"Through the law we become conscious of sin"... "I would not have known what sin was except through the law." Romans 3:20; 7:7

So when the people of Israel heard the Lord speaking to them from the mountain, many of them began to understand their sinfulness for the very first time. As a result, the people trembled with fear (Exodus 20:18-19). God was far more holy and they were far more sinful than they had ever imagined or understood!

the second reason why God gave the laws and commandments was to keep His people from sinning against Him. When the people trembled with fear after hearing the voice of God, Moses said:

"Do not be afraid. God has come to test you, so that the fear of God will be with you to keep you from sinning." Exodus 20:20

Up to this point the Israelites did not really know how God wanted them to live. They had been taking God's grace largely for granted and offered Him little love or obedience in return. God had graciously taken the first step in bringing them to Himself, but if they were going to continue to receive His blessings, they had to know how God wanted them to live.

By keeping God's commandments, therefore, they would not be earning their salvation, but they would be living in obedience to the God who had already delivered them (Exodus 19:4). So when God gave them the Ten Commandments, He reminded them first of all that He was the God who had delivered them from the bondage and slavery of Egypt (Exodus 20:2). The laws were not given as a way of salvation or deliverance, but they taught the people how they could walk in joy and peace and thankfulness with the God who had already chosen them, delivered them, and blessed them.

If they continued to walk in faith and obedience, they would continue to receive God's gracious blessings (Exodus 19:5-6; Deuteronomy 6:1-3; Deuteronomy 28:1-14). If they did not trust and obey, they would forfeit many of the blessings God

"Por medio de la ley viene el conocimiento del pecado"... "No hubiera llegado a conocer el pecado si no hubiera sido por medio de la ley". Romanos 3:20; 7:7

Así que cuando el pueblo de Israel escuchó al Señor hablarles desde el monte, muchos de ellos comenzaron a entender su pecaminosidad por primera vez. Como resultado, el pueblo tembló de miedo (Éxodo 20:18-19). ¡Dios era mucho más santo y ellos eran mucho más pecaminosos de lo que jamás habían imaginado o entendido!

La segunda razón por la que Dios dio las leyes y mandamientos fue para evitar que Su pueblo pecara contra Él. Cuando el pueblo tembló de temor después de escuchar la voz de Dios, Moisés dijo:

"No temáis, porque Dios ha venido para poneros a prueba, y para que su temor permanezca en vosotros, y para que no pequéis". Éxodo 20:20

Hasta este punto los israelitas no sabían realmente la forma en la que Dios quería que vivieran. Ellos habían estado dando por sentada la gracia de Dios en gran medida y le habían ofrecido poco amor u obediencia a cambio. Dios había dado misericordiosamente el primer paso para atraerlos hacia Sí mismo, pero si iban a continuar recibiendo Sus bendiciones, tenían que saber la forma en la que Dios quería que vivieran.

Por lo tanto, al guardar los mandamientos de Dios, no estarían obteniendo su salvación, sino que estarían viviendo en obediencia al Dios que ya los había liberado (Éxodo 19:4). Así que cuando Dios les dio los Diez Mandamientos, Él les recordó en primer lugar que Él era el Dios que los había liberado del yugo y de la esclavitud de Egipto (Éxodo 20:2). Las leyes no fueron dadas como un camino a la salvación o liberación, sino que enseñaron al pueblo cómo podían caminar en gozo, paz y agradecimiento con el Dios que ya los había elegido, los había liberado y los había bendecido.

Si continuaban caminando en fe y obediencia, continuarían recibiendo las bendiciones por gracia de Dios (Éxodo 19:5-6; Deuteronomio 6:1-3; Deuteronomio 28:1-14). Si no confiaban y obedecían, perderían muchas de las bendiciones que

had promised them and they would suffer punishment and distress instead (Deuteronomy 28:15-68).

But God is so gracious that, even when His people forfeited His blessings through disobedience and wickedness, He continued to regard them as His treasured possession. One of the most impressive passages in the Old Testament concerning this truth is Exodus 34:6-7 where we read a wonderful message that God Himself proclaimed to Moses.

> *"The LORD, the LORD, the compassionate and gracious God, slow to anger, abounding in love and faithfulness, maintaining love to thousands, and forgiving wickedness, rebellion and sin."*

The people of Israel could never even begin to earn or merit the wonderful blessings which God promised them by His grace. salvation was always a gift of grace!

a third reason for giving the law was to help people live in positive and constructive relationships with one another. After the fall of Adam and Eve in the Garden of Eden, people's natural inclination was to live for themselves rather than for God and to serve themselves rather than to serve others in His name. God's laws would therefore help them understand what it meant to love and help their neighbors rather than always seeking to satisfy their own selfish wants and desires—often at the expense of others.

> Though the laws given in Exodus and Leviticus might seem at first to be unnecessarily detailed, God wanted His people to know that they were to live for Him all the time and in every situation. He therefore gave them laws regarding work, health, hygiene, marriage, sexual relationships, servants, clothing, finances, business, property, civil life, legal matters, and every other aspect of their lives.

The laws also taught them about justice, integrity, honesty, sincerity, compassion and every other virtue that pleases God. All these laws and commandments provided a more detailed and explicit description of what it means to love God with all our heart, soul, mind, and strength (Deuteronomy 6:4-5) and to love our neighbors as ourselves (Leviticus 19:18). God wanted to impress

Dios les había prometido y sufrirían castigo y angustia en su lugar (Deuteronomio 28:15-68).

Pero Dios es tan misericordioso que, aun cuando Su pueblo perdió el derecho a las bendiciones a través de la desobediencia y la iniquidad, Él continuó considerándolos como Su posesión preciada. Uno de los pasajes más impresionantes en el Antiguo Testamento con respecto a esta verdad es Éxodo 34:6-7 donde leemos un maravilloso mensaje que Dios mismo proclamó a Moisés.

> *"El Señor, el Señor, Dios compasivo y clemente, lento para la ira y abundante en misericordia y fidelidad; el que guarda misericordia a millares, el que perdona la iniquidad, la transgresión y el pecado."*

El pueblo de Israel ni siquiera podría comenzar a ganar o merecer las maravillosas bendiciones que Dios les prometió por Su gracia. ¡la salvación siempre fue un regalo de gracia!

Una tercera razón para haber dado la ley fue ayudar al pueblo a vivir en relaciones positivas y constructivas entre sí. Después de la caída de Adán y Eva en el Huerto del Edén, la inclinación natural de las personas era vivir para ellas mismas en lugar de para Dios y servirse a sí mismas en lugar de servir a los demás en Su nombre. Por lo tanto, las leyes de Dios les ayudarían a entender lo que significaba amar y ayudar a su prójimo en lugar de buscar siempre satisfacer sus propios deseos egoístas, a menudo a expensas de los demás.

> Aunque las leyes dadas en Éxodo y Levítico pudieron parecer al principio innecesariamente detalladas, Dios quería que Su pueblo supiera que debían vivir para Él todo el tiempo y en cada situación. Por lo tanto, les dio leyes sobre el trabajo, la salud, la higiene, el matrimonio, las relaciones sexuales, los sirvientes, la ropa, las finanzas, los negocios, la propiedad, la vida civil, los asuntos legales y todos los demás aspectos de sus vidas.

Las leyes también les enseñaron acerca de la justicia, la integridad, la honestidad, la sinceridad, la compasión y cualquier otra virtud que agrada a Dios. Todas estas leyes y mandamientos proporcionaron una descripción más detallada y explícita de lo que significa amar a Dios con todo nuestro corazón, alma, mente y fuerzas (Deuteronomio 6:4-5) y amar a nuestro prójimo como a nosotros mismos (Levítico 19:18). ¡Dios

on their minds and hearts that there was no time, no place, and no situation where they were free to live their own way rather than His way!

a Fourth reason for giving the laws was to emphasize how much the people needed a perfect Savior to fulfill God's laws in their behalf and to pay the penalty for their own failure to obey those laws. No one could ever keep God's laws and commandments perfectly. There were always failures of action or failures of motive as people's sinful nature led them again and again to live in ways that did not please the Lord.

> It's very important, therefore, to remember that the laws taught the people how God wanted them to live, but the laws themselves did not give people the power to obey Him! Without the gracious work of God in their hearts, the people would continually fail to obey those laws and fall into sin. Over and over again they would need to be cleansed, purified and forgiven. And forgiveness and cleansing would never be obtained by human effort but only by God's mercy and grace. (Read Psalm 51:1-3, 7, 9-10.)

Many of the laws God gave through Moses therefore involved the worship life of the people. God gave the people detailed laws concerning sacrifices and offerings and appointed priests who would offer sacrifices in their behalf. These laws, too, were numerous and detailed. The rituals they had to follow for cleansing and purification were carefully spelled out and the animals that were to be offered as sacrifices had to be the very best the people could find. Even the place where the sacrifices were to be offered (the Tabernacle) was to be built exactly as God had commanded (Exodus 25:40, 26:30).

> *Though the people of Israel may not have fully understood the significance of all these things, the laws and instructions God gave to them pointed forward to God's grace in providing the perfect Lamb of God who "takes away the sin of the world" (John 1:29).*

A Fifth reason for giving the law was to help God's people live in a way that would give a strong and consistent witness to the nations

querría grabar en sus mentes y corazones que no había tiempo, ni lugar, ni situación en la que fueran libres de vivir a su modo en lugar de a Su modo!

Una cuarta razón para haber dado las leyes fue enfatizar lo mucho que el pueblo necesitaba un Salvador perfecto para cumplir las leyes de Dios en su nombre y para pagar la pena por su propio incumplimiento de esas leyes. Nadie podría guardar perfectamente las leyes y mandamientos de Dios. Siempre habría fallas de acción o fallas de motivación, ya que la naturaleza pecaminosa de las personas las llevaba una y otra vez a vivir de maneras que no agradaban al Señor.

> Es muy importante, por lo tanto, recordar que las leyes enseñaron al pueblo la forma en que Dios quería que vivieran, ¡pero las leyes mismas no le dieron al pueblo el poder de obedecerle! Sin la obra por gracia de Dios en sus corazones, el pueblo continuamente no obedecería esas leyes y caería en pecado. Una y otra vez tendrían que ser limpiados, purificados y perdonados. Y el perdón y la limpieza nunca se obtendrían por el esfuerzo humano, sino sólo por la misericordia y la gracia de Dios. (Leer Salmo 51:1-3, 7, 9-10.)

Por lo tanto, muchas de las leyes que Dios dio a través de Moisés involucraban la vida de adoración del pueblo. Dios dio al pueblo leyes detalladas acerca de los sacrificios y ofrendas y designó a los sacerdotes que ofrecerían sacrificios a su favor. Estas leyes, también, eran numerosas y detalladas. Los rituales que debían seguir para la limpieza y purificación estaban cuidadosamente explicados y los animales que debían ser ofrecidos como sacrificios tenían que ser lo mejor que la gente pudiera encontrar. Incluso el lugar donde los sacrificios debían ser ofrecidos (el Tabernáculo) debía ser construido exactamente como Dios había mandado (Éxodo 25:40, 26:30).

> *Aunque el pueblo de Israel pudo no haber entendido completamente el significado de todas estas cosas, las leyes e instrucciones que Dios les dio apuntaron hacia la gracia de Dios al proveer el Cordero perfecto de Dios que "quita el pecado del mundo" (Juan 1:29).*

Una quinta razón para haber dado la ley fue ayudar al pueblo de Dios a vivir de una manera que diera un testimonio sólido y coherente ante las naciones que les rodeaban. Como enfatiza el Salmo 147:19-20,

around them. As Psalm 147:19-20 emphasizes, other nations did not have the blessing of God's law or understand His decrees. Most people, therefore, continued to live in spiritual ignorance and without the special blessings which the people of Israel enjoyed. By living in obedience to God, the people of Israel would not only continue to receive God's blessing themselves, but they would also bring honor and glory to the Lord in the sight of other nations. See, for example, Psalm 67:1-2 and 7:

> *"May God be gracious to us and bless us and make his face shine upon us, that your ways may be known on earth, your salvation among all nations.   God will bless us, and all the ends of the earth will fear him."*

> (See also Psalm 102: 15, 21-22; Psalm 105:1, Isaiah 12:4; 1 Chronicles 16:8-9;Jeremiah 4:1-2; Romans 15:8-12.)

If God's people failed to live the way He wanted them to live, they would not only bring dishonor to God, but they would also keep others from knowing God and from receiving the blessing that God gave to all people who loved and served and honored Him.

The ultimate blessing that the "other nations" would receive through the people of Israel would not come until the Savior would be born (Genesis 3:15; 28:14). However, already in Old Testament times, non-Jews were often blessed by God's people who were living the way God wanted them to live. (See, for example, Daniel 3:25-29; Esther 8:15-17; and Psalm 72:17-19.)

a sixth reason for giving the law was to provide the Israelites with a way to receive God's special blessings in their lives. God promised that He would graciously give His people many wonderful blessings if they lived in obedience and faithfulness. However, if they did not love and serve Him or live according to His commandments, they would forfeit the blessings they might have received and would instead experience punishment and loss.

> *In Lesson Six we will read many Old Testament passages that refer to the blessings God promised to those who loved and served Him and obeyed His laws.*

---

otras naciones no tenían la bendición de la ley de Dios ni entendían Sus decretos. La mayoría de las personas, por lo tanto, continuaron viviendo en ignorancia espiritual y sin las bendiciones especiales que el pueblo de Israel disfrutaba. Al vivir en obediencia a Dios, el pueblo de Israel no sólo continuaría recibiendo la bendición de Dios, sino que también traería honor y gloria al Señor ante los ojos de otras naciones. Ver, por ejemplo, Salmos 67:1-2 y 7:

> *"Dios tenga piedad de nosotros y nos bendiga, y haga resplandecer su rostro sobre nosotros; para que sea conocido en la tierra tu camino, entre todas las naciones tu salvación.   Dios nos bendice, para que le teman todos los términos de la tierra."*

> (Ver también Salmos 102: 15, 21-22; Salmos 105:1, Isaías 12:4; 1 Crónicas 16:8-9; Jeremías 4:1-2; Romanos 15:8-12.)

Si el pueblo de Dios no vivía de la manera que Él quería que vivieran, no sólo traerían deshonra a Dios, sino que también evitarían que otros conocieran a Dios y recibieran la bendición que Dios dio a todas las personas que lo amaban, sirvieran y honraban.

La bendición final que las "otras naciones" recibirían a través del pueblo de Israel no vendría hasta que el Salvador naciera (Génesis 3:15; 28:14). Sin embargo, ya en los tiempos del Antiguo Testamento, los no judíos a menudo eran bendecidos por el pueblo de Dios que vivía de la manera en que Dios quería que vivieran. (Ver, por ejemplo, Daniel 3:25-29; Ester 8:15-17; y Salmo 72:17-19.)

Una sexta razón para haber dado la ley fue proveer a los Israelitas una forma de recibir bendiciones especiales de parte de Dios en sus vidas. Dios prometió que Él por gracia daría a Su pueblo muchas bendiciones maravillosas si vivían en obediencia y fidelidad. Sin embargo, si no lo amaban y no le servían o no vivían de acuerdo con Sus mandamientos, perderían las bendiciones que podrían haber recibido y, en cambio, experimentarían castigo y pérdida.

> *En la lección seis leeremos muchos pasajes del Antiguo Testamento que se refieren a las bendiciones que Dios prometió a aquellos que lo amaban, le servían y obedecían Sus leyes.*

The Breaking of the law

After God spoke the Ten Commandments in the hearing of the people, the people remained at a distance *"while Moses approached the thick darkness where God was"* (Exodus 20:21). God proceeded to give Moses additional laws of various kinds to govern the lives of His people.

The very first thing the Lord emphasized in His message to Moses was the great importance of the first two of the Ten Commandments. He remembered that the Israelites had lived for four hundred years among the idolatrous Egyptians and He knew that in the years ahead the Israelites would frequently encounter people who made idols as objects of worship. So He warned them with these words:

> *"You have seen for yourselves that I have spoken to you from heaven. Do not make any gods to be alongside me; do not make for yourselves gods of silver or gods of gold"* (Exodus 20:22-23).

Later, when Moses went up the mountain to receive the Ten Commandments from God written on tablets of stone, the cloud covered the mountain and *"the glory of the Lord settled on Mount Sinai To the Israelites the glory of the Lord looked like a consuming fire on top of the mountain"* (Exodus 24:15-17).

> Moses stayed on the mountain with the Lord for forty days and forty nights (Exodus 24:18). During this time the people became impatient as they waited for Moses to return. When he didn't return soon enough, the people gathered around Aaron, Moses' brother, who was the spiritual leader of the people when Moses was not present. They said, *"Come, make us gods who will go before us. As for this fellow Moses who brought us up out of Egypt, we don't know what has happened to him"* (Exodus 32:1).

Incredibly, Aaron listened to them and did what they asked! He took the gold which the Egyptians had given to them before they left Egypt and *"made it into an idol cast in the shape of a calf, fashioning it with a tool. Then they said, 'These are your gods, O Israel, who brought you up out of Egypt'"* (Exodus 32: 2-4).

> How could Aaron and the people of Israel even think of doing this!? It was only a short time before this that they trembled with fear when they heard

La violación de la Ley

Después de que Dios pronunció los Diez Mandamientos en la audiencia del pueblo, el pueblo permaneció a la distancia *"mientras Moisés se acercaba a la densa nube donde estaba Dios"* (Éxodo 20:21). Dios procedió a dar a Moisés leyes adicionales de varios tipos para gobernar la vida de Su pueblo.

Lo primero que el Señor enfatizó en Su mensaje a Moisés fue la gran importancia de los dos primeros de los Diez Mandamientos. Recordó que los israelitas habían vivido durante cuatrocientos años entre los egipcios idólatras y sabía que en los años venideros los israelitas se encontrarían con frecuencia con personas que hacían ídolos como objetos de adoración. Así que él les advirtió con estas palabras:

> *"Vosotros habéis visto que os he hablado desde el cielo. No haréis junto a mí dioses de plata ni dioses de oro"* (Éxodo 20:22-23).

Más tarde, cuando Moisés subió al monte para recibir los Diez Mandamientos de Dios escritos en tablas de piedra, la nube cubrió el monte y *"la gloria del Señor reposó sobre el monte Sinaí. A los ojos de los hijos de Israel la apariencia de la gloria del Señor era como un fuego consumidor sobre la cumbre del monte"* (Éxodo 24:15-17).

> Moisés se quedó en la montaña con el Señor durante cuarenta días y cuarenta noches (Éxodo 24:18). Durante este tiempo, el pueblo se impacientó mientras esperaban a que Moisés regresara. Cuando no regresó lo suficientemente pronto, el pueblo se reunió alrededor de Aarón, el hermano de Moisés, quien era el líder espiritual del pueblo cuando Moisés no estaba presente. Ellos dijeron: *"Levántate, haznos un dios que vaya delante de nosotros; en cuanto a este Moisés, el hombre que nos sacó de la tierra de Egipto, no sabemos qué le haya acontecido"* (Éxodo 32:1).

¡Increíblemente, Aaron los escuchó e hizo lo que le pidieron! Tomó el oro que los egipcios les habían dado antes de salir de Egipto y *"les dio forma con buril, e hizo de ellos un becerro de fundición. Y ellos dijeron: Este es tu dios, Israel, que te ha sacado de la tierra de Egipto"* (Éxodo 32:2-4).

> ¿¡Cómo podrían Aarón y el pueblo de Israel incluso pensar en hacer esto!? Fue poco tiempo antes de esto

the voice of God. And they had been overwhelmed when they saw the shining glory of God which burned like a fire on the top of the mountain! And now they glibly talk about "gods" after all that the one true God had said to them and done for them!

This terrible act of disobedience made it crystal clear that the people still did not understand the holiness and awesomeness of their God. They had witnessed His power, seen His miracles, enjoyed His provision, and received His clear instructions on how they should live. But in spite of all these things, they still understood so very little about the majesty and holiness of the gracious God who had delivered them from slavery and guided them in the wilderness.

God severely punished the people for what they had done and even threatened to destroy them and make Moses into a great nation in their place (Exodus 32:9-10). But Moses pleaded with God to show mercy and grace to the people for the sake of His own honor and glory (Exodus 32:11-12).

Moses also appealed for mercy on the basis of the promises which the Lord had given to Abraham, Isaac, and Jacob hundreds of years before (Exodus 32: 13). In no way did Moses ask for mercy on the basis of anything that the people had earned or deserved or promised to do in the future. his plea was simply and completely based on the Grace of God. God heard Moses' plea and graciously granted what he had asked for (Exodus 32:14).

How obvious it was that the people of Israel would never be able to earn or merit salvation by keeping God's laws. The law clearly revealed their sin but it definitely did not provide a remedy for it!

if the people were not saved by God's grace, they would never be saved at all!

Summary and Conclusion

The people of Israel, chosen by God's grace to be His own treasured possession, were the most blessed people on the face of the earth. To them God showed Himself as the only true God, a God who is powerful, loving, compassionate and gracious.

que temblaron de miedo cuando escucharon la voz de Dios. ¡Y se habían visto abrumados cuando vieron la gloria resplandeciente de Dios que ardía como un fuego en la cima del monte! ¡Y ahora hablan con desparpajo de "dioses" después de todo lo que el único Dios verdadero les había dicho y había hecho por ellos!

Este terrible acto de desobediencia dejó muy claro que el pueblo todavía no entendía la santidad y lo atemorizante de su Dios. Ellos habían sido testigos de Su poder, habían visto Sus milagros, habían disfrutado de Su provisión y habían recibido Sus claras instrucciones sobre cómo debían vivir. Pero a pesar de todas estas cosas, todavía entendían muy poco acerca de la majestad y la santidad del Dios misericordioso que los había liberado de la esclavitud y los había guiado en el desierto.

Dios castigó severamente al pueblo por lo que habían hecho e incluso amenazó con destruirlos y hacer de Moisés una gran nación en su lugar (Éxodo 32:9-10). Pero Moisés suplicó a Dios que mostrara misericordia y gracia al pueblo por amor de Su propio honor y gloria (Éxodo 32:11-12).

Moisés también apeló a la misericordia sobre la base de las promesas que el Señor había dado a Abraham, Isaac y Jacob cientos de años antes (Éxodo 32:13). De ninguna manera Moisés pidió misericordia sobre la base de nada que el pueblo hubiera ganado, merecido o prometido hacer en el futuro. Su súplica se basó simple y completamente en la Gracia de Dios. Dios escuchó la súplica de Moisés y por gracia le concedió lo que había pedido (Éxodo 32:14).

Cuán obvio era que el pueblo de Israel nunca sería capaz de ganar o merecer la salvación guardando las leyes de Dios. ¡La ley reveló claramente su pecado, pero definitivamente no proporcionó un remedio para éste!

Si el pueblo no fuera salvo por la gracia de Dios, ¡nunca sería salvo en absoluto!

Resumen y conclusión

El pueblo de Israel, elegido por la gracia de Dios como Su propia posesión valiosa, era el pueblo más bendecido sobre la faz de la tierra. Ante ellos Dios se mostró como el único Dios verdadero, un Dios que es poderoso, amoroso, compasivo y misericordioso.

After God delivered His people from bondage and slavery in Egypt, He gave them His laws and commandments to teach them how He wanted them to live in gratitude and obedience. If they obeyed His commands, they would continue to receive the abundant blessings He promised them. If they disobeyed or no longer trusted, honored, and served Him, they would suffer punishment and lose the promised blessings.

always, however, God's promises and grace preceded the giving of his laws and commands.

The laws were never intended to establish a saving relationship between God and His people but rather to preserve and strengthen that relationship. The laws would guide them as they sought to live in a way that pleased and honored God and which would also enable them to be a witness to the nations around them. But the laws themselves could never provide what the laws demanded.

Since the people were totally unable to obey all the laws and commands that God had given to them, the commands clearly demonstrated that they needed Someone to obey God's laws in their behalf and to make atonement for their failures and sins. Many of the laws and commands in the Old Testament, therefore, pointed forward to Jesus Christ, the Redeemer who was first graciously promised already in Genesis 3:15.

Throughout the Old Testament God repeatedly provided forgiveness and grace for those who repented and confessed their sins. But the salvation was granted not on the basis of what the people did or would do. Rather salvation was based on the future work of Jesus who paid the penalty for their sins and who earned eternal life for all those who put their faith and trust in Him. salvation was always and only by God's grace.

Después de que Dios liberó a Su pueblo del yugo y de la esclavitud en Egipto, les dio Sus leyes y mandamientos para enseñarles cómo quería que vivieran en gratitud y obediencia. Si obedecían Sus mandamientos, continuarían recibiendo las abundantes bendiciones que Él les había prometido. Si desobedecían o dejaban de confiar, honrar y servirle, sufrirían castigo y perderían las bendiciones prometidas.

Siempre, sin embargo, las promesas y la gracia de Dios precedieron a la entrega de sus leyes y mandamientos.

Las leyes nunca fueron pensadas para establecer una relación salvadora entre Dios y Su pueblo, sino más bien para preservar y fortalecer esa relación. Las leyes los guiarían mientras buscaran vivir de una manera que agradara y honrara a Dios y que también les permitiera ser testimonio ante las naciones que los rodeaban. Pero las propias leyes nunca pudieron brindar lo que las leyes exigían.

Dado que las personas eran totalmente incapaces de obedecer todas las leyes y mandamientos que Dios les había dado, los mandamientos demostraron claramente que necesitaban que Alguien obedeciera las leyes de Dios en su nombre y que hiciera expiación por sus fracasos y pecados. Muchas de las leyes y mandamientos del Antiguo Testamento, por lo tanto, apuntaban hacia Jesucristo, el Redentor que fue prometido por gracia por primera vez ya en Génesis 3:15.

A lo largo del Antiguo Testamento, Dios brindó repetidamente perdón y gracia a aquellos que se arrepintieran y confesaran sus pecados. Pero la salvación no fue concedida sobre la base de lo que las personas hacían o querían hacer, sino que la salvación se basó en la obra futura de Jesús, quien pagó el castigo por sus pecados y quien obtuvo la vida eterna para todos aquellos que pusieron su fe y no se olvidaran de Él. La salvación fue siempre y sólo por gracia de Dios.

True Or False

circle **t** or F.

1. T   F The way of salvation in the Old Testament is completely different from the way of salvation in the New Testament.

2. T   F For many of the Jews, the laws that God gave them seemed tobe a great burden.

3. T   F When God revealed Himself to the Israelites at Mt. Sinai, thepeople trembled and were frightened.

4. T   F If God had not given the people His laws, they would never haveunderstood or appreciated the riches of His grace.

5. T   F After God revealed Himself to the Israelites in awesome waysat Mt. Sinai, the people had a much deeper appreciation of His holiness which resulted in both humility and obedience.

6. T   F Before the Lord gave the Israelites His laws, they really didn't understand or realize how He

Encierra con un círculo si es V o F.

1. V   F La forma de salvación del Antiguo Testamento es completamente diferente a la forma de salvación del Nuevo Testamento.

2. V   F Para muchos de los judíos, las leyes que Dios dio parecían ser una gran carga.

3. V   F Cuando Dios se reveló a los israelitas en el Monte Sinaí, el pueblo tembló y se asustó.

4. V   F Si Dios no hubiera dado al pueblo Sus leyes, nunca habrían entendido o apreciado las riquezas de Su gracia.

5. V   F Después de que Dios se reveló a los israelitas de maneras impresionantes en el Monte Sinaí, el pueblo tuvo una apreciación mucho más profunda de Su santidad, lo cual resultó en humildad y obediencia.

6. V   F Antes de que el Señor diera a los israelitas Sus leyes, ellos realmente no entendían ni se daban cuenta de la forma en que Él quería que vivieran.

7. V   F Las leyes de Dios revelaron claramente los pecados de Su pueblo, pero no les proporcionaron un remedio ni perdón para éstos.

8. V   F Si los israelitas vivieran de acuerdo con los mandamientos de Dios, no sólo agradarían a Dios, sino que también servirían como testimonio ante otras naciones que no conocían a Dios.

wanted them to live.

7. T   F The laws of God clearly revealed
            the sins of His people but they
            did not provide a remedy for
            them or forgiveness for them.

8. T   F If the Israelites lived according to
            God's commands, they
            would not only please God
            but they would also serve as
            a witness to other nations
            who did not know God.

9. T   F When Moses was on the mountain
            with God for forty days, the
            Israelites asked Moses'
            brother to make some "gods"
            for them toworship—and he
            did what they asked.

10. T   F God was not at all pleased with
            what Aaron had done, but
            Henever punished Aaron or
            the people for it.

Multiple Choice

choose which of the three statements is correct.
    circle a *or* B *or* c.

9. V   F Cuando Moisés estuvo en el monte
            con Dios durante cuarenta días,
            los israelitas le pidieron al
            hermano de Moisés que hiciera
            algunos "dioses" para que los
            adoraran, y él hizo lo que le
            pidieron.

10. V F Dios no estuvo en absoluto
            complacido con lo que Aarón
            había hecho, pero nunca castigó a
            Aarón o al pueblo por ello.

OPCIÓN MÚLTIPLE

Elije cuál de las tres afirmaciones es correcta.
Encierra en un círculo A o B o C.

1. A. Antes de la venida de Jesús al mundo, las
        personas eran salvas por sus buenas obras.

    B. En los tiempos del Antiguo Testamento, los
        israelitas fueron salvos por su fiel observancia
        de los Diez Mandamientos y los no israelitas no
        fueron salvos en absoluto.

    C. La única manera en que las personas podían ser
        salvas era a través de la gracia de Dios.

2. Mientras los israelitas vivían en Egipto:

    A. No parecían saber mucho acerca del Dios de
        Abraham.

    B. La mayoría de las personas de Israel que vivían
        en Egipto adoraban fielmente y servían al Dios
        de Abraham, Isaac y Jacob.

    C. Observaron obedientemente los Diez
        Mandamientos a pesar de que aún no los tenían
        en forma escrita.

3. Cuando Dios se apareció a los israelitas en el
    Monte Sinaí:

    A. El pueblo tuvo mucho miedo y no quiso que
        Dios les hablara directamente.

    B. El pueblo se regocijó al tener finalmente un
        encuentro directo con su Dios.

    C. El pueblo corrió al monte para dar alabanza al
        Dios que los había liberado de su esclavitud.

1. A. Before the coming of Jesus into the world, people were saved by their good works.

B. In Old Testament times, the Israelites were saved by their faithful observance of the Ten Commandments and non-Israelites were notsaved at all.

C. The only way that people could ever be saved was through the graceof God.

2. While the Israelites lived in Egypt:

A. They did not seem to know very much about the God of Abraham.

B. Most of the people of Israel who lived in Egypt faithfully worshippedand served the God of Abraham, Isaac and Jacob.

C. They obediently observed the Ten Commandments even though they did not yet have them in written form.

3. When God appeared to the Israelites at Mt. Sinai:

A. The people were very afraid and did not want God to speak to themdirectly.

B. The people rejoiced in finally having a direct encounter with their God.

C. The people rushed to the mountain to give praise to the God whohad delivered from their slavery.

4. A. If the Israelites continued to walk in faith and obedience, they would continue to receive God's gracious blessings.

B. Even if the Israelites failed to walk in faith and obedience, they wouldstill continue to receive all the blessings God had promised them.

C. The obedience or disobedience of the people would make nodifference in the way God dealt with His people.

5. A. "The Israelites were always fully aware of their sinfulness evenbefore God gave them His laws at Mt. Sinai."

4. A. Si los israelitas continuaban caminando en fe y obediencia, continuarían recibiendo las bendiciones misericordiosas de Dios.

B. Incluso si los israelitas no caminaban en fe y obediencia, aún continuarían recibiendo todas las bendiciones que Dios les había prometido.

C. La obediencia o desobediencia del pueblo no haría ninguna diferencia en la forma en que Dios trató a Su pueblo.

5. A. "Los israelitas siempre fueron plenamente conscientes de su pecaminosidad, incluso antes de que Dios les diera Sus leyes en el Monte Sinaí".

B. "Los israelitas en Egipto tenían una clara comprensión de la voluntad de Dios para sus vidas, pero debido a su esclavitud no tuvieron la oportunidad de hacer lo que Dios quería que hicieran".

C. "Cuando los israelitas llegaron por primera vez al Monte Sinaí, estaban seguros de que podían y harían todo lo que el Señor mandaba".

6. La hermosa y reconfortante palabra de Éxodo 34:6-7:

A. Fue pronunciada por Dios desde el Monte Sinaí antes de que Él diera los Diez Mandamientos a Su pueblo.

B. Fue pronunciada por Moisés al pueblo de Israel en el Monte Sinaí después de haber quebrantado la ley de Dios.

C. Fue pronunciada por Dios a Moisés después de que los israelitas habían pecado contra Él.

7. Cuando los israelitas vivían en el desierto después de salir del Monte Sinaí:

A. Eran plenamente conscientes de que a menudo disgustaban a Dios y se sentían genuinamente arrepentidos por sus pecados y fracasos.

B. A menudo se rebelaban contra Dios de una manera u otra, mientras se quejaban ante Dios en lugar de confesar sus pecados.

C. Estaban agradecidos con Dios la mayor parte del tiempo y estaban agradecidos de que ya no eran esclavos en la tierra de Egipto.

8. A. Cuando los israelitas obedecieron las leyes

B. "The Israelites in Egypt had a clear understanding of God's will for their lives, but because of their slavery they had no opportunity to dowhat God wanted them to do."

C. "When the Israelites first came to Mt. Sinai, they were confident that they could and would do everything the Lord commanded."

6. The beautiful and comforting word of Exodus 34:6-7:

A. Were spoken by God from Mount Sinai before He gave the Ten Commandments to His people.

B. Were spoken by Moses to the people of Israel at Mt. Sinai after theyhad broken God's law.

C. Were spoken by God to Moses after the Israelites had sinned againstHim.

7. When the Israelites were living in the wilderness after leaving MountSinai:

A. They were fully aware that they were often displeasing God and feltgenuinely sorry for their sins and failures.

B. They often rebelled against God in one way or another, whilecomplaining to God rather than confessing their sins.

C. They were thankful to God most of the time and were grateful thatthey were no longer slaves in the land of Egypt.

8. A. When the Israelites obeyed God's laws, they often received special blessings from the Lord.

B. The obedience or disobedience of the Israelites made little or nodifference in the way God treated them in the desert.

C. None of those who rebelled against God in the desert were everpunished for it.

9. While Moses went up the mountain to receive the Ten Commandmentsfrom God:

A. His brother Aaron taught the Israelites to obey God more faithfully.

B. The people demonstrated that they had learned much about Godwhen He

de Dios, a menudo recibían bendiciones especiales del Señor.

B. La obediencia o desobediencia de los israelitas hizo poca o ninguna diferencia en la forma en que Dios los trató en el desierto.

C. Ninguno de los que se rebelaron contra Dios en el desierto fueron castigados por ello.

9. Mientras Moisés subía la montaña para recibir los Diez Mandamientos de Dios:

A. Su hermano Aarón enseñó a los israelitas a obedecer a Dios más fielmente.

B. El pueblo demostró que habían aprendido mucho acerca de Dios cuando Él les habló antes desde la montaña.

C. Tanto Aarón como el pueblo violaron deliberadamente los dos primeros mandamientos que Dios les había dado.

10. Cuando Moisés bajó del monte donde había pasado un tiempo precioso con Dios:

A. Le pidió a Dios que perdonara al pueblo por su idolatría porque ya habían sufrido mucho durante su esclavitud en la tierra de Egipto.

B. Él apeló a la misericordia de Dios únicamente sobre la base de la gracia de Dios.

C. Le pidió a Dios que los perdonara porque estaba seguro de que nunca más harían lo que habían hecho mientras él estaba en el monte.

LECCIÓN 4 – PREGUNTAS ADICIONALES

1. ¿Cuál de las siguientes afirmaciones es correcta? Elije A, B o C.

A. En el Antiguo Testamento la salvación se obtenía por gracia más obediencia y buenas obras.

B. En el Nuevo Testamento la salvación era un regalo de gracia, mientras que en el Antiguo Testamento la salvación se obtenía principalmente por obediencia y buenas obras.

C. La salvación del pecado siempre ha sido un

spoke to them earlier from the mountain.

C. Both Aaron and the people deliberately broke the first two commandments that God had given them.

10. When Moses came down from the mountain where he had spent some precious time with God:

A. He asked God to forgive the people for their idolatry because they had already suffered so much during their slavery in the land of Egypt.

B. He appealed for God's mercy solely on the basis of God's grace.

C. He asked God to forgive them because he was sure they would never again do what they had done while he was on the mountain

LESSON 4 – additional QUESTIONS

1. Which of the following statements is correct? Choose A or B or C.

A. In the Old Testament salvation was gained by grace plus obedience and good works.

B. In the New Testament salvation was a gift of grace while in the Old Testament salvation was gained primarily by obedience and good works.

C. Salvation from sin has always been a gift of God's grace.

2. According to Acts 15:10, how did some of the Jews feel about God's laws?

3. A. When Moses told the people at Mt. Sinai to prepare to "meet with God," what did they have to do to prepare for this meeting? (See Exodus 19:10-15.)

B. Why do you think this preparation was necessary or important?

4. A. What did the people say when they saw the thunder and lightning and heard the trumpet blast and saw Mt. Sinai in smoke? (See Exodus 20:19.)

regalo de la gracia de Dios.

2. Según Hechos 15:10, ¿cómo se sentían algunos de los judíos acerca de las Leyes de Dios?

3. A. Cuando Moisés le dijo al pueblo en el Monte Sinaí que se preparara para "reunirse con Dios", ¿qué tuvieron que hacer para prepararse para esta reunión? (Ver Éxodo 19:10-15.)

B. ¿Por qué crees que esta preparación fue necesaria o importante?

4. A. ¿Qué dijo el pueblo cuando vio el trueno y el relámpago, escuchó la ráfaga de trompeta y vio el Monte Sinaí con humo? (Ver Éxodo 20:19.)

B. ¿Por qué crees que tuvieron tanto miedo?

5. Según las notas de la lección, ¿cuál fue la primera razón por la que Dios dio Sus leyes y mandamientos a Su pueblo?

6. ¿Qué nos enseñan los siguientes pasajes acerca de la pecaminosidad del hombre?

A. Efesios 2:1-3

B. Salmos 53:3

C. Jeremías 17:9

D. Mateo 15:19

7. A. ¿Qué enseña el apóstol Pablo en Romanos 3:20?

B. ¿Qué enseña Pablo en Romanos 7:7?

8. A. De acuerdo con las notas de la lección, ¿cuál es una SEGUNDA RAZÓN por la que Dios dio al pueblo Sus leyes y mandamientos?

B. Escribe el versículo de las Escrituras que enseña esto.

9. ¿Cuál de las siguientes afirmaciones es correcta? Elije A o B.

A. Al dar a los israelitas Sus leyes y mandamientos, Dios proporcionó al pueblo un nuevo camino de salvación, si elegían seguirlo.

B. Las leyes y mandamientos de Dios proporcionaron al pueblo una manera de

B. Why do you think they were so afraid?

5. According to the Lesson notes, what was the first reason why God gaveHis laws and commandments to His people?

6. What do the following passages teach us about man's sinfulness?

A. Ephesians 2:1-3

B. Psalm 53:3

C. Jeremiah 17:9

D. Matthew 15:19

7. A. What does the apostle Paul teach in Romans 3:20?

B. What does Paul teach in Romans 7:7?

8. A. According to the Lesson notes, what is a SECOND REASON whyGod gave the people His laws and commandments?

B. Write out the Scripture verse which teaches this.

9. Which of the following statements is correct? Choose A or B.

A. By giving the Israelites His laws and commands, God provided the people with a new way of salvation—if they chose to follow it.

B. God's laws and commandments provided the people a way todemonstrate their love for God and their desire to please, honor, and serve Him.

10. A. List (but do not write out) three passages that teach that God would continue to bless His people if they loved, served, and honored Him.

1.

2.

3.

B. List (but do not write out) two passages that indicate God would punish His people if they failed to love,

demostrar su amor por Dios y su deseo de agradarlo, honrarlo y servirle.

10. A. Enlista (pero no describas) tres pasajes que enseñan que Dios continuaría bendiciendo a Su pueblo si lo amaban, lo servían y lo honraban.

1.

2.

3.

B. Enlista (pero no describas) dos pasajes que indican que Dios castigaría a Su pueblo si no lo amaban, le servían y lo honraban.

1.

2.

C. En Deuteronomio 28, que es más largo: (1) la lista de bendiciones para aquellos que obedecieran a Dios o (2) la lista de castigos para aquellos que no le obedecieran?

D. ¿Por qué crees que una lista es mucho más larga que la otra?

11. Escribe Éxodo 34:6-7.

12. A. ¿Cuál es la TERCERA RAZÓN enlistada para haber dado la ley?

B. ¿En qué parte de la Biblia leemos que debemos amar a Dios con todo nuestro corazón, alma, mente y fuerzas?

C. ¿En qué parte de la Biblia leemos que debemos amar a nuestro prójimo como a nosotros mismos?

13. A. De acuerdo con las notas de la lección, ¿cuál es la CUARTA RAZÓN para haber dado la ley?

B. ¿Qué nos enseña el apóstol Pablo en Gálatas 3:24?

14. Lee el Salmo 51:1-10, un salmo de David. ¿Qué nos enseña este pasaje sobre la base o fundamentos para el perdón de los pecados?

15. A. ¿Qué enseñan Éxodo 12:5 y Levítico 4:3 (y varios otros pasajes) acerca de los animales que el pueblo ofrecería para el sacrificio?

serve, and honor Him.

1.

2.

C. In Deuteronomy 28, which is longer: (1) the list of blessings for thosewho would obey God or (2) the list of punishments for those who would not obey Him?

D. Why do you think the one list is so much longer than the other?

    11. Write out Exodus 34:6-7.

    12. A. What is the THIRD REASON listed for giving the law?

B. Where in the Bible do we read that we are to love God with all our heart, soul, mind, and strength?

C. Where in the Bible do we read that we are to love our neighbor as ourselves?

    13. A. According to the Lesson notes, what is the FOURTH REASON forgiving the law?

B. What does the apostle Paul teach us in Galatians 3:24?

    14. Read Psalm 51:1-10, a psalm of David. What does this passage teach us about the basis or grounds for the forgiveness of sins?

    15. A. What do Exodus 12:5 and Leviticus 4:3 (and various other passages) teach about the animals that the people would offer for sacrifice?

B. Why do you think only these animals could be used as sacrifices?

    16. A. What do Exodus 25:40 and 26:30 teach about the building of the Tabernacle?

B. Why do you think this was so important?

    17. What is a FIFTH REASON for giving the law?

    18. A. When Moses didn't come down from the Mountain as soon as the people had expected or desired, what did they ask

B. ¿Por qué crees que solo estos animales podrían ser utilizados como sacrificio?

16. A. ¿Qué enseña Éxodo 25:40 y 26:30 acerca de la construcción del tabernáculo?

B. ¿Por qué crees que esto fue tan importante?

17. ¿Cuál es una QUINTA RAZÓN para haber dado la ley?

18. A. Cuando Moisés no bajó del monte tan pronto como el pueblo lo había esperado o deseado, ¿qué le pidieron a Aarón que hiciera?

B. ¿Qué dijo el pueblo cuando Aaron hizo lo que le pidieron? (Éxodo 32:4)

19. A. ¿Cómo respondió Dios ante lo que hizo el pueblo? (Éxodo 32:9-10)

B. ¿Cómo respondió Moisés al "plan" que Dios sugirió? (Éxodo 32:11-13)

C. ¿Cómo respondió Dios ante la súplica de Moisés? (Éxodo 32:14)

PREGUNTAS PARA DISCUTIR O REFLEXIONAR

1. Las notas de la lección indican que los israelitas realmente no entendían ni la santidad de Dios ni su propia pecaminosidad. ¿Crees que eso sigue siendo cierto para la mayoría de las personas hoy en día? En caso de que no, ¿por qué no? Si es así, ¿cuál crees que es la mejor manera de ayudar a las personas a entender y darse cuenta de su necesidad de un Salvador? ¿Sería más efectivo enfatizar la pecaminosidad del hombre o enfocarse en la santidad de Dios?

2. En Éxodo 19:8 el pueblo le dijo a Moisés: "Haremos todo lo que el Señor ha dicho". ¿Crees que realmente pensaron que serían capaces de hacer eso? ¿Crees que hay muchas personas hoy en día que creen que son capaces de hacer eso? Da las razones de tus respuestas.

3. Dios "habló" a los israelitas en el Monte Sinaí a través de fuego, humo, trueno, relámpago y una fuerte ráfaga de trompeta. Esto definitivamente captó a su atención, ¡al menos por un tiempo! (Ver Éxodo 20:18-19). ¿De qué

Aaron to do?

B. What did the people say when Aaron did what they asked? (Exodus 32:4)

19. A. How did God respond to what the people did? (Exodus 32:9-10)

B. How did Moses respond to the "plan" God suggested? (Exodus 32:11-13)

C. How did God respond to Moses' plea? (Exodus 32:14)

QUESTIONS For reflection Or DISCUSSION

1. The Lesson notes indicate that the Israelites did not really understand either God's holiness or their own sinfulness. Do you think that is still true of most people today? If not, why not? If so, what do you think is the best way to help people understand and realize their need for a Savior? Would it be more effective to stress man's sinfulness or to focuson God's holiness?

2. In Exodus 19:8 the people said to Moses, "We will do everything the Lord has said." Do you think they really thought they would be able to do that? Do you think there are many people today who believe they areable to do that? Give the reasons for your answers.

3. God "spoke" to the Israelites at Mt. Sinai through fire, smoke, thunder, lightning, and a loud trumpet blast. This definitely got their attention—at least for a while! (See Exodus 20:18-19). In what special ways does God"get the attention" of people today?

4. Do you agree or disagree with the following sentence? "Though the laws of God were sometimes burdensome, the giving of these lawswas actually an act of grace on God's part." Give the reasons for your answer.

5. List some ways in which the Ten Commandments and other laws point people to Jesus.

maneras especiales dios "capta la atención" de la gente hoy?

4. ¿Estás de acuerdo o en desacuerdo con la siguiente frase? "Aunque las leyes de Dios a veces eran onerosas, el pronunciamiento de estas leyes fue en realidad un acto de gracia de parte de Dios". Da las razones de tu respuesta.

5. Enlista algunas maneras en que los Diez Mandamientos y otras leyes dirigen a las personas hacia Jesús.

WORSHIP and SACRIFICES
Lesson Five

Introduction

What would you have to do in Old Testament times if you tried to be saved by your "good works"?

First, you would have to love the Lord with all your heart, soul, mind, and strength (Deuteronomy 6:5). You would also have to perfectly love your neighbor as yourself (Leviticus 19:18). And then, while loving God and your neighbor without fail, you would also have to perfectly observe all 630 laws and commandments in the Old Testament!

Not only would you have to do exactly what each law required, but you would also have to obey every law with perfect and pure motives at all times and in every situation (James 2:10).

Obviously, if the way to be saved in the Old Testament was by perfectly obeying all of God's laws, no one would ever be saved! No one except Jesus Christ has ever been perfect and free from sin. Everyone else has been conceived and born in sin (Psalm 51:5) and continues to fall short of what God requires (Psalm 14:3; Romans 3:10-12). Rituals and laws and sacrifices, therefore, could never make it possible for anyone to earn salvation.

The sacrifices which people offered in Old Testament times were never indications of their righteousness or holiness. Rather, when the people offered their sacrifices, they opened their hearts and lives to receive the grace God promised them. Their sacrifices also pointed to the one perfect sacrifice that Jesus Christ would someday make so that the sins of all who put their faith in Him could be washed away.

ADORACIÓN y SACRIFICIOS
Quinta Lección

Introducción

¿Qué tendrías que hacer en los tiempos del Antiguo Testamento si trataras de ser salvo por tus "buenas obras"?

Primero, tendrías que amar al Señor con todo tu corazón, alma, mente y fuerzas (Deuteronomio 6:5). También tendrías que amar perfectamente a tu prójimo como a ti mismo (Levítico 19:18). Y entonces, mientras amas a Dios y a tu prójimo sin falta, ¡también tendrías que observar perfectamente todas las 630 leyes y mandamientos del Antiguo Testamento!

No sólo tendrías que hacer exactamente lo que cada ley requería, sino que también tendrías que obedecer cada ley con motivos perfectos y puros en todo momento y en cada situación (Santiago 2:10).

Obviamente, si la forma para ser salvo en el Antiguo Testamento hubiese sido obedeciendo perfectamente todas las leyes de Dios, ¡nadie hubiese sido salvo! Nadie, excepto Jesucristo, ha sido perfecto y sin pecado. Todos los demás han sido concebidos y nacidos en pecado (Salmos 51:5) y continúan quedando cortos con respecto a lo que Dios requiere (Salmos 14:3; Romanos 3:10-12). Los rituales, las leyes y los sacrificios, por lo tanto, nunca hubieran podido hacer posible que nadie obtuviera la salvación.

Los sacrificios que el pueblo ofreció en los tiempos del Antiguo Testamento nunca fueron indicios de su justicia o santidad. Más bien, cuando las personas ofrecían sus sacrificios, abrían sus corazones y vidas para recibir la gracia que Dios les había prometido. Sus sacrificios también apuntaban hacia el único sacrificio perfecto que Jesucristo algún día haría para que los pecados de todos aquellos que pusieron su fe en Él pudieran ser lavados.

How thankful we should be that salvation never had to be earned by human efforts!

The building of the tabernacle

When Moses spent forty days with God on Mt. Sinai, God gave him some very detailed instructions concerning the building of a Tabernacle or Tent of Meeting where He would meet with His people (Exodus 25). In this Tabernacle the people could worship God and bring Him their sacrifices and offerings.

The Tabernacle itself was divided into two rooms separated by a heavy curtain or veil. The outer room, called the Holy Place, could be entered only by the priests. In this room there was an altar on which incense was burned, table where loaves of freshly baked bread were placed each week on the Sabbath Day, and a gold lamp to provide light for the Holy Place. The second room, called the Most Holy Place or Holy of Holies, contained only one item, a wooden gold-covered box called the Ark of the Covenant. The cover of the Ark was called The Mercy Seat and at each end of the cover was a golden cherub (or angel) as part of the cover. In the Ark were placed the Ten Commandments, some manna, and the rod of Aaron the High Priest.

Only the High Priest was permitted to enter the Most Holy Place, and he might do so only once a year on the Day of Atonement. Whenever he entered this most sacred place, he had to come with an offering of blood which he sprinkled on The Mercy Seat (Exodus 25:17- 22). When God "looked down" from heaven on the Ark with its Ten Commandments, He would "see" that The Commandments were "covered" by the sacrificial blood.

The Tabernacle itself was surrounded by an enclosed "court yard" or enclosure where the people would bring their sacrifices to be offered by the priests. The first thing most people would see when entering the courtyard was a large altar. Anyone who came to the Tabernacle to be "near to God" would immediately be reminded that no one should seek to approach the Lord without an appropriate offering or sacrifice. God also made it very clear that this altar was the only place where

¡Cuán agradecidos debemos estar de que la salvación nunca tuvo que ser obtenida por medio de esfuerzos humanos!

La construcción del tabernáculo

Cuando Moisés pasó cuarenta días con Dios en el Monte Sinaí, Dios le dio algunas instrucciones muy detalladas acerca de la construcción de un Tabernáculo o Tienda de Reunión donde Él se reuniría con Su pueblo (Éxodo 25). En este Tabernáculo el pueblo podía adorar a Dios y traerle sus sacrificios y ofrendas.

El Tabernáculo en sí estaba dividido en dos habitaciones separadas por una pesada cortina o velo. A la habitación exterior, llamada el Lugar Santo, sólo podían ingresar los sacerdotes. En esta sala había un altar en el que se quemaba incienso, una mesa donde se colocaban panes recién horneados cada semana en el día de reposo, y una lámpara de oro para proporcionar luz al Lugar Santo. La segunda habitación, llamada el Lugar Santísimo, contenía un solo elemento, una caja cubierta de oro de madera llamada el Arca de la Alianza. La cubierta del Arca se llamaba el Propiciatorio y en cada extremo de la cubierta había un querubín dorado (o ángel) como parte de la cubierta. En el Arca fueron colocados los Diez Mandamientos, un poco de maná, y la vara de Aarón el Sumo Sacerdote.

Sólo al Sumo Sacerdote se le permitía entrar en el Lugar Santísimo, y sólo podía hacerlo una vez al año en el Día de la Expiación. Cada vez que entraba en este lugar sagrado, tenía que venir con una ofrenda de sangre que rociaba en el Propiciatorio (Éxodo 25:17-22). Cuando Dios "mirara hacia abajo" desde el cielo al Arca con sus Diez Mandamientos, Él "vería" que Los Mandamientos estaban "cubiertos" por la sangre del sacrificio.

El Tabernáculo en sí estaba rodeado por un "patio de atrio" cerrado o un recinto donde el pueblo traería sus sacrificios para ser ofrecidos por los sacerdotes. Lo primero que la mayoría de las personas verían al entrar en el patio era un gran altar. A cualquiera que viniera al Tabernáculo para estar "cerca de Dios" inmediatamente le sería recordado que nadie debía tratar de acercarse al Señor sin una ofrenda o sacrificio apropiado. Dios también había dejado muy claro que este altar era

people were permitted to offer sacrifices and burnt offerings to Him.

In the courtyard there was one additional item between the altar of sacrifice and the Tabernacle itself. This was a laver or wash basin where the priests would wash their hands and their feet every time they entered the Holy Place and before they offered a sacrifice on the altar (Exodus 30:17-21). The priests needed to be made physically clean after the bloody work of sacrificing the offerings, but they also needed to be spiritually clean when they were in the presence of the Lord.

God gave detailed and explicit instructions regarding the building of the Tabernacle and also all the activities that would take place there (Exodus 25:40). Nothing was to be done without those instructions. GOD Himself determined when and where and how He was to be worshiped.

The significance of the tabernacle

In the New Testament we read that Jesus Christ was the eternal Word of God who came to this earth in the form of a man and who "tabernacled" (or "lived") among us (John 1:1,14). In Jesus, God personally lived on this earth and demonstrated His love, grace, and compassion to His people. Jesus came to fulfill many of the things that the Tabernacle symbolized or foreshadowed.

Jesus was the perfect sacrifice for man's sins (John 1:29), the true light who came into the world (John 1:9; 8:12; 12:46), and the true bread from heaven (John 6:48-51). And in Romans 3:25 we read that "God put forward [Jesus] as a propitiation by his blood, to be received by faith."

It is also interesting to note that there was only one entrance to the Tabernacle. *This may have pointed to the fact that the Savior (Jesus) who would someday come and make the perfect sacrifice for our sins, would be the only way through which people could come to God the Father* (John 14:6).

The Tabernacle was always placed in the middle of the camp whenever the Israelites settled for a period of time. It was a reminder to the people that their God was truly "in the midst "of them. This was further emphasized by the pillar of cloud or fire that rested above the Tabernacle whenever the people camped (Numbers 9:15-23).

el único lugar donde a las personas les era permitido ofrecer sacrificios y ofrendas quemadas para Él.

En el patio había un elemento adicional entre el altar del sacrificio y el Tabernáculo mismo. Este era un lavamanos o lavabo donde los sacerdotes se lavaban las manos y los pies cada vez que entraban en el Lugar Santo y antes de que ofrecieran un sacrificio en el altar (Éxodo 30:17-21). Los sacerdotes necesitaban ser limpiados físicamente después del sangriento trabajo de sacrificar las ofrendas, pero necesitaban estar espiritualmente limpios cuando estaban en la presencia del Señor.

Dios dio instrucciones detalladas y explícitas con respecto a la construcción del Tabernáculo y también todas las actividades que tendrían lugar allí (Éxodo 25:40). No se haría nada sin esas instrucciones. DIOS mismo determinó cuándo, dónde y cómo debía ser adorado.

La importancia del Tabernáculo

En el Nuevo Testamento leemos que Jesucristo era el Verbo eterno de Dios que vino a esta tierra en forma de hombre y que "tabernó" (o "vivió") entre nosotros (Juan 1:1,14). En Jesús, Dios vivió personalmente en esta tierra y demostró Su amor, gracia y compasión a Su pueblo. Jesús vino a cumplir muchas de las cosas que el Tabernáculo simbolizaba o anticipaba.

Jesús fue el sacrificio perfecto por los pecados del hombre (Juan 1:29), la verdadera luz que vino al mundo (Juan 1:9; 8:12; 12:46), y el verdadero pan del cielo (Juan 6:48-51). Y en Romanos 3:25 leemos que *"Dios exhibió públicamente como propiciación [a Jesús] por su sangre a través de la fe".*

También es interesante notar que había sólo una entrada al Tabernáculo. *Esto pudo haber apuntado al hecho de que el Salvador (Jesús) que algún día vendría y llevaría a cabo el sacrificio perfecto por nuestros pecados, sería el único camino a través del cual las personas podrían acudir a Dios el Padre* (Juan 14:6).

El tabernáculo siempre se colocaba en el centro del campamento cada vez que los israelitas se asentaban por un período de tiempo. Era un recordatorio para el pueblo de que su Dios se encontraba verdaderamente "en medio "de ellos. Esto fue enfatizado aún más por la columna de nube o de fuego que descansaba sobre el

When the cloud was taken up from above the tabernacle, the people knew they were supposed to move. When the cloud stayed in a certain place, the people knew they were supposed to stay. In this way they knew that their God was always there with them!

Sacrifices for the People's Sins

The first thing people would see when entering the Tabernacle grounds was the altar where all the sacrifices were offered. This altar taught the people two very important truths:

1) They needed to offer a blood sacrifice because of their sins.

2) God was willing to forgive their sins on the basis of a perfect sacrifice which would someday be offered on their behalf (Leviticus 1:3-9).

Though the people did not fully understand the way in which God would later provide a perfect sacrifice for their sins, most of them must have realized that the sacrifice of an animal could definitely not atone for their sins.

As we read in Hebrews 10:4, *"It is impossible for the blood of bulls and goats to take away sins."*

It was also very obvious that as long as sacrifices were being offered on the altar over and over again, the perfect sacrifice for their sins had not yet been made.

Washing and Cleansing

The laver or basin for washing served as a reminder that every believer needed to be washed and cleansed spiritually when coming into the presence of the Lord. When King David sinned against the Lord and earnestly desired to have his sins forgiven, he wrote:

"Wash me thoroughly from my iniquity, and cleanse me from my sin. . . . Purge me with hyssop, and I shall be clean; wash me, and I shall be whiter than snow
Hide your face from my sins, and blot out all my iniquities" (Psalm 51: 2, 7, 9).

Tabernáculo cada vez que el pueblo acampaba (Números 9:15-23).

Cuando la nube era retirada de encima del tabernáculo, el pueblo sabía que debían moverse. Cuando la nube permanecía en un lugar determinado, el pueblo sabía que se suponía que debían quedarse. ¡De esta manera sabían que su Dios siempre estaba allí con ellos!

Sacrificios por los Pecados del Pueblo

Lo primero que el pueblo vería al entrar en los terrenos del Tabernáculo era el altar donde eran ofrecidos todos los sacrificios. Este altar enseñaba al pueblo dos verdades muy importantes:

1) Necesitaban ofrecer un sacrificio de sangre debido a sus pecados.

2) Dios estaba dispuesto a perdonar sus pecados sobre la base de un sacrificio perfecto que algún día sería ofrecido a su favor (Levítico 1:3-9).

Aunque el pueblo no entendía completamente la forma en que Dios más tarde supliría un sacrificio perfecto por sus pecados, la mayoría de ellos debieron haberse dado cuenta de que el sacrificio de un animal definitivamente no podría expiar sus pecados.

Como leemos en Hebreos 10:4, *"Es imposible que la sangre de toros y de machos cabríos quite los pecados".*

También era muy obvio que mientras los sacrificios se ofrecieran en el altar una y otra vez, el sacrificio perfecto por sus pecados aún no había sido hecho.

Lavado y limpieza

El lavamanos o lavabo servía como un recordatorio de que cada creyente necesitaba ser lavado y limpiado espiritualmente al entrar en la presencia del Señor. Cuando el rey David pecó contra el Señor y deseó fervientemente que se le perdonaran sus pecados, escribió:

" Lávame por completo de mi maldad, y límpiame de mi pecado. . . . Purifícame con hisopo, y seré limpio; lávame, y seré más blanco que la nieve.   Esconde tu rostro de mis pecados, y borra todas mis iniquidades" (Salmos 51:2, 7, 9).

En el Nuevo Testamento leemos:

In the New Testament we read:

"If we confess our sins, he is faithful and just to forgive us our sins and to cleanse us from all unrighteousness" (1 John 1:9).

"You were washed, you were sanctified, you were justified in the name of the Lord Jesus Christ and by the Spirit of our God" (1 Corinthians 6:11).

Prayers and Incense

The burning of incense on the golden altar was symbolic of the prayers of God's people that were continually being offered to the Lord (Exodus 30:7-8). See also Psalm 141:2 and Revelation 5:8. Faithful Israelites knew that the incense was being offered to the Lord each morning and evening so that incense would burn continually before the Lord throughout the coming generations (Exodus 30:8).

The curtain in the tabernacle

The heavy curtain or veil that separated the two rooms in the Tabernacle (and later in the Temple) indicated that people in Old Testament times did not yet have full and free access to God the way we do today (Leviticus 16:2). God was truly with them and He did accept them as His children, but there was still a significant barrier between the people and God.

It was not until Jesus offered Himself as a perfect sacrifice for our sins that people could come directly to God without going through a human mediator (such as a priest or other spiritual leader).

This truth was miraculously demonstrated when the veil in the Temple was torn from the top to the bottom when Jesus died on the cross (Matthew 27:50-51). That truth was also explicitly taught later in the book of Hebrews (4:16 and 7:25).

The Perfect Sacrifice

Since sacrifices were continually being offered in the Tabernacle (and later in the Temple), it was clear that sinful people were continually in need of God's forgiving grace. Not even the High Priest, the God-appointed representative of the people, could die for the sins of others, since he needed forgiveness for his own sins (Hebrews 9:6-10).

"Si confesamos nuestros pecados, Él es fiel y justo para perdonarnos los pecados y para limpiarnos de toda maldad" (1 Juan 1:9).

"Fuisteis lavados, pero fuisteis santificados, pero fuisteis justificados en el nombre del Señor Jesucristo y en el Espíritu de nuestro Dios" (1 Corintios 6:11).

Oraciones e incienso

La quema de incienso en el altar de oro era simbólica de las oraciones del pueblo de Dios que continuamente se ofrecían al Señor (Éxodo 30:7-8). Ver también Salmo 141:2 y Apocalipsis 5:8. Los israelitas fieles sabían que el incienso se ofrecía al Señor cada mañana y cada noche para que el incienso ardiera continuamente ante el Señor a lo largo de las generaciones venideras (Éxodo 30:8).

El velo dentro del tabernáculo

La pesada cortina o velo que separaba las dos habitaciones dentro el Tabernáculo (y más tarde en el Templo) indicaba que las personas en los tiempos del Antiguo Testamento aún no tenían acceso pleno y libre a Dios de la manera en que lo tenemos hoy (Levítico 16:2). Dios estaba verdaderamente con ellos y los había aceptado como Sus hijos, pero todavía había una barrera significativa entre el pueblo y Dios.

No fue hasta que Jesús se ofreció a sí mismo como un sacrificio perfecto por nuestros pecados que las personas pudieron acudir directamente a Dios sin pasar por un mediador humano (como un sacerdote u otro líder espiritual).

Esta verdad se demostró milagrosamente cuando el velo del Templo fue rasgado de arriba a abajo cuando Jesús murió en la cruz (Mateo 27:50-51). Esa verdad también se enseñó explícitamente más adelante en el libro de Hebreos (4:16 y 7:25).

El Sacrificio Perfecto

Dado que continuamente se ofrecían sacrificios en el Tabernáculo (y más tarde en el Templo), estaba claro que las personas pecadoras necesitaban continuamente la gracia perdonadora de Dios. Ni siquiera el Sumo Sacerdote, el representante del pueblo designado por Dios, podía morir por los pecados de los demás, ya que necesitaba perdón por sus propios pecados (Hebreos 9:6-10).

Only a perfect human being could die for the sins of others (Hebrews 2:14-17). That is why Jesus, and Jesus alone, can make atonement for our sins. (See also 1 John 2:2 and Colossians 1:19-20.)

After Jesus made a perfect sacrifice for the sins of all who believe in Him, blood sacrifices were no longer required (Hebrews 10:18). *Jesus "has perfected for all time those who are being sanctified"* (Hebrews 10:14).

laws, rules, and reGulations

The books of Leviticus and Numbers contain many commands, laws and regulations regarding sacrifices, offerings, defilement, purification, personal cleansing, clean and unclean food, duties of the priests and Levites, feast days, celebrations, punishments for disobedience and rewards for obedience.

God commanded the Israelites to serve Him, worship Him, honor Him and obey Him in every area of their lives. There was no area of life which was unimportant to God.

The laws regarding sacrifices were specific and detailed. Only perfect animals (who pointed forward to the perfect Lamb of God) could be accepted for sacrifice. The priests had to wear special garments and perform all their activities in a way prescribed by God. The High Priest, who alone could enter the Most Holy Place, had to wear special garments which only he could wear. He also had to observe certain requirements and commands that God gave especially to him, and he had to follow detailed laws in a very precise way.

The words *"HOLY TO THE LORD"* were inscribed on a gold plate on the High Priest's turban, so that neither he nor the people would forget that he was appointed by God to perform his sacred tasks. Everything had to be done in the way that God had prescribed.

It was only one year earlier that the Israelites were living as slaves in a pagan land. Now they were set apart from all others as *"a kingdom of priests and a holy nation"* (Exodus 19:6). God, therefore, required them, as His "holy nation," to worship and serve Him exactly as He had commanded.

Sólo un ser humano perfecto podía morir por los pecados de otros (Hebreos 2:14-17). Es por eso que Jesús, y sólo Jesús, puede expiar nuestros pecados. (Ver también 1 Juan 2:2 y Colosenses 1:19-20.)

Después de que Jesús llevó a cabo un sacrificio perfecto por los pecados de todos los que creen en Él, los sacrificios de sangre ya no fueron necesarios (Hebreos 10:18). *Jesús "ha hecho perfectos para siempre a los que son santificados."* (Hebreos 10:14).

Leyes, reglamentos y regulaciones

Los libros de Levítico y Números contienen muchos mandamientos, leyes y regulaciones con respecto a sacrificios, ofrendas, profanación, purificación, limpieza personal, alimentos limpios e impuros, deberes de los sacerdotes y levitas, días de fiesta, celebraciones, castigos por desobediencia y recompensas por obediencia.

Dios mandó a los Israelitas que le sirvieran, lo adoraran, lo honraran y lo obedecieran en cada área de sus vidas. No había ningún área de la vida que no fuera importante para Dios.

Las leyes relativas a los sacrificios eran específicas y detalladas. Sólo los animales perfectos (que apuntaban hacia el Cordero perfecto de Dios) podían ser aceptados para el sacrificio. Los sacerdotes tenían que usar prendas especiales y realizar todas sus actividades de una manera prescrita por Dios. El Sumo Sacerdote, quien solo podía entrar en el Lugar Santísimo, tenía que usar prendas especiales que sólo él podía usar. También tenía que observar ciertos requisitos y mandamientos que Dios le dio especialmente, y tenía que seguir leyes detalladas de una manera muy precisa.

Las palabras *"SANTO ANTE EL SEÑOR"* se encontraban inscritas en una placa de oro en el turbante del Sumo Sacerdote, para que ni él ni el pueblo olvidaran que fue designado por Dios para llevar a cabo sus tareas sagradas. Todo tenía que hacerse de la manera que Dios había prescrito.

Fue sólo un año antes cuando los israelitas vivían como esclavos en una tierra pagana. Ahora habían sido apartados de todos los demás como *"un reino de sacerdotes y una nación santa"* (Éxodo 19:6). Dios, por lo tanto, les exigió, como Su "santa nación", que lo adoraran y le sirvieran exactamente como Él lo había mandado.

The high cost of disobedience

There is one brief story recorded in Leviticus that indicates how absolutely important all these regulations were in the sight of God. This story involves two of the sons of Aaron the High Priest. These sons had a very special role to play in the activities in the Tabernacle and were given very special honor. However, on one occasion they did not perform their duties in the exact way the Lord had commanded. Instead of doing what the Lord had told them to do, they deliberately *"offered unauthorized fire before the LORD, which he had not commanded them"* (Leviticus 10:1). As a result, God immediately put them both to death.

> *"Fire came out from before the LORD and consumed them, and they died before the LORD. Then Moses said to Aaron, "This is what the LORD has said: 'Among those who are near me I will be sanctified, and before all the people I will be glorified'"* (Leviticus 10:2-3).

Not long before this event, Aaron himself made a golden calf to "help" the people worship God. As a result of Aaron's serious violation of God's command not to make idols of any kind, God punished a large number of Israelites with death. But even that severe punishment did not keep the sons of Aaron from doing things their way rather than God's way. The Israelites were very slow to learn!

This story of Aaron's sons again demonstrates that sinful human beings can never even begin to earn their salvation. If God punished two of the sons of the High Priest in such a dramatic way for a single offense, how could anyone believe that any human being could ever merit salvation by perfectly doing everything God has commanded? No one (except Jesus) ever came close to living the perfect life that God required . . . and no one ever will. We must, therefore, always continue to emphasize God's gracious forgiveness of our sins rather than focusing on our feeble efforts to try to earn our salvation.

One of the very special blessings of being saved by grace is that it makes salvation a reality and a certainty for those who sincerely confess their sins

El alto costo de la desobediencia

Hay una breve historia registrada en Levítico que indica cuán absolutamente importantes eran todas estas regulaciones ante los ojos de Dios. Esta historia involucra a dos de los hijos de Aarón el Sumo Sacerdote. Estos hijos tenían un papel muy especial que desempeñar en las actividades del Tabernáculo y se les había dado un honor muy especial. Sin embargo, en una ocasión no desempeñaron sus funciones de la manera exacta en que el Señor había mandado. En lugar de hacer lo que el Señor les había dicho que hicieran, deliberadamente *"ofrecieron delante del Señor fuego extraño, que Él no les había ordenado"* (Levítico 10:1). Como resultado, Dios inmediatamente condenó a ambos a muerte.

> *"Y de la presencia del Señor salió fuego que los consumió, y murieron delante del Señor. Entonces Moisés dijo a Aarón: Esto es lo que el Señor habló, diciendo: «Como santo seré tratado por los que se acercan a mí, y en presencia de todo el pueblo seré honrado»"* (Levítico 10:2-3).

No mucho antes de este evento, el propio Aarón hizo un becerro de oro para "ayudar" al pueblo a adorar a Dios. Como resultado de la grave violación de Aarón del mandato de Dios de no hacer ídolos de ningún tipo, Dios castigó a un gran número de israelitas con la muerte. Pero incluso ese castigo severo no impidió que los hijos de Aarón hicieran las cosas a su modo en lugar de al modo de Dios. ¡Los israelitas tardaron mucho en aprender!

Esta historia de los hijos de Aarón demuestra una vez más que los seres humanos pecadores ni siquiera pueden comenzar a ganar su salvación. Si Dios castigó a dos de los hijos del Sumo Sacerdote de una manera tan dramática por una sola ofensa, ¿cómo podría alguien creer que cualquier ser humano podría merecer la salvación haciendo perfectamente todo lo que Dios ha mandado? Nadie (excepto Jesús) se acercó a vivir la vida perfecta que Dios requería. . . y nadie lo hará jamás. Por lo tanto, siempre debemos continuar enfatizando el perdón por gracia de Dios de nuestros pecados en lugar de enfocarnos en nuestros débiles esfuerzos para tratar de ganar nuestra salvación.

Una de las bendiciones muy especiales de ser salvo por gracia es que hace de la salvación una realidad

and trust in God to forgive them for the sake of Jesus. Those who put their confidence in their own efforts to earn salvation will always have to wonder whether they have ever "done enough." And sooner or later they will realize that they haven't!

The special ministry of the high priest

Once a year, on the Day of Atonement, the High Priest went "behind the veil" into the Most Holy Place to sprinkle blood on the Mercy Seat.

> The High Priest first bathed in water, put on sacred garments, and offered a sacrifice for his own sins and those of his family (Leviticus 16:3-6). He then took some of the blood of this sacrifice and sprinkled it in the Most Holy Place (Leviticus 16:11-14). Later He did the same thing with the blood of another sacrifice for the sins of the people (Leviticus 16:15). He also made atonement for the altar "to cleanse it and to consecrate it from the uncleanness of the people of Israel" (Leviticus 16:18-19).

All of these passages emphasize the uncleanness of the people and the uncleanness of everything associated with their activities. Everyone, including the High Priest, needed to be cleansed, purified and forgiven. The sacrifices, as they pointed forward to Christ, "atoned" for their sins, but the believers themselves needed to be cleansed from the defilement and impurity that resulted from those sins.

> All of the sacrifices pointed directly to Jesus Christ, the Lamb of God, who takes away the sin of the world (John 1:29). The fact that the people could not fully understand all of this does not take away from the truth emphasized in the book of Hebrews that "without the shedding of blood there is no forgiveness" (Hebrews 9:22).

In addition to the sacrifices offered on the Day of Atonement, there was one other significant event that took place on that day. After the High Priest had sacrificed the animals and sprinkled their blood in the Most Holy Place, he took a live goat, put both of his hands on the head of the goat, confessed over it all the wickedness and rebellion of the Israelites, and put them on the goat's head.

> This goat was then taken out to a solitary place and released into the desert, carrying on its head "all

y una certeza para aquellos que sinceramente confiesan sus pecados y confían en Dios para ser perdonados en el nombre de Jesús. Aquellos que ponen su confianza en sus propios esfuerzos para obtener la salvación siempre tendrán que preguntarse si alguna vez han "hecho lo suficiente". ¡Y tarde o temprano se darán cuenta de que no lo han hecho!

El ministerio especial del sumo sacerdote

Una vez al año, en el Día de la Expiación, el Sumo Sacerdote iba "detrás del velo" al Lugar Santísimo para derramar sangre sobre el Propiciatorio.

> El Sumo Sacerdote primero se bañaba en agua, se ponía vestiduras sagradas y ofrecía un sacrificio por sus propios pecados y los de su familia (Levítico 16:3-6). Luego tomaba parte de la sangre de este sacrificio y la rociaba en el Lugar Santísimo (Levítico 16:11-14). Más tarde hacía lo mismo con la sangre de otro sacrificio por los pecados del pueblo (Levítico 16:15). También hacía expiación por el altar "para limpiarlo y consagrarlo de la inmundicia del pueblo de Israel" (Levítico 16:18-19).

Todos estos pasajes enfatizan la inmundicia del pueblo y la inmundicia de todo lo asociado con sus actividades. Todos, incluyendo al Sumo Sacerdote, necesitaban ser limpiados, purificados y perdonados. Los sacrificios, a medida que apuntaban hacia Cristo, "expiaban" sus pecados, pero los creyentes mismos necesitaban ser limpiados de la profanación y la impureza que resultaron de esos pecados.

> Todos los sacrificios apuntaban directamente hacia Jesucristo, el Cordero de Dios, que quita el pecado del mundo (Juan 1:29). El hecho de que el pueblo no pudiera entender completamente todo esto no quita la verdad enfatizada en el libro de Hebreos acerca de que "sin derramamiento de sangre no hay perdón" (Hebreos 9:22).

Además de los sacrificios ofrecidos en el Día de la Expiación, había otro evento significativo que tenía lugar ese día. Después de que el Sumo Sacerdote había sacrificado a los animales y rociado su sangre en el Lugar Santísimo, tomaba una cabra viva, colocaba sus dos manos en la cabeza de la cabra, confesaba sobre ella toda la maldad y rebelión de los israelitas, y la ponía en la cabeza de la cabra.

their sins" (Leviticus 16:20-22). The sins of the people were thus not only "atoned for" but they were also symbolically carried away never to be "seen" again. (See Psalm 103:12.)

Through all these activities the Israelites were not only continually reminded of their sins, but they were also continually reminded of God's gracious provision for the forgiveness of those sins. Everyone who would witness the seemingly endless offering of sacrifices and shedding of blood would become aware of the seriousness of his sins and the greatness of God's grace in His willingness to forgive them.

It was only God's grace that provided the grounds for their forgiveness— not the work of the High Priest or the offering of sacrifices, but the grace of a merciful God.

The temple

When the Israelites first entered the Land that the Lord had promised to Abraham hundreds of years before, the Tabernacle was set up in a central location as the place of worship and sacrifice. For many years the Israelites continued to come to the Tabernacle to bring their sacrifices and offerings, since God had commanded that sin offerings and burnt offerings might not be offered at any other place or in any other way than He had commanded.

After some years, however, God revealed that a permanent structure should replace the Tabernacle as the central place of worship and sacrifice. Under the leadership of King Solomon, son of King David, a beautiful, costly and impressive Temple was built in the city of Jerusalem.

Jerusalem became "the holy city" and the temple was built along the same pattern as the Tabernacle. It had a Holy Place, a Most Holy Place, and a large and impressive courtyard where people worshiped the Lord, offered their gifts and sacrifices, and learned more about their gracious God.

Since the Temple was the only place where acceptable sacrifices could be offered, the people of Israel made frequent visits to Jerusalem for the offering of sacrifices and for the presentation of their gifts and offerings. The Temple was also the place for the celebration of the special festivals which the people were commanded to observe.

Esta cabra entonces era llevada a un lugar solitario y liberada en el desierto, llevando sobre su cabeza "todos sus pecados" (Levítico 16:20-22). Los pecados del pueblo así no sólo eran "expiados" sino que también eran llevados simbólicamente lejos para nunca ser "vistos" otra vez. (Ver Salmo 103:12.)

A través de todas estas actividades, a los israelitas no sólo se les hacía memoria continuamente de sus pecados, sino que también se les recordaba la provisión por gracia de Dios para el perdón de esos pecados. Todos los que presenciaran la ofrenda aparentemente interminable de sacrificios y derramamiento de sangre se darían cuenta de la gravedad de sus pecados y de la grandeza de la gracia de Dios en Su voluntad de perdonarlos.

Fue sólo la gracia de Dios la que proporcionó las bases para su perdón, no la obra del Sumo Sacerdote o la ofrenda de sacrificios, sino la gracia de un Dios misericordioso.

El templo

Cuando los israelitas entraron por primera vez a la Tierra que el Señor había prometido a Abraham cientos de años antes, el Tabernáculo fue establecido en un lugar central como el lugar de adoración y sacrificio. Durante muchos años, los israelitas continuaron acudiendo al Tabernáculo para llevar sus sacrificios y ofrendas, ya que Dios había mandado que las ofrendas por el pecado y las ofrendas quemadas no se ofrecieran en ningún otro lugar o de ninguna otra manera que Él hubiera mandado.

Después de algunos años, sin embargo, Dios reveló que una estructura permanente debía reemplazar al Tabernáculo como el lugar central de adoración y sacrificio. Bajo el liderazgo del rey Salomón, hijo del rey David, se construyó un hermoso, costoso e impresionante templo en la ciudad de Jerusalén.

Jerusalén se convirtió en "la ciudad santa" y el templo fue construido siguiendo el mismo patrón que el Tabernáculo. Contaba con un Lugar Santo, un Lugar Santísimo y un patio grande e impresionante donde el pueblo adoraba al Señor, ofrecía sus ofrendas y sacrificios, y aprendía más acerca de su Dios misericordioso.

Dado que el Templo era el único lugar donde se podían ofrecer sacrificios aceptables, el pueblo de Israel hacía frecuentes visitas a Jerusalén para

All prescribed activities that took place at the Temple pointed forward to the time when God Himself would "tabernacle" among mankind in the person of His eternal Son, Jesus Christ.

Summary and Conclusion

Old Testament teachings on worship, sacrifice, and offerings demonstrate unmistakably that God's people were always saved only by his grace and never by observing laws or offering sacrifices or bringing gifts. No one ever came close to keeping all of God's laws and no one lived in perfect obedience to all His commands. The extensive and detailed commands regarding the sacrifices which people had to offer were a constant reminder of their continual need for forgiveness and cleansing.

The sudden death of Aaron's two sons was a solemn warning that the people were to obey God always and in everything. The Tabernacle and its furnishings not only provided the people with a place to worship God and bring Him their sacrifices, they also pointed forward to the time when a perfect sacrifice would be offered that would provide believers with complete forgiveness and eternal peace with God.

God demonstrated His presence among His people through pillars of cloud and fire and glory, but all of these also pointed forward to the time when He Himself would not only live among His people but would also live within them through His Holy Spirit.

ofrecer sacrificios y para presentar sus regalos y ofrendas. El Templo era también el lugar para la celebración de las fiestas especiales que habían sido mandadas a observar al pueblo.

Todas las actividades prescritas que tenían lugar en el Templo apuntaban hacia la época en que Dios mismo "habitaría" entre la humanidad en la persona de Su Hijo eterno, Jesucristo.

Resumen y Conclusión

Las enseñanzas del Antiguo Testamento sobre la adoración, el sacrificio y las ofrendas demuestran inequívocamente que el pueblo de Dios siempre fue salvo sólo por su gracia y nunca por observar las leyes, ofrecer sacrificios o traer ofrendas. Nadie se acercó a guardar toda la ley de Dios y nadie vivió en perfecta obediencia a todos Sus mandamientos. Las órdenes extensas y detalladas con respecto a los sacrificios que el pueblo tenía que ofrecer eran un recordatorio constante de su continua necesidad de perdón y limpieza.

La repentina muerte de los dos hijos de Aarón fue una advertencia solemne de que el pueblo debía obedecer a Dios siempre y en todo. El Tabernáculo y sus muebles no sólo proporcionaron al pueblo un lugar para adorar a Dios y llevarle sus sacrificios, sino que también apuntaron hacia el momento en que se ofrecería un sacrificio perfecto que proporcionaría a los creyentes el perdón completo y la paz eterna con Dios.

Dios demostró Su presencia entre Su pueblo a través de columnas de nube, de fuego y de gloria, pero todo esto también apuntó hacia la época en que Él mismo no sólo viviría entre Su pueblo, sino que también viviría en ellos a través de Su Espíritu Santo.

LESSON 5 – TEST QUESTIONS

True Or False

circle **t** or F.

1. T F Before Jesus came to the earth, it was possible for humble and faithful people to be saved through their obedience, sacrifices, and good works.

2. T F The offerings and sacrifices that people offered in the Old Testament paid for the sins of those who offered them humbly and sincerely.

3. T F In Old Testament times the senior priests took turns to enter the Most Holy Place once a year to make atonement for the sins of the people.

4. T F The altar in the Tabernacle (and later in the Temple) was the onlyplace where people were permitted to offer sacrifices and burnt offerings to the Lord.

5. T F Two of Moses' sons were punished by sudden death in the Tabernacle because they did not reverently offer sacrifices in theway God had commanded.

6. T F After Jesus died on the cross, it was no longer necessary or appropriate for the people to offer animal sacrifices on the altar inthe Temple.

7. T F The heavy curtain in the Tabernacle was an indication that there was a significant barrier between a holy God and his unholy people.

8. T F Only perfect animals could be accepted as a sacrifice on the altar in the Tabernacle.

LECCIÓN 5 – PREGUNTAS DE PRUEBA

VERDADERO O FALSO

Encierra con un círculo si es V o F.

1. V F Antes de que Jesús viniera a la tierra, era posible que las personas humildes y fieles fueran salvas a través de su obediencia, sacrificios y buenas obras.

2. V F Las ofrendas y sacrificios que el pueblo ofrecía en el Antiguo Testamento pagaban por los pecados de aquellos que los ofrecían humilde y sinceramente.

3. V F En los tiempos del Antiguo Testamento, los sumos sacerdotes se turnaban para entrar en el Lugar Santísimo una vez al año para expiar los pecados del pueblo.

4. V F El altar en el Tabernáculo (y más tarde en el Templo) era el único lugar donde se le permitía al pueblo ofrecer sacrificios y ofrendas quemadas al Señor.

5. V F Dos de los hijos de Moisés fueron castigados con la muerte súbita en el Tabernáculo porque no ofrecieron reverentemente sacrificios de la manera que Dios había mandado.

6. V F Después de que Jesús murió en la cruz, ya no fue necesario o apropiado que las personas ofrecieran sacrificios de animales en el altar del Templo.

7. V F El pesado velo del Tabernáculo era una indicación de que había una barrera significativa entre un Dios santo y su pueblo impío.

8. V F Sólo los animales perfectos podrían ser aceptados como un sacrificio en el altar del Tabernáculo.

9. T F The only day on which the high Priest might enter the Most Holy Place in the Tabernacle was on the Day of Atonement.

10. T F After Jesus died on the cross, the heavy curtain in the Temple was torn from the top to the bottom to indicate that sacrifices in the Temple were no longer necessary.

Multiple Choice

choose which of the three statements is correct. circle a *or* B *or* c.

1. In the part of the Temple called "The Most Holy Place":

A. There was a box called the Ark of the Covenant and a special wash basin for the High Priest.

B. There was the Ark of the Covenant which contained the Ten Commandments, some manna, and the rod of Aaron the high Priest.

C. There was nothing at all so the High Priest could meditate on God without any distraction.

2. A. Moses had the task of choosing who would serve as the High Priestin Israel.

   C. A new High Priest was chosen each year by the heads of each of thetwelve tribes of Israel.

C. God Himself decided who would be the High Priest.

3. The first thing most people would see when they entered the courtyard of the Tabernacle was:

A. A large altar where the priests offered sacrifices.

B. A large laver or wash basin where

OPCIÓN MÚLTIPLE

Elije cuál de las tres afirmaciones es correcta. Encierra en un círculo A o B o C.

1. En la parte del Templo llamada "El Lugar Santísimo":

A. Había una caja llamada el Arca de la Alianza y un lavabo especial para el Sumo Sacerdote.

B. Se encontraba el Arca de la Alianza que contenía los Diez Mandamientos, un poco de maná y la vara de Aarón el Sumo Sacerdote.

C. No había nada en absoluto para que el Sumo Sacerdote pudiera meditar en Dios sin ninguna distracción.

2. A. Moisés tenía la tarea de elegir quién serviría como sumo sacerdote en Israel.

B. Un nuevo Sumo Sacerdote era elegido cada año por los jefes de cada una de las doce tribus de Israel.

C. Dios mismo decidía quién sería el Sumo Sacerdote.

3. Lo primero que la mayoría de las personas verían cuando entraran en el patio del Tabernáculo era:

A. Un gran altar donde los sacerdotes ofrecían sacrificios.

B. Un gran lavamanos o lavabos

the priests would wash their hands
and feet.

C. A golden altar where the priests offered
incense to the Lord.

4. When God wanted the people to move
forward in the desert:

A. The priests blew their ram horns to get
the attention of the people.

B. Moses and Aaron sent out
messengers to the heads of each of
thetwelve tribes.

C. The pillar of cloud or fire above the
Tabernacle was taken up as a signal that
they should move.

5. A. People who brought their
animals to the Tabernacle killed
them inthe courtyard.

C. The priests did the actual sacrificing
of the animals that the people
brought.

C. The priest made sacrifices in the Temple
courtyard only when the High Priest
was there.

6. The laver or wash basin in the
courtyard was used for personal
cleaningby the priests, but it also
served as a reminder:

A. That everyone needed to be washed and
cleansed spiritually.

B. That the High Priest was the only one
who was worthy of making a sacrifice to
God.

C. That the priests appointed by
God were more holy than others
inIsrael.

7. A. Burning incense on the golden
altar was symbolic of the people's
sorrow for their sins.

---

donde los sacerdotes se lavaban las
manos y los pies.

C. Un altar de oro donde los
sacerdotes ofrecían incienso al
Señor.

4. Cuando Dios quería que el pueblo
avanzara en el desierto:

A. Los sacerdotes hacían sonar sus
cuernos de carnero para llamar la
atención del pueblo.

B. Moisés y Aarón enviaban
mensajeros a los jefes de cada una
de las doce tribus.

C. La columna de nube o de fuego
sobre el Tabernáculo era retirada
como una señal de que debían
moverse.

5. A. Las personas que llevaban a sus
animales al Tabernáculo los
mataban en el patio.

B. Los sacerdotes hacían el sacrificio
real de los animales que el pueblo
llevaba.

C. El sacerdote hacía sacrificios en el
patio del Templo sólo cuando el
Sumo Sacerdote estaba allí.

6. El lavamanos o lavabo del patio
era utilizado para limpieza
personal por los sacerdotes, pero
también servía como un
recordatorio:

A. De que todos necesitaban ser
lavados y limpiados
espiritualmente.

B. De que el Sumo Sacerdote era el
único que era digno de hacer un
sacrificio a Dios.

C. De que los sacerdotes nombrados
por Dios eran más santos que otros
en Israel.

7. A. Quemar incienso en el altar de
oro era un símbolo del dolor del
pueblo por sus pecados.

B. Burning incense on the golden altar
was symbolic of the prayers ofthe
people rising to God.

C. Burning incense was a reminder that the
people needed purification because of
their sins.

8. Where do we read that "Without the
shedding of blood there is no
forgiveness of sins"?

A. Hebrews 8

B. Hebrews 9

C. Hebrews 10

9. What words were written on the gold
plate on the High Priest's turban?

A. HOLY TO THE LORD

B. BE HOLY BECAUSE I AM HOLY

C. GOD ALONE IS HOLY

10. When the Israelites finally entered the
Promised Land:

A. They immediately built a
permanent Temple to replace the
moveableTabernacle.

B. They continued to worship God and offer
sacrifices in the Tabernacle for many
years.

C. They erected altars in various parts
of the country so the people could
offer their sacrifices without
having to travel all the way to
Jerusalem.

LESSON 5 – additional QUESTIONS

1. Read James 2:10 and fill in the
blanks: "For whoever keeps the whole
law but fails in_has become
accountable for _ of it."

2. What does Psalm 51:5 teach us?

3. Which of the following statements is
most correct? Choose A or B or C.

B. Quemar incienso en el altar de oro
era un símbolo de las oraciones del
pueblo que eran elevadas a Dios.

C. Quemar incienso era un
recordatorio de que el pueblo
necesitaba purificación debido a
sus pecados.

8. ¿Dónde leemos que "Sin
derramamiento de sangre no hay
perdón de pecados"?

A. Hebreos 8

B. Hebreos 9

C. Hebreos 10

9. ¿Qué palabras estaban escritas en la
placa de oro del turbante del Sumo
Sacerdote?

A. SANTO ANTE EL SEÑOR

B. SED SANTOS PORQUE YO SOY
SANTO

C. SÓLO DIOS ES SANTO

10. Cuando los israelitas finalmente entraron
en la Tierra Prometida:

A. Inmediatamente construyeron un
Templo permanente para
reemplazar el Tabernáculo
movible.

B. Continuaron adorando a Dios y
ofreciendo sacrificios en el
Tabernáculo durante muchos años.

C. Erigieron altares en varias partes
del país para que el pueblo pudiera
ofrecer sus sacrificios sin tener que
viajar hasta Jerusalén.

LECCIÓN 5 – PREGUNTAS ADICIONALES

1. Lee Santiago 2:10 y rellena los
espacios en blanco: "Porque
cualquiera que guarda toda la ley,
pero tropieza en _________, se ha
hecho culpable de ___________".

2. ¿Qué nos enseña el Salmo 51:5?

3. ¿Cuál de las siguientes afirmaciones

A. People who offered all the required sacrifices would be saved and forgiven on the basis of their obedience.

B. People who offered the required sacrifices that God commanded would be saved and forgiven because these sacrifices showed howsorry they were for their sins.

C. People who offered the required sacrifices would be saved and forgiven because their sacrifices demonstrated their trust in God's grace to forgive them as He promised.

4. A. Is the following statement true or false? "Even if Jesus had never been born and had never died on the cross, the Old Testament sacrifices would have been sufficient for the forgiveness of sins."

B. Write out a Biblical text that supports your answer.

5. Which one of the following statements is NOT true?

A. Only the High Priest might enter the Most Holy Place in the Tabernacle.

B. The people of Israel were permitted to enter the outer court of the Tabernacle but might not enter the Tabernacle itself.

C. The High Priest was permitted to enter the Most Holy Place whenever he chose to do so IF he wore the proper garments and washed from head to foot before entering it.

D. The priests were permitted to enter the Holy Place but not the Most Holy Place.

6. A. What three items were found in the

---

es la más correcta? Elije A, B o C.

A. Las personas que ofrecieran todos los sacrificios requeridos serían salvas y perdonadas sobre la base de su obediencia.

B. Las personas que ofrecieran los sacrificios requeridos que Dios mandó serían salvas y perdonadas porque estos sacrificios mostraban lo arrepentidos que estaban por sus pecados.

C. Las personas que ofrecieran los sacrificios requeridos serían salvas y perdonadas porque sus sacrificios demostraban su confianza en la gracia de Dios para ser perdonados como Él había prometido.

4. A. ¿Es verdadera o falsa la siguiente declaración? "Incluso si Jesús nunca hubiera nacido y nunca hubiera muerto en la cruz, los sacrificios del Antiguo Testamento habrían sido suficientes para el perdón de los pecados".

B. Escribe un texto bíblico que apoye tu respuesta.

5. ¿Cuál de las siguientes afirmaciones NO es verdadera?

A. Sólo el Sumo Sacerdote podría entrar en el Lugar Santísimo del tabernáculo.

B. Al pueblo de Israel se le permitía entrar en el atrio exterior del Tabernáculo, pero no podía entrar en el Tabernáculo mismo.

C. Al Sumo Sacerdote se le permitía entrar en el Lugar Santísimo cada vez que lo decidiera si usaba las prendas adecuadas y se lavaba de la cabeza a los pies antes de entrar en éste.

D. A los sacerdotes se les permitía entrar en el Lugar Santo, pero no en el Lugar Santísimo.

6. A. ¿Cuáles tres artículos se

Holy Place in the Tabernacle?

B. What one item was found in the Most Holy Place?

C. What three articles were found in the Ark of the Covenant?

7. A. What was the "Mercy Seat"? (Also called the "Atonement Cover" in some Bible versions.)

B. Why do you think it was given this name?

8. In John 1:14 we read that "The Word [Jesus] became flesh and dwelt among us." What is the literal meaning of the Greek word translated intoEnglish as "dwelt"?

9. A. Which New Testament passage refers to Jesus as the "Lamb of God"?

C. Which New Testament passage refers to Jesus as the "Light of the World"?

C. Which New Testament passage refers to Jesus as the "Bread of life"?

10. A. How many entrances were there to the Tabernacle?

B. How many ways are there to salvation?

C. Write out John 14:6.

11. How did the people of Israel know that their God was present with them when they were in the wilderness? (See Numbers 9:15-23.)

12. A. What was the first thing people would usually see when they enteredthe courtyard of the Tabernacle?

B. Why was this significant?

13. What was the significance of the Laver or Wash Basin that was in theCourtyard?

14. A. What separated the Holy Place from

encontraban en el Lugar Santo del Tabernáculo?

B. ¿Qué artículo se encontraba en el Lugar Santísimo?

C. ¿Cuáles tres artículos se encontraban en el Arca del Pacto?

7. A. ¿Qué era el "Propiciatorio"? (También llamado la "Cubierta de expiación" en algunas versiones de la biblia.)

B. ¿Por qué crees que le fue dado este nombre?

8. En Juan 1:14 leemos que "El Verbo [Jesús] se hizo carne y habitó entre nosotros". ¿Cuál es el significado literal de la palabra griega traducida como "habitó"?

9. A. ¿Qué pasaje del Nuevo Testamento se refiere a Jesús como el "Cordero de Dios"?

B. ¿Qué pasaje del Nuevo Testamento se refiere a Jesús como la "Luz de la Mundo"?

C. ¿Qué pasaje del Nuevo Testamento se refiere a Jesús como el "Pan de vida"?

10. A. ¿Cuántas entradas había al Tabernáculo?

B. ¿Cuántos caminos a la salvación hay?

C. Escribe Juan 14:6.

11. ¿Cómo sabía el pueblo de Israel que su Dios estaba presente con ellos cuando se encontraban en el desierto? (Ver Números 9:15-23.)

12. A. ¿Qué era lo primero que el pueblo solía ver cuando entraban en el patio del Tabernáculo?

B. ¿Por qué esto era significativo?

13. ¿Cuál era la importancia del Lavamanos o Lavabo que había en el Patio?

14. A. ¿Qué separaba el Lugar Santo del Lugar Santísimo en el

the Most Holy Place in the Tabernacle?

B. What was the significance of this barrier?

C. When and how was this barrier removed?

15. Are the following statements true or false?

A. Since the people were commanded to continue offering sacrifices, this showed that the people were continually in need of forgiveness.

B. Since the people were commanded to continue offering sacrifices, this showed that the blood of bulls and goats could not really take away sins.

16. A. When did blood sacrifices for the forgiveness of sin become unnecessary?

B. Write out a Bible passage that supports your answer to "A."

17. Why did God require the Israelites to offer only "perfect" or "unblemished" animals in their sacrifices?

18. What two major things did the High Priest do on the Day of Atonement?

A.

B.

19. Are the following statements true or false? Write True or False for each statement.

A. The High Priest did not have to offer sacrifices for his own sins, since he was holier than the rest of the people.

B. If the High Priest did not come with blood into the Most Holy Place,he would die.

C. Moses was the first High Priest in the Old Testament?

Tabernáculo?

B. ¿Cuál era la importancia de esta barrera?

C. ¿Cuándo y cómo fue eliminada esta barrera?

15. ¿Son verdaderas o falsas las siguientes afirmaciones?

A. Dado que fue ordenado al pueblo que siguieran ofreciendo sacrificios, esto mostró que el pueblo continuamente estaba necesitado de perdón.

B. Dado que se ordenó al pueblo que continuara ofreciendo sacrificios, esto demostró que la sangre de toros y machos cabríos no podía realmente quitar los pecados.

16. A. ¿Cuándo se volvieron innecesarios los sacrificios de sangre para el perdón de los pecados?

B. Escribe un pasaje de la Biblia que apoye tu respuesta al inciso "A".

17. ¿Por qué Dios requirió que los israelitas ofrecieran sólo animales "perfectos" o "intachables" en sus sacrificios?

18. ¿Cuáles dos cosas principales hacía el Sumo Sacerdote en el Día de la Expiación?

A.

B.

19. ¿Son verdaderas o falsas las siguientes afirmaciones? Escribe Verdadero o Falso en cada afirmación.

A. El Sumo Sacerdote no tenía que ofrecer sacrificios por sus propios pecados, ya que era más santo que el resto del pueblo.

B. Si el Sumo Sacerdote no acudía con sangre al Lugar Santísimo, moriría.

C. ¿Moisés fue el primer Sumo Sacerdote en el Antiguo Testamento?

D.	The High Priest in Israel was chosen each year by the people.

20.	A.	Do you agree or disagree with the following statement? "The doctrineof salvation by grace alone is found in both the Old Testament and inthe New Testament."

B.	Give the reason(s) for your answer.

QUESTIONS For reflection or DISCUSSION

How would you respond to each of the following five statements? Respond toeach statement separately. If possible, provide at least one Scripture passageto support your answer.

1.	"I'm glad that God is willing to save ungodly and sinful people by His grace. However, I have always lived an obedient and God-fearing life and don't really need His grace."

2.	"God commanded people to obey His laws and He expected them to obey them because He knew they could obey them if they really wantedto."

3.	"God was unnecessarily harsh in punishing the two sons of Aaron with death. They may have done wrong, but what they did definitely did not deserve the death penalty."

4.	"Being saved by our works provides us with much more certainty and confidence than being saved by grace. We know when we do good, butwe can never be sure about grace."

5.	"It's far better to have too many laws than to have too few of them. If there is a law for everything, we can know exactly what God wants

---

D.	El Sumo Sacerdote de Israel era elegido cada año por el pueblo.

20.	A.	¿Estás de acuerdo o en desacuerdo con la siguiente declaración? "La doctrina de la salvación solo por gracia se encuentra tanto en el Antiguo Testamento como en el Nuevo Testamento".

B.	Da la(s) razón(es) de tu respuesta.

PREGUNTAS PARA DISCUTIR O REFLEXIONAR

¿Cómo responderías a cada una de las siguientes cinco afirmaciones? Responde a cada afirmación por separado. Si es posible, escribe al menos un pasaje de las Escrituras para apoyar tu respuesta.

1.	"Me alegro de que Dios esté dispuesto a salvar a personas impías y pecadores por Su gracia. Sin embargo, siempre he vivido una vida de obediencia y de temor de Dios y realmente no necesito Su gracia".

2.	"Dios mandó al pueblo a que obedeciera Sus leyes y él esperaba que las obedecieran porque sabía que podían obedecerlas si realmente querían".

3.	"Dios fue innecesariamente duro al castigar a los dos hijos de Aarón con la muerte. Puede que hayan hecho mal, pero lo que hicieron definitivamente no merecía la pena de muerte".

4.	"Ser salvos por nuestras obras nos proporciona mucha más certeza y confianza que ser salvos por gracia. Sabemos cuándo hacemos el bien, pero nunca podemos estar seguros de la gracia".

5.	"Es mucho mejor contar con demasiadas leyes que contar con muy pocas. Si hay una ley para

us todo and we can then go ahead
and do it."

todo, podemos saber exactamente
lo que Dios quiere que hagamos y
entonces podemos ir y actuar".

BLESSINGS OF GRACE
Lesson Six

Introduction

In previous Lessons we learned about some of the laws and commands that the Lord had given to the people of Israel. These laws did not provide a way for people to earn their salvation, but it did teach them their need for salvation. Even the sacrifices that God commanded the people to offer did not by themselves atone for their sins, but they pointed forward to Jesus who would make a perfect sacrifice for the sins of all who would put their faith in Him.

> The laws did much more, however, than teach people about sin and forgiveness. The laws also provided a way for people to honor God and to receive many wonderful blessings from Him. God knew that no one would perfectly obey all His laws, but in his grace he promised special blessings to those who sincerely sought to obey him and do what he commanded.

The Bible records many encouraging stories of people who were wonderfully blessed by the Lord because of their faith and obedience, even though none of them ever "earned" these blessings through perfect obedience. Since no one perfectly did everything God required and no one lived without sin, every blessing God gave to His people was always a blessing of grace.

God Blesses his people Because of his love For them

> *"It is because the LORD loves you and is keeping the oath that he swore to your fathers, that the LORD has brought you out with a mighty hand and redeemed you from the house of slavery. . . . Know therefore that the LORD your God is God, the faithful God who keeps covenant and steadfast love with those who love him and keep his commandments, to a thousand generations."*

BENDICIONES DE GRACIA
Sexta Lección

Introducción

En Lecciones anteriores aprendimos acerca de algunas de las leyes y mandamientos que el Señor había dado al pueblo de Israel. Estas leyes no proporcionaron una forma para que las personas obtuvieran su salvación, pero sí les mostraron su necesidad de salvación. Incluso los sacrificios que Dios mandó que el pueblo ofreciera no expiaban por sí mismos sus pecados, sino que apuntaban hacia Jesús quien haría un sacrificio perfecto por los pecados de todos los que pusieran su fe en Él.

> Sin embargo, las leyes hicieron mucho más que enseñar a las personas sobre el pecado y el perdón. Las leyes también proveyeron una forma en que las personas pudieran honrar a Dios y recibieran muchas bendiciones maravillosas de parte de Él. Dios sabía que nadie obedecería perfectamente todas Sus leyes, pero en su gracia prometió bendiciones especiales a aquellos que sinceramente buscaran obedecerle y hacer lo que él había mandado.

La Biblia registra muchas historias alentadoras de personas que fueron maravillosamente bendecidas por el Señor debido a su fe y obediencia, a pesar de que ninguno de ellos nunca "ganó" estas bendiciones a través de la obediencia perfecta. Ya que nadie hizo perfectamente todo lo que Dios requería y nadie vivió sin pecado, cada bendición que Dios dio a Su pueblo fue siempre una bendición de gracia.

Dios bendice a su pueblo debido a su amor por ellos

> *"Mas porque el Señor os amó y guardó el juramento que hizo a vuestros padres, el Señor os sacó con mano fuerte y os redimió de casa de servidumbre. . . . Reconoce, pues, que el Señor tu Dios es Dios, el Dios fiel, que guarda su pacto y su misericordia hasta mil generaciones con aquellos que le aman y guardan sus mandamientos".* Deuteronomio 7:8-9

> *"El Señor se agradó de tus padres, los amó, y escogió a su descendencia después de ellos, es decir, a vosotros,*

Deuteronomy 7:8-9

"The LORD set his heart in love on your fathers and chose their offspring after them, you above all peoples, as you are this day." Deuteronomy 10:15

God is Glorified By Giving Blessings to his people

"Thus says the Lord God: 'It is not for your sake, O house of Israel, that I am about to act, but for the sake of my holy name . . . And I will vindicate the holiness of my great name . . . and the nations will know that I am the LORD.'" Ezekiel 36:22-23

"You shall eat in plenty and be satisfied, and praise the name of the LORD your God, who has dealt wondrously with you. You shall know that   I am the LORD your God and there is none else."

Joel 2:26-27

God promised special Blessings to those Who obeyed him

"And if you will indeed obey my commandments that I command you today, to love the LORD your God, and to serve him with all your heart and with all your soul, he will give the rain for your land in its season . . .

and you shall eat and be full." Deuteronomy 11:13-15

"Hear therefore, O Israel, and be careful to [keep the commandments], that it may go well with you, and that you may multiply greatly, as the LORD the God of your fathers has promised you, in a land flowing with milk and honey." Deuteronomy 6:3

"[Be] careful to do according to all the lawthat you may have good success wherever you goFor then you will make your way prosperous, and then you will have good success." Joshua 1:7-8

God promised material prosperity to those Who obeyed him

"If you walk in my statutes and observe my commandments . . . then I will give you rains in their season, and the land shall yield its increase, and the trees of the field shall yield their fruit You shall eat your bread to the full and dwell in your land securely. I will give peace in the land, and you shall lie down, and none shall make you afraid." Leviticus 26:3-6

de entre todos los pueblos, como se ve hoy."
Deuteronomio 10:15

Dios es Glorificado al bendecir a su pueblo

"Así dice el Señor Dios: "No es por vosotros, casa de Israel, que voy a actuar, sino por mi santo nombre... Vindicaré la santidad de mi gran nombre... Entonces las naciones sabrán que yo soy el Señor". Ezequiel 36:22-23

"Tendréis mucho que comer y os saciaréis, y alabaréis el nombre del Señor vuestro Dios, que ha obrado maravillosamente con vosotros... Y sabréis que... yo soy el Señor vuestro Dios y no hay otro." Joel 2:26-27

Dios prometió bendiciones especiales a aquellos que le obedecieran

"Y sucederá que si obedecéis mis mandamientos que os ordeno hoy, de amar al Señor vuestro Dios y de servirle con todo vuestro corazón y con toda vuestra alma, El dará a vuestra tierra la lluvia a su tiempo. . .

y comerás y te saciarás." Deuteronomio 11:13-15

"Escucha, pues, oh Israel, y cuida de hacerlo, para que te vaya bien y te multipliques en gran manera, en una tierra que mana leche y miel, tal como el Señor, el Dios de tus padres, te ha prometido." Deuteronomio 6:3

"Cuídate de cumplir toda la ley... para que tengas éxito dondequiera que vayas... porque entonces harás prosperar tu camino y tendrás éxito." Josué 1:7-8

Dios prometió prosperidad material a aquellos que lo obedecieran

"Si andáis en mis estatutos y guardáis mis mandamientos. . . yo os daré lluvias en su tiempo, de manera que la tierra dará sus productos, y los árboles del campo darán su fruto... Comeréis, pues, vuestro pan hasta que os saciéis y habitaréis seguros en vuestra tierra. Daré también paz en la tierra, para que durmáis sin que nadie os atemorice." Levítico 26:3-6

"Y no habrá menesteroso entre vosotros, ya que el Señor de cierto te bendecirá en la tierra que el Señor tu Dios te da por heredad para poseerla, si solo escuchas fielmente la voz del Señor tu Dios, para

"There will be no poor among you; for the LORD will bless you in the land that the LORD your God is giving you for an inheritance to possess—if only you will strictly obey the voice of the LORD your God, being careful to do all this commandment that I command you today. For the LORD your God will bless you, as he promised you, and you shall lend to many nations, but you shall not borrow, and you shall rule over many nations, but they shall not rule over you." Deuteronomy 15:4-6

"The LORD your God will bless you in all your produce and in all the work of your hands, so that you will be altogether joyful." Deuteronomy 16:15

"Bring the full tithe into the storehouse, that there may be food in my house. And thereby put me to the test   if I will not open the windows of heaven for you and pour down for you a blessing until there is no more need." Malachi 3:10-12

God promised health and long life to those Who obeyed him

"You shall serve the LORD your God, and he will bless your bread and your water, and I will take sickness away from you. None shall miscarry or be barren in your land; I will fulfill the number of your days." Exodus 23:25-26

"Because you listen to these rules and keep and do them, the LORD your God . . . will love you, bless you, and multiply you   You shall be blessed above all peoples   And the LORD will take away from you all sickness." Deuteronomy 7:12-15

"You shall therefore keep the whole commandment that I command you today, that you may be strong   and that you may live long in the land that the Lord swore to your fathers to give to them and to their offspring." Deuteronomy 11:8-9

God promised victory in War to those Who obeyed him

"I will give peace in the land, and you shall lie down, and none shall make you afraid. . . . You will chase your enemies . . . Five of you shall chase a hundred, and a hundred of you shall chase ten thousand, and your enemies shall fall before you by the sword." Leviticus 26:6-8

"If you are careful to do all . . . that I command you to do . . . then the LORD will drive out all these nations

guardar cuidadosamente todo este mandamiento que te ordeno hoy. Pues el Señor tu Dios te bendecirá como te ha prometido, y tú prestarás a muchas naciones, pero tú no tomarás prestado; y tendrás dominio sobre muchas naciones, pero ellas no tendrán dominio sobre ti." Deuteronomio 15:4-6

"el Señor tu Dios te bendecirá en todos tus productos y en toda la obra de tus manos; por tanto, estarás realmente alegre." Deuteronomio 16:15

"Traed todo el diezmo al alfolí, para que haya alimento en mi casa; y ponedme ahora a prueba en esto… si no os abriré las ventanas del cielo, y derramaré para vosotros bendición hasta que sobreabunde." Malaquías 3:10-12

Dios prometió salud y una larga vida a aquellos que le obedecieran

"Mas serviréis al Señor vuestro Dios, y Él bendecirá tu pan y tu agua; y yo quitaré las enfermedades de en medio de ti. No habrá en tu tierra ninguna mujer que aborte ni que sea estéril; haré que se cumpla el número de tus días". Éxodo 23:25-26

"porque escuchas estos decretos y los guardas y los cumples, el Señor tu Dios… te amará, te bendecirá y te multiplicará… Bendito serás más que todos los pueblos… Y el Señor apartará de ti toda enfermedad". Deuteronomio 7:12-15

"Guardad, pues, todos los mandamientos que os ordeno hoy, para que seáis fuertes… para que prolonguéis vuestros días en la tierra que el Señor juró dar a vuestros padres y a su descendencia." Deuteronomio 11:8-9

Dios prometió victoria en la guerra a aquellos que le obedecieran

"Daré también paz en la tierra, para que durmáis sin que nadie os atemorice. . . . perseguiréis a vuestros enemigos. . . cinco de vosotros perseguirán a cien, y cien de vosotros perseguirán a diez mil, y vuestros enemigos caerán a espada delante de vosotros." Levítico 26:6-8

"Guardáis cuidadosamente todo este mandamiento que os ordeno. . . entonces el Señor expulsará de delante de vosotros a todas estas naciones, y vosotros desposeeréis a naciones más grandes y más poderosas

before you, and you will dispossess nations greater and mightier than you No one shall be able to stand

against you.” Deuteronomy 11:22-25

the psalms contain many promises to those Who love and obey God

“Blessed is the man who walks not in the counsel of the wicked, nor stands in the way of sinners, nor sits in the seat of scoffers; but his delight is in the law of the LORD, and on his law he meditates day and night. He is like a tree planted by streams of water, that yields its fruit in its season, and its leaf does not wither. In all that he does, he prospers.” Psalm 1:1-3

“Blessed is the man who fears the LORD, who greatly delights in his commandments! His offspring will be mighty in the land;   Wealth and riches are in his houseLight dawns in the darkness for the upright; he is gracious, merciful, and righteous The righteous will never be moved; he will be remembered forever. He is not afraid of bad news, his heart is firm, trusting in the Lord   he will not be afraid.” Psalm 112:1-8

Psalm 119, the longest of all the Psalms, recounts the wonderful blessings which come from observing and meditating on God's law. In this Psalm the law is not seen as something negative or oppressive or burdensome but rather as a source of guidance, delight, and blessing.

The Psalms also contain words of warning to those who depart from God's law, but the positive blessings that come from obeying His law clearly predominate. (See, for example, Psalm 119:1-2, 11, 32, 45, 165 and many others.)

God Blesses those Who confess their Failures and their sins

God's gift of grace was frequently shown to those who humbly confessed their sins and asked Him for forgiveness. This promise of grace to repentant sinners is clearly one of the greatest of all God's blessings. If God would bless us only if we did everything He commands us to do, we would have few blessings in the present and no hope for the future. But because of his grace, we can live confidently and thankfully in spite of our

que vosotros… Nadie os podrá hacer frente".
Deuteronomio 11:22-25

Los salmos contienen muchas promesas para aquellos que aman y obedecen a Dios

"¡Cuán bienaventurado es el hombre que no anda en el consejo de los impíos, ni se detiene en el camino de los pecadores, ni se sienta en la silla de los escarnecedores, sino que en la ley del Señor está su deleite, y en su ley medita de día y de noche! Será como árbol firmemente plantado junto a corrientes de agua, que da su fruto a su tiempo, y su hoja no se marchita; en todo lo que hace, prospera". Salmos 1:1-3

"¡Cuán bienaventurado es el hombre que teme al Señor, que mucho se deleita en sus mandamientos. Poderosa en la tierra será su descendencia… Bienes y riquezas hay en su casa… Luz resplandece en las tinieblas para el que es recto; Él es clemente, compasivo y justo… Porque nunca será sacudido; para siempre será recordado el justo. No temerá recibir malas noticias; su corazón está firme, confiado en el Señor… no temerá". Salmos 112:1-8

El Salmo 119, el más largo de todos los Salmos, relata las maravillosas bendiciones que provienen de observar y meditar en la ley de Dios. En este Salmo la ley no es vista como algo negativo, opresivo o gravoso, sino más bien como una fuente de guía, deleite y bendición.

Los Salmos también contienen palabras de advertencia para aquellos que se apartan de la ley de Dios, pero claramente predominan las bendiciones positivas que provienen de obedecer Su ley. (Ver, por ejemplo, Salmos 119:1-2, 11, 32, 45, 165 y muchos otros.)

Dios bendice a aquellos que confiesan sus fallas y sus pecados

El regalo de gracia de Dios era mostrado con frecuencia a aquellos que humildemente confesaban sus pecados y le pedían perdón. Esta promesa de gracia a los pecadores arrepentidos es claramente una de las más grandes de todas las bendiciones de Dios. Si Dios nos bendijera sólo si hiciéramos todo lo que Él nos manda hacer, tendríamos pocas bendiciones en el presente y ninguna esperanza para el futuro. Pero debido a su gracia, podemos vivir con confianza y agradecimiento a pesar de nuestras debilidades y

weaknesses and failures when we acknowledge, confess and forsake them.

Some of the most encouraging stories in the Old Testament are stories of forgiveness and restoration—even when people had deliberately disobeyed God and totally forfeited His mercy and grace. Read each of the following stories of grace with thanksgiving and praise.

The story of king David

David was given some wonderful promises from the Lord and was richly blessed in every way. He loved and served his Lord and sincerely sought to do what God commanded Him to do. However, David was also a man with great weaknesses and at times sinned grievously against the Lord. Later, when he humbly and sincerely confessed his sin, he was forgiven.

> Though David's sin had some very negative consequences both for himself and his family, the Lord forgave him and continued to use him in many significant and wonderful ways. Read 2 Samuel 7:8-29; Psalm 51:1-12; 2 Samuel 12:13-23.

The story of king Manasseh

Manasseh was the son of Hezekiah, one of Israel's greatest and best kings. However, Manasseh became one of the most wicked and sinful kings that Israel ever had. He was taken as a captive to Babylon and there he humbled himself in the sight of God and repented of his sins.

> Eventually Manasseh returned to Jerusalem where he served the Lord and sincerely tried to undo some of the terrible things he had done earlier. Read 2 Chronicles 33:1-20.

The story of Hosea

Hosea was a well-known prophet in Israel whose story is told in the Old Testament. He married a woman named Gomer according to God's instructions. Gomer gave birth to three children but then became a prostitute (Or, possibly, Gomer

fallas cuando las reconocemos, las confesamos y las abandonamos.

Algunas de las historias más alentadoras del Antiguo Testamento son historias de perdón y restauración, incluso cuando el pueblo había desobedeció deliberadamente a Dios y había perdido totalmente Su misericordia y gracia. Lee cada una de las siguientes historias de gracia con acción de gracias y alabanza.

La historia del rey David

David recibió algunas promesas maravillosas de parte del Señor y fue abundantemente bendecido en todos los sentidos. Amaba y servía a su Señor y sinceramente trataba de hacer lo que Dios le mandaba que hiciera. Sin embargo, David también era un hombre con grandes debilidades y a veces pecaba gravemente contra el Señor. Más tarde, cuando humilde y sinceramente confesaba su pecado, era perdonado.

> Aunque el pecado de David tuvo algunas consecuencias muy negativas tanto para él como para su familia, el Señor lo perdonó y continuó usándolo de muchas maneras significativas y maravillosas. Lee 2 Samuel 7:8-29; Salmos 51:1-12; 2 Samuel 12:13-23.

La historia del rey Manasés

Manasés fue el hijo de Ezequías, uno de los más grandes y mejores reyes de Israel. Sin embargo, Manasés se convirtió en uno de los reyes más malvados y pecadores que Israel haya tenido. Fue llevado como cautivo a Babilonia y allí se humilló a sí mismo ante los ojos de Dios y se arrepintió de sus pecados.

> Finalmente, Manasés regresó a Jerusalén, donde sirvió al Señor y trató sinceramente de deshacer algunas de las cosas terribles que había hecho antes. Lee 2 Crónicas 33:1-20.

La historia de Oseas

Oseas fue un profeta muy conocido en Israel cuya historia se relata en el Antiguo Testamento. Se casó con una mujer llamada Gomer de acuerdo a las instrucciones de Dios. Gomer dio a luz a tres hijos, pero luego se convirtió en prostituta (o, posiblemente, Gomer volvió a una vida de prostitución a la que se había dedicado antes de casarse con Oseas).

went back to a life of prostitution which she had pursued before she married Hosea.)

This story was a picture of Israel's unfaithfulness to the God who loved His people and "took them back" after their unfaithfulness. Read the fascinating story of God's grace in the book of Hosea. (See especially Hosea 3:1; 11:8-9; 14:1-9.)

the story of Abraham

Abraham is known in the Bible as the "father of all believers." His faith was strong, his love for God was unfailing, and his life was in many ways exemplary. Yet, on two occasions, Abraham's faith seemed to waver when he thought he was in danger of losing his wife. At another time, he seemed to doubt that God would really give him a son through his wife Sarah so he fathered a child with his servant girl Hagar.

> In spite of Abraham's failures, however, God graciously continued to work out His covenant promises through him. Read Genesis 12:10-20; 15:1-6; 16:1-4; 20:1-18.

The story of Hezekiah.

Hezekiah faithfully served the Lord, trusted Him, obeyed Him, and faithfully encouraged his people to serve and trust the Lord. However, at one point Hezekiah became proud, wandered from God, and brought down the wrath of God on himself and his people.

> *After Hezekiah repented, he and his people again received the favor and blessing of the Lord.* Read 2 Chronicles 32:25-26.

Blessings that come From confession and repentance

> *"'For after I had turned away, I relented . . . I was ashamed and I was confounded, because I bore the disgrace of my youth.'" [And God responded] "'Is Ephraim my dear son? . . . For as often as I speak against him, I do remember him still. Therefore my heart yearns for him, 'I will surely have mercy on him, declares the LORD.'"* Jeremiah 31:19-20

Esta historia fue una imagen de la infidelidad de Israel hacia el Dios que amaba a Su pueblo y "los llevó de vuelta" después de su infidelidad. Lee la fascinante historia de la gracia de Dios del libro de Oseas. (Ver especialmente Oseas 3:1; 11:8-9; 14:1-9.)

La historia de Abraham

Abraham es conocido en la Biblia como el "padre de todos los creyentes". Su fe era fuerte, su amor por Dios era infalible, y su vida era en muchos sentidos ejemplar. Sin embargo, en dos ocasiones, la fe de Abraham pareció flaquear cuando pensó que estaba en peligro de perder a su esposa. En otro momento, pareció dudar de que Dios realmente le daría un hijo a través de su esposa Sara, por lo que engendró un hijo con su sirvienta Agar.

> Sin embargo, a pesar de los fracasos de Abraham, Dios por gracia continuó obrando Sus promesas de pacto a través de él. Lee Génesis 12:10-20; 15:1-6; 16:1-4; 20:1-18.

La historia de Ezequías

> Ezequías sirvió fielmente al Señor, confió Él, le obedeció, y fielmente animó a su pueblo a servir y confiar en el Señor. Sin embargo, en un momento dado Ezequías se enorgulleció, se alejó de Dios e hizo caer la ira de Dios sobre sí mismo y su pueblo.
>
> *Después de que Ezequías se arrepintió, él y su pueblo recibieron nuevamente el favor y la bendición del Señor.* Lee 2 Crónicas 32:25-26.

Bendiciones que vienen de la confesión y el arrepentimiento

> *"Porque después que me aparté, me arrepentí. . . me avergoncé y también me humillé, porque llevaba el oprobio de mi juventud. [Y Dios respondió] "¿No es Efraín mi hijo amado? . . . Pues siempre que hablo contra él, lo recuerdo aún más; por eso mis entrañas se conmueven por él, ciertamente tendré de él misericordia —declara el Señor".* Jeremías 31:19-20

> *"Venid ahora, y razonemos —dice el Señor— aunque vuestros pecados sean como la grana, como la nieve serán emblanquecidos; aunque sean rojos como el carmesí, como blanca lana quedarán".* Isaías 1:18

'Come now, let us reason together, says the Lord; though your sins are like scarlet, they shall be as white as snow; though they are red like crimson, they shall become like wool.'" Isaiah 1:18

"Whoever conceals his transgressions will not prosper, but he who confesses and forsakes them will obtain mercy." Proverbs 28:13

"Blessed is the one whose transgression is forgiven, whose sin is covered I acknowledged my sin to you, and I did not cover my iniquity; . . . and you forgave the iniquity of my sin." Psalm 32:1, 5

"Who is a God like you, pardoning iniquity and passing over transgression He does not retain his anger forever, because he delights in steadfast love. He will again have compassion on us; he will tread our iniquities underfoot. You will cast all our sins into the depths of the sea." Micah 7:18-19

Summary and Conclusion

When one reads the hundreds of laws and commands in the Old Testament, it might seem that God imposed a tremendous burden on His people which would drive them to despair. Who could even remember all those laws! And even if someone did remember them, how could he expect to obey all the laws all the time with perfect motives and no failures? Obviously, no one (aside from Jesus) could ever do that. And no one ever did.

But God didn't give people His laws simply to help them see their sinfulness. He truly wanted them to love and trust and obey Him. And to those who did love and serve Him—in spite of their repeated failures—He promised innumerable blessings which would set His people apart from all others and blessings which would also bring Himself honor and glory.

Those who put their trust in their merciful and gracious God and sincerely sought to do His will were richly blessed. But the blessings were not blessings of merit but always blessings of grace. From the very beginning of human history, people were chosen by grace, forgiven by grace, and guided, upheld, and strengthened by grace. And after this

"Él que encubre sus pecados no prosperará, mas el que los confiesa y los abandona hallará misericordia". Proverbios 28:13

"¡Cuán bienaventurado es aquel cuya transgresión es perdonada, cuyo pecado es cubierto! Te manifesté mi pecado, y no encubrí mi iniquidad . . . y tú perdonaste la culpa de mi pecado." Salmos 32:1, 5

"¿Qué Dios hay como tú, que perdona la iniquidad y pasa por alto la rebeldía del remanente de su heredad? No persistirá en su ira para siempre, porque se complace en la misericordia. Volverá a compadecerse de nosotros, hollará nuestras iniquidades. Sí, arrojarás a las profundidades del mar todos nuestros pecados". Miqueas 7:18-19

Resumen y conclusión

Al leer los cientos de leyes y mandamientos del Antiguo Testamento, podría parecer que Dios impuso una tremenda carga sobre Su pueblo, lo cual los llevaría a la desesperación. ¡Quién podría siquiera recordar todas esas leyes! E incluso si alguien las recordara, ¿cómo podía esperar obedecer todas las leyes todo el tiempo con motivos perfectos y sin fallas? Obviamente, nadie (aparte de Jesús) podría hacer eso. Y nadie lo hizo.

Pero Dios no le dio al pueblo Sus leyes simplemente para ayudarles a ver su pecaminosidad. Él realmente quería que lo amaran, confiaran en Él y le obedecieran. Y a aquellos que lo amaron y le sirvieron— a pesar de sus repetidos fracasos — Él prometió innumerables bendiciones que diferenciarían a Su pueblo de todos los demás y bendiciones que también le traerían honor y gloria.

Aquellos que pusieron su confianza en su Dios misericordioso y dador de gracia y sinceramente trataron de hacer Su voluntad fueron abundantemente bendecidos. Pero las bendiciones no fueron bendiciones de mérito, sino siempre bendiciones de gracia. Desde el principio mismo de la historia humana, las personas fueron elegidas por gracia, perdonadas por gracia, y guiadas, sostenidas y fortalecidas por gracia. Y después de que esta vida terrenal haya terminado, los hijos de Dios vivirán con Él por la eternidad en gozo sin fin, deleite perfecto y gratitud eterna. ¡Y TODO ES POR GRACIA!

earthly life is over, God's children will live with Him forever in endless joy, perfect delight, and eternal gratitude. AND IT'S ALL BY GRACE!

LESSON 6 – TEST QUESTIONS

True Or False

circle **t** or F.

1. T F God's laws gave His people a way to honor Him and also a way to receive special blessings from Him.
2. T F None of the blessings God gave to His people were ever given tothem because of their obedience.
3. T F God rarely promised to bless His people if they obeyed Him, because they were expected and commanded to obey Him.
4. T F God sometimes promised to give His people wonderful blessings,but He said that they would receive them only if they obeyed Himand observed His commandments.
5. T F Jesus emphasized the importance of obeying the "spirit" of the law and not simply the letter of the law.
6. T F There were people who opposed Jesus when He lived on earth, but no one could or did ever accuse Him of disobeying any Old Testament laws.
7. T F The Old Testament mentions the physical and material blessings of obeying the law more than the New Testament does.
8. T F Every promise given to God's people in the Old Testament is valid for all

LECCIÓN 6 – PREGUNTAS DE PRUEBA

VERDADERO O FALSO

Encierra con un círculo si es V o F.

1. V F Las leyes de Dios le dieron a Su pueblo una forma de honrarlo y también una forma de recibir bendiciones especiales de su parte.
2. V F Ninguna de las bendiciones que Dios dio a Su pueblo les fueron dadas debido a su obediencia.
3. V F Dios rara vez prometió bendecir a Su pueblo si lo obedecían, porque era de esperarse y les había sido ordenado obedecerle.
4. V F Dios a veces prometía dar a Su pueblo bendiciones maravillosas, pero él dijo que las recibirían sólo si le obedecían y guardaban Sus mandamientos.
5. V F Jesús enfatizó la importancia de obedecer el "espíritu" de la ley y no simplemente la letra de la ley.
6. V F Hubo personas que se opusieron a Jesús cuando vivió en la tierra, pero nadie pudo o lo acusó de desobedecer cualquier ley del Antiguo Testamento.
7. V F El Antiguo Testamento menciona las bendiciones físicas y materiales de obedecer la ley más de lo que lo hace el Nuevo Testamento.
8. V F Toda promesa dada al pueblo de Dios en el Antiguo Testamento también es válida para todos los creyentes en la

believers today as well.

9. T F The prophet Isaiah gives us this beautiful message: "God does not retain his anger forever, because he delights in steadfast love. You will cast all our sins into the depths of the sea."

10. T F All the passages in this Lesson that refer to God's gracious dealing with His people are from the Old Testament.

Multiple Choice

choose which of the three statements is correct. circle a *or* B *or* c.

1. In Deuteronomy 7:8-9 we read: "The Lord redeemed you from the houseof slavery:

A. Because you have faithfully obeyed the Lord in every way."

B. Because the Lord loves you and is keeping the oath that he swore toyour fathers."

C. Because you have obeyed the Lord more faithfully now than you didwhile you were in the land of Egypt."

2. A. God not only promised spiritual blessings to those who trusted andobeyed Him, but He also promised them many material blessings.

B. God knew that His people needed spiritual blessings far more thanmaterial blessings, so He never focused on the material ones.

C. God never promised material blessings to His people, but in Hisgrace He often gave such blessings to them.

---

actualidad.

9. V F El profeta Isaías nos da este hermoso mensaje: "Dios... No persistirá en su ira para siempre, porque se complace en la misericordia. Sí, arrojarás a las profundidades del mar todos nuestros pecados".

10. V F Todos los pasajes de esta lección que se refieren al trato de Dios por gracia con Su pueblo son del Antiguo Testamento.

OPCIÓN MÚLTIPLE

Elije cuál de las tres afirmaciones es correcta. Encierra en un círculo A o B o C.

1. En Deuteronomio 7:8-9 leemos: "El Señor os redimió de casa de servidumbre:

A. Porque has obedecido fielmente al Señor en todos los sentidos".

B. Porque el Señor os ama y está cumpliendo el juramento que juró a vuestros padres".

C. Porque has obedecido al Señor más fielmente ahora que mientras estabas en tierra de Egipto".

2. A. Dios no sólo prometió bendiciones espirituales a aquellos que confiaran en Él y lo obedecieran, sino que también les prometió muchas bendiciones materiales.

B. Dios sabía que Su pueblo necesitaba bendiciones espirituales mucho más que bendiciones materiales, por lo que nunca se enfocó en las bendiciones materiales.

C. Dios nunca prometió bendiciones materiales a Su pueblo, pero en Su gracia a menudo les daba tales bendiciones.

3. En Levítico 26 leemos: "Os daré lluvias en su tiempo, de manera que la tierra dará sus

3. In Leviticus 26 we read: "I will give you rains in their season, and the land shall yield its increase, and the trees of the field shall yield their fruit :

A. If you promise to serve me with the gifts I am giving to you."

B. If you love me with all your heart and love your neighbor asyourself."

C. If you walk in my statues and observe my commandments."

4. Where do we read this promise from the Lord: "Five of you shall chase a hundred, and a hundred of you shall chase ten thousand and your enemies shall fall before you by the sword"?

A. Deuteronomy 11

B. Leviticus 26

C. Psalm 112

5. Psalm 119, the longest Psalm in the Bible, frequently refers to God's law:

A. As a great blessing for those who obey it.

B. As a burden for those who live under it.

C. As a warning to those who disobey it.

6. Where do we find in the Bible this statement: "Whoever conceals his transgressions will not prosper, but he who confesses and forsakes them will obtain mercy"?

A. Micah 7

B. Proverbs 28

C. Jeremiah 31

7. Who lived the first part of his life as a notorious sinner but in his latter years sincerely

productos, y los árboles del campo darán su fruto:

A. Si prometen servirme con los dones que te estoy dando".

B. Si me aman con todo su corazón y aman a su prójimo como a ustedes mismos".

C. Si andan en mis estatuas y guardan mis mandamientos".

4. ¿Dónde leemos esta promesa del Señor: "Cinco de vosotros perseguirán a cien, y cien de vosotros perseguirán a diez mil, y vuestros enemigos caerán a espada delante de vosotros"?

A. Deuteronomio 11

B. Levítico 26

C. Salmo 112

5. El Salmo 119, el Salmo más largo de la Biblia, frecuentemente se refiere a la ley de Dios:

A. Como una gran bendición para aquellos que la obedecen.

B. Como una carga para aquellos que viven bajo ella.

C. Como advertencia a quienes la desobedecen.

6. ¿Dónde encontramos en la Biblia esta afirmación: "El que encubre sus pecados no prosperará, mas el que los confiesa y los abandona hallará misericordia"?

A. Miqueas 7

B. Proverbios 28

C. Jeremías 31

7. ¿Quién vivió la primera parte de su vida como un pecador notorio, pero en sus últimos años se arrepintió sinceramente y sirvió al Señor el resto de sus días en la tierra?

repented and served the Lord the rest of his days on earth.

A. King Manasseh

B. The prophet Hosea

C. King David

8. After God answered Hezekiah's prayer for healing from a deadlyillness:

A. He became proud and didn't give God the credit for his restoredhealth.

B. He used his own healing as an incentive to urge others to pray toGod.

C. He served God more joyfully and sincerely than ever before.

9. In Deuteronomy 28:1 and 15 we read that:

A. God promised the same blessings to Israel whether they obeyedHim or did not obey Him, because He loved them.

B. God promised blessings to Israel if they obeyed Him and punishmentif they didn't.

C. God encouraged them to love and obey Him, but He did not tell themwhat the results would be if they obeyed Him or not.

10. In Deuteronomy 9:1-6 God promised that He would go before His peoplelike a consuming fire and would destroy the giants which they would facebecause:

A. His people had earned these blessings through the uprightness oftheir hearts.

B. His people obeyed God most of the time while they were in thewilderness.

C. The nations they would

A. El Rey Manasés

B. El profeta Oseas

C. El Rey David

8. Después de que Dios respondió a la oración de Ezequías por la sanidad de una enfermedad mortal:

A. Se enorgulleció y no le dio a Dios el crédito por su salud restaurada.

B. Usó su propia sanidad como un incentivo para instar a otros a orar a Dios.

C. Sirvió a Dios con más alegría y sinceridad que nunca antes.

9. En Deuteronomio 28:1 y 15 leemos que:

A. Dios prometió las mismas bendiciones a Israel, ya sea que le obedecieran o no le obedecieran, porque Él los amaba.

B. Dios prometió bendiciones a Israel si le obedecían y castigo si no lo hacían.

C. Dios los animó a amarlo y obedecerlo, pero no les dijo cuáles serían los resultados si lo obedecían o no.

10. En Deuteronomio 9:1-6 Dios prometió que iría delante de Su pueblo como fuego consumidor y destruiría a los gigantes a los que se enfrentarían porque:

A. Su pueblo se había ganado estas bendiciones a través de la rectitud de sus corazones.

B. Su pueblo obedeció a Dios la mayor parte del tiempo mientras estaban en el desierto.

C. Las naciones que destruirían eran muy malvadas.

destroy were very wicked.

LESSON 6 – additional QUESTIONS

1. Indicate which of the following statements is not true.

A. God promised to bless His people who faithfully observed the lawsHe had given them.

B. There are many Old Testament stories of people who did obey God's laws and were blessed because of it.

C. Salvation is always a gift of God's grace.

2. What promises did God give to Abraham in Genesis 12:2-3?

3. According to Deuteronomy 4:37,why did God bless the people of Israel?

4. What great promise is given in Isaiah 1:18?

5. Complete this sentence from Ezekiel 36:22. "Thus says the Lord God:

It is not for your sake, O house of Israel, that I am about to act, but

____

____

____."

6. What promises did God give His people in Ezekiel 36:26 and 27?

7. In Joel 2:18-26 God gave the people several promises. When God fulfilled these promises, what would be the result? See verse 27.

8. In Deuteronomy 4:29 God promised: "You will seek the LORD your God and you will find him, if

LECCIÓN 6 – PREGUNTAS ADICIONALES

1. Indica cuál de las siguientes afirmaciones no es verdadera.

A. Dios prometió bendecir a Su pueblo que guardaba fielmente las leyes que Él les había dado.

B. Hay muchas historias del Antiguo Testamento de personas que obedecieron las leyes de Dios leyes y fueron bendecidas por ello.

C. La salvación es siempre un regalo de la gracia de Dios.

2. ¿Qué promesas le dio Dios a Abraham en Génesis 12:2-3?

3. Según Deuteronomio 4:37, ¿por qué Dios bendice al pueblo de Israel?

4. ¿Qué gran promesa es dada en Isaías 1:18?

5. Completa esta oración de Ezequiel 36:22. "Así dice el Señor Dios: "No es por vosotros, casa de Israel, que voy a actuar, sino

____

____

_____________.""

6. ¿Qué promesas dio Dios a Su pueblo en Ezequiel 36:26 y 27?

7. En Joel 2:18-26 Dios dio al pueblo varias promesas. Cuando Dios cumpliera estas promesas, ¿cuál sería el resultado? Ver el versículo 27.

8. En Deuteronomio 4:29 Dios prometió: "Desde allí buscarás al Señor tu Dios, y lo hallarás si_____________________________.""

_______."

9. According to Deuteronomy 11:13, God promised to bless His people in many wonderful ways if they met certain conditions. What were those conditions?

10. Read Joshua 1:7-8. What command did God give to Joshua?

11. What promise did God give to Joshua?

12. Read 2 Chronicles 21:21. What did Hezekiah do that was pleasing in God's sight?

13. What was the result of doing what Hezekiah did?

14. What promise did God give to the Israelites in Deuteronomy 28:1 if they obeyed Him?

15. How would other nations respond to the Israelites if they obeyed God and God blessed them? See Deuteronomy 28:10.

16. Read Leviticus 26:9. What promises did God give to Israel in this passage?

17. What promises of God are recorded in Deuteronomy 11:8-9?

18. Complete this sentence from Malachi 3:10. "Put me to the test, says the LORD of hosts, if I will not open the windows of heaven for you and

____

_______."

19. Read Deuteronomy 9:3 and 6. Indicate which one of the following statements is NOT true.

- God promised to go before His people like a devouring fire.

- God promised to destroy the giants which the Israelites would face.

9. Según Deuteronomio 11:13, Dios prometió bendecir a Su pueblo de muchas maneras maravillosas si cumplían ciertas condiciones. ¿Cuáles eran esas condiciones?

10. Lee Josué 1:7-8. ¿Qué mandamiento le dio Dios a Josué?

11. ¿Qué promesa le dio Dios a Josué?

12. Lee 2 Crónicas 21:21. ¿Qué hizo Ezequías que fue agradable ante los ojos de Dios?

13. ¿Cuál fue el resultado de hacer lo que hizo Ezequías?

14. ¿Qué promesa dio Dios a los israelitas en Deuteronomio 28:1 si ellos le obedecían?

15. ¿Cómo responderían otras naciones a los israelitas si obedecían a Dios y Dios los bendecía? Ver Deuteronomio 28:10.

16. Lee Levítico 26:9. ¿Qué promesas dio Dios a Israel en este pasaje?

17. ¿Qué promesas de Dios están registradas en Deuteronomio 11:8-9?

18. Completa esta oración de Malaquías 3:10. "Ponedme ahora a prueba en esto —dice el Señor de los ejércitos— si no os abriré las ventanas del cielo,

y_______________________________."

19. Lee Deuteronomio 9:3 y 6. Indica cuál de las siguientes afirmaciones NO son ciertas.

- Dios prometió ir delante de Su pueblo como fuego consumidor.

- Dios prometió destruir a los gigantes que los israelitas enfrentarían.

- God promised to give His people a good new land to live in.
- God promised all these things because the people had becomerighteous through their faithfulness and obedience.

20. Fill in the blanks in this statement from Psalm 1. "Blessed is the man who _____not in the counsel of the wicked, nor____in the way of sinners, nor_ _____in the seat of scoffers; but his delight isin the ________________and on his law he meditates ______________and ____."

QUESTIONS for reflection Or DISCUSSION

1. In the Old Testament there are more promises of earthly and material blessings for believers than there are in the New Testament. Do you think believers today should take all these Old Testament promises and applythem to their lives today? Please give the reason(s) for your answer.

2. Since the blessings promised to the people of Israel were so many and sowonderful, why do you think the Israelites so frequently disobeyed God and forfeited the blessings they could have had if they were obedient? Ingeneral, does it seem that Christians today are more obedient than the Israelites were in the Old Testament? Please give the reason(s) for youranswer.

3. Psalm 119 extols the great blessing of having all God's laws andcommandments. The

- Dios prometió dar a Su pueblo una buena tierra nueva para vivir.
- Dios prometió todas estas cosas porque el pueblo se había vuelto justo a través de su fidelidad y obediencia.

20. Rellena los espacios en blanco de esta declaración del Salmo 1. " ¡Cuán bienaventurado es el hombre que no _____________________________, ni se detiene en el camino de los pecadores, ni ____________ en la silla de los escarnecedores, sino que ________________ está su deleite, y en su ley medita __________ y __________!"

PREGUNTAS PARA DISCUTIR O REFLEXIONAR

1. En el Antiguo Testamento hay más promesas de bendiciones terrenales y materiales para los creyentes que en el Nuevo Testamento. ¿Crees que los creyentes de hoy deberían tomar todas estas promesas del Antiguo Testamento y aplicarlas a sus vidas hoy? Por favor, indica la(s) razón(es) de tu respuesta.

2. Ya que las bendiciones prometidas al pueblo de Israel fueron tantas y tan maravillosas, ¿por qué crees que los israelitas con tanta frecuencia desobedecieron a Dios y perdieron las bendiciones que podrían haber tenido si hubieran sido obedientes? En general, ¿parece que los cristianos de hoy son más obedientes que los israelitas en el Antiguo Testamento? Por favor, indica la(s) razón(es) de tu respuesta.

3. El Salmo 119 ensalza la gran bendición de contar con todas las leyes y mandamientos de Dios. La actitud de la persona que escribió este Salmo fue

attitude of the person who wrote this Psalm was obviously very positive about having these laws while the attitude of some other Old Testament people seemed to be very negative. Why do you think the writer of this Psalm was so positive?

4. When you are living in a way that pleases God, do you believe that you will be "blessed" for that? If so, what do you think those blessings will be? Please explain your answer.

5. If a person sincerely believes that salvation is "all by grace," do you think that person will be more concerned or less concerned about the way he lives? Please explain your answer.

obviamente muy positiva acerca de tener estas leyes, mientras que la actitud de otras personas del Antiguo Testamento parecía ser muy negativa. ¿Por qué crees que el escritor de este Salmo fue tan positivo?

4. Cuando estás viviendo de una manera que agrada a Dios, ¿crees que serás "bendecido" por eso? Si es así, ¿cuáles crees que serán esas bendiciones? Por favor explica tu respuesta.

5. Si una persona cree sinceramente que la salvación es "toda por gracia", ¿crees que esa persona se preocupará más o se preocupará menos por la forma en que vive? Por favor explica tu respuesta.

GRACE IN THE LIFE AND TEACHING OF JESUS
Lesson Seven

Introduction

Though the story of Jesus is recorded in the New Testament, Jesus lived under Old Testament conditions while He was on the earth. Old Testament laws were still binding on the people, and faithful Jews (the people of Israel) still tried to obey them. They circumcised their male children on the eighth day (Luke 2:21), they observed the Sabbath Day as carefully as possible (John 5:10), they offered sacrifices at the temple (Luke 22:7), and they came to Jerusalem each year for the three major feasts (Luke 2:41-42). In addition, they worshiped regularly at one of the Jewish synagogues—a custom that arose after the Old Testament itself was written (Luke 4:16).

> The Temple in Jerusalem was still the designated place for the people to bring their tithes, sacrifices, and offerings. The High Priest still went into the Holy of Holies once a year on the Day of Atonement, the Levites still occupied special places of honor and service in the Jewish community, and faithful Jews were still expected to pay tithes, to worship at the Temple, and to keep the law in every way (Matthew 23:23).

However, during Jesus' lifetime, the Jews were living under the authority of the Roman government. That made things even more difficult for them because they had to obey Roman laws as well as Old Testament laws. As a result, many Jews in Jesus' day were extremely eager to overthrow the Romans so they would no longer be under their authority. A few Jewish leaders favored the Romans and received special favors from them, but most of the people were very unhappy with their Roman rulers and thoroughly disliked them.It was into this kind of world that Jesus was born and in which He livedHis entire earthly life.

LA GRACIA EN LA VIDA Y LAS ENSEÑANZAS DE JESÚS
Séptima Lección

Introducción

Aunque la historia de Jesús está registrada en el Nuevo Testamento, Jesús vivió bajo las condiciones del Antiguo Testamento mientras estaba en la tierra. Las leyes del Antiguo Testamento seguían siendo vinculantes para el pueblo, y los judíos fieles (el pueblo de Israel) todavía trataban de obedecerlas. Ellos circuncidaban a sus hijos varones en el octavo día (Lucas 2:21), guardaban el día de reposo tan cuidadosamente como era posible (Juan 5:10), ofrecían sacrificios en el templo (Lucas 22:7), y acudían a Jerusalén cada año para las tres fiestas principales (Lucas 2:41-42). Además, adoraban regularmente en una de las sinagogas judías, una costumbre que surgió después de que fue escrito el Antiguo Testamento (Lucas 4:16).

> El Templo de Jerusalén seguía siendo el lugar designado para que el pueblo trajera sus diezmos, sacrificios y ofrendas. El Sumo Sacerdote todavía entraba en el Lugar Santísimo una vez al año en el Día de la Expiación, los levitas todavía ocupaban lugares especiales de honor y servicio en la comunidad judía, y todavía se esperaba que los judíos fieles pagaran diezmos, adorasen en el Templo y guardaran la ley en todos los sentidos (Mateo 23:23).

Sin embargo, durante la vida de Jesús, los judíos vivían bajo la autoridad del gobierno romano. Eso hizo las cosas aún más difíciles para ellos porque tenían que obedecer las leyes romanas, así como las leyes del Antiguo Testamento. Como resultado, muchos judíos en los días de Jesús se sentían extremadamente ansiosos por derrocar a los romanos para que ya no estuvieran bajo su autoridad. Algunos líderes judíos favorecieron a los romanos y recibieron favores especiales de parte ellos, pero la mayoría de las personas estaban muy insatisfechas con sus gobernantes romanos y no les agradaban. Fue en este tipo de

Jesus' view of Old Testament laws

Jesus had a very high view of the Laws of God. Early in His ministry He made that very clear. He said,

> *"Do not think that I have come to abolish the Law or the Prophets; I have not come to abolish them but to fulfill them. For truly, I say to you, until heaven and earth pass away, not an iota, not a dot, will pass from the Law until all is accomplished."* Matthew 5:17-18

When Jesus was asked which of the Old Testament laws was the greatest, He replied:

> *"Love the Lord your God with all your heart and with all your soul and with all your mind. This is the great and first commandment. And a second is like it: You shall love your neighbor as yourself. On these two commandments depend all the Law and the Prophets."* Matthew 22:37-40

Jesus' teaching on What it means to obey God's laws

Jesus emphasized that God required people to obey the "spirit" of the law and not simply the "letter" of the law (Matthew 23:23-26). Anything less than a sincere desire to do everything that God required was not considered to be true obedience.

> People who emphasize a legalistic observance of the law are often inclined to emphasize the negative dimension of the law rather than the positive teachings of the law. Jesus Himself was careful not to do what the law forbade, but He also did what the "spirit" of the law required as He ministered to the needs of the hungry, the poor, the lost, the lonely, and the sinful.

Jesus also taught that there are times and circumstances when it is acceptable to "break" the letter of the law without violating the spiritual intent of the law. For example, in His day, people were not permitted to carry "burdens" on the Sabbath day, but Jesus healed a lame man on the

mundo que Jesús nació y en el que vivió toda su vida terrenal.

El punto de vista de Jesús sobre las leyes del Antiguo Testamento

Jesús tenía un punto de vista muy elevado de las Leyes de Dios. Al principio de Su ministerio, dejó esto muy claro. Él dijo:

> *"No penséis que he venido para abolir la ley o los profetas; no he venido para abolir, sino para cumplir. Porque en verdad os digo que hasta que pasen el cielo y la tierra, no se perderá ni la letra más pequeña ni una tilde de la ley hasta que toda se cumpla."* Mateo 5:17-18

Cuando se le preguntó a Jesús cuál de las leyes del Antiguo Testamento era la más grande, Él respondió:

> *"Amarás al Señor tu Dios con todo tu corazón, y con toda tu alma, y con toda tu mente. Este es el grande y el primer mandamiento. Y el segundo es semejante a este: Amarás a tu prójimo como a ti mismo. De estos dos mandamientos dependen toda la ley y los profetas".* Mateo 22:37-40

La enseñanza de Jesús sobre lo que significa obedecer las leyes de Dios

Jesús enfatizó que Dios requería que las personas obedecieran el "espíritu" de la ley y no simplemente la "letra" de la ley (Mateo 23:23-26). Cualquier cosa menos que un deseo sincero de hacer todo lo que Dios requería no era considerada una verdadera obediencia.

> Las personas que hacen hincapié en una observancia legalista de la ley a menudo se inclinan a enfatizar la dimensión negativa de la ley en lugar de las enseñanzas positivas de la ley. Jesús mismo tuvo cuidado de no hacer lo que la ley le prohibía, pero también hizo lo que el "espíritu" de la ley requería al ministrar las necesidades de los hambrientos, de los pobres, de los perdidos, de los solitarios y de los pecadores.

Jesús también enseñó que hay momentos y circunstancias en que es aceptable "violar" la letra de la ley sin violar la intención espiritual de la ley. Por ejemplo, en Su día, al pueblo no se le permitía llevar "cargas" en el día de reposo, pero Jesús sanó a un hombre cojo en el día de reposo y le dijo que tomara su lecho y anduviera (Juan 5:8-9). Los

Sabbath day and told him to take up his mat and walk (John 5:8-9). The Jewish leaders regarded "healing" of the lame or the blind as work which was not permitted on the Sabbath day (Matthew 12:9-13; John 9:13-16), but Jesus healed them anyway. Jesus wanted the people to know that God's intention in giving them Sabbath laws was not negative but positive (Matthew 12:12; Mark 2:27-28).

> *Jesus was helping the people get away from the strict "legalism" of some of their leaders. These leaders did not "delight" in the law as the writer of Psalm 119 did. Rather, they chafed under the law and sought to escape from the demands of the law while still keeping up the appearance of obeying it. If they could somehow "fulfill" a law without doing what the Lord really intended, they were quick do so. (See Matthew15:3-9; 23:15-22.)*

Legalism is so awesome in its deception! That's why Jesus so strongly opposed it and why he continually emphasized the importance of loving God with our whole heart and loving our neighbor as ourselves.

Jesus teaches about the Grace of Forgiveness

What may be even worse than the failure of some of the leaders to obey the spirit of the law was that many of them were proud and self-righteous simply because they obeyed the letter of the law. They not only led people astray but they also withheld from the people a true understanding of the grace of God (Matthew 23:13-15).

> *Jesus dealt with this matter in His parable of the Pharisee and the Tax Collector. In that well-known parable, the proud, self-righteous Pharisee boasted publicly and loudly of his own obedience while he looked with contempt on a sinful tax collector. However, it was the Pharisee who went home from the temple unforgiven, while the repentant tax collector went home justified by God's forgiving grace. (Luke 18:9-14)*

Forgiveness, Jesus taught, was always granted by grace and was never earned by offering sacrifices or by giving money or by performing certain "religious" acts. One of His best known and most

líderes judíos consideraban la "sanidad" de los cojos o los ciegos como un trabajo que no estaba permitido en el día de reposo (Mateo 12:9-13; Juan 9:13-16), pero Jesús los sanó de todos modos. Jesús quería que el pueblo supiera que la intención de Dios al darles las leyes del día del reposo no era negativa sino positiva (Mateo 12:12; Marcos 2:27-28).

> *Jesús estaba ayudando a la gente a alejarse del estricto "legalismo" de algunos de sus líderes. Estos líderes no se "deleitaban" en la ley como lo hacía el escritor del Salmo 119. Más bien, se irritaban bajo la ley y trataban de escapar de las demandas de la ley sin dejar de mantener la apariencia de obedecerla. Si de alguna manera podían "cumplir" una ley sin hacer lo que el Señor realmente pretendía, lo hacían rápidamente. (Ver Mateo15:3-9; 23:15-22)*

¡El legalismo es tan impresionante en su engaño! Es por eso que Jesús se opuso tan fuertemente y por eso continuamente enfatizó la importancia de amar a Dios con todo nuestro corazón y amar a nuestro prójimo como a nosotros mismos.

Jesús enseña acerca de la Gracia del Perdón

Lo que puede ser aún peor que el hecho de que algunos de los líderes no obedecieran el espíritu de la ley fue que muchos de ellos fueran orgullosos y puritanos simplemente porque obedecían la letra de la ley. No sólo llevaron al pueblo por mal camino, sino que también ocultaron al pueblo un verdadero entendimiento acerca de la gracia de Dios (Mateo 23:13-15).

> *Jesús trató este asunto en Su parábola del fariseo y el recaudador de impuestos. En esa conocida parábola, el fariseo orgulloso y arrogante se jactaba pública y escandalosamente de su propia obediencia mientras miraba con desprecio a un siniestro recaudador de impuestos. Sin embargo, fue el fariseo quien se fue a casa después de abandonar el templo sin perdón, mientras que el recaudador de impuestos arrepentido se fue a casa justificado por la gracia perdonadora de Dios. (Lucas 18:9-14)*

El perdón, enseñó Jesús, siempre fue concedido por gracia y nunca fue obtenido por ofrecer sacrificios, por dar dinero o por la realización de ciertos actos "religiosos". Una de Sus parábolas más conocidas y amadas que enseña esta verdad es

loved parables that teaches this truth is known as the Parable of the Prodigal Son (Luke 15:11-32).

In this parable, a restless and rebellious son asks his father for his inheritance. When he receives it, he goes out and spends that inheritance in sinful and profligate living. When his funds were totally exhausted and he had nothing left to live on, he lost his friends, his livelihood and his self-respect. As a total failure he went out to feed pigs (a terrible thing for a Jewish boy to do) and could barely stay alive. When he decided to return to his father, he went with the deepest humility, hoping to attain, at best, the status of a hired servant with some food to eat and a place to sleep.

However, when his father sees him coming, he runs to him, embraces him, clothes him in a luxurious garment, prepares a banquet for him and invites others to the party. that was Grace! His older brother, however, was extremely unhappy with all that his father did, since he felt that his brother deserved nothing at all from his father. And that was true. His brother didn't deserve anything. But grace is a gift and not a reward!

The older son, who represented a self-righteous person who "kept the law" in his own way, knew only external obedience and knew nothing of grace. He had little genuine love for his father and no love at all for his brother. But the father, in his kindness and love for his son, demonstrated the immeasurable grace of our Father in heaven.

Jesus also repeatedly demonstrated the forgiving grace of God in His dealing with specific people.

A well-known prostitute who expressed great sorrow for her sin and her deep love for Jesus was declared forgiven, while her accusers were condemned (Luke 7:36-50). Another woman who was caught in the act of adultery was condemned by everyone around her but was forgiven by Jesus (John 8:1-11). And a rich, despised, dishonest tax collector was "saved" when Jesus was passing through the town of Jericho on his way to Jerusalem (Luke 19:1-10).

In none of these stories did Jesus minimize the sinful things these people had done, but He lovingly administered the grace of God to them. Jesus never took sin lightly (John 8:11), but He

conocida como la Parábola del Hijo Pródigo (Lucas 15:11-32).

En esta parábola, un hijo inquieto y rebelde le pide a su padre su herencia. Cuando la recibe, sale y gasta esa herencia en una vida pecaminosa y derrochadora. Cuando sus fondos se habían agotado totalmente y no le quedaba nada para vivir, perdió a sus amigos, su sustento y su amor propio. Como un fracasado total salió a alimentar a los cerdos (algo terrible para un chico judío) y apenas pudo mantenerse con vida. Cuando decidió regresar a su padre, fue con la más profunda humildad, con la esperanza de alcanzar, en el mejor de los casos, el estatus de un sirviente contratado por algo de comida para comer y un lugar para dormir.

Sin embargo, cuando su padre lo ve venir, corre hacia él, lo abraza, lo viste con una prenda de lujo, le prepara un banquete e invita a otros a la fiesta. ¡Esa fue Gracia! Su hermano mayor, sin embargo, se mostró extremadamente descontento con todo lo que su padre hizo, ya que sentía que su hermano no merecía nada en absoluto de su padre. Y eso era cierto. Su hermano no merecía nada. ¡Pero la gracia es un regalo y no una recompensa!

El hijo mayor, que representaba a una persona puritana que "guardaba la ley" a su modo, sólo conocía la obediencia externa y no sabía nada acerca de la gracia. Tenía poco amor genuino por su padre y ningún amor por su hermano. Pero el padre, en su bondad y amor por su hijo, mostró la gracia inconmensurable de nuestro Padre celestial.

Jesús también demostró repetidamente la gracia indulgente de Dios en Su trato con personas específicas.

Una conocida prostituta que expresó gran pesar por su pecado y su profundo amor por Jesús fue declarada perdonada, mientras que sus acusadores fueron condenados (Lucas 7:36-50). Otra mujer que fue sorprendida en el acto de adulterio fue condenada por todos a su alrededor, pero fue perdonada por Jesús (Juan 8:1-11). Y un recaudador de impuestos rico, despreciado y deshonesto fue "salvo" cuando Jesús estaba de paso por la ciudad de Jericó en su camino a Jerusalén (Lucas 19:1-10).

En ninguna de estas historias Jesús minimizó las cosas pecaminosas que estas personas habían hecho, sin embargo, amorosamente les impartió la gracia de Dios. Jesús nunca tomó el pecado a la

clearly taught that God's wonderful grace triumphed over sin in the lives of those who repented and believed.

Jesus in the Gospel of John

In the Gospel of John, Jesus is frequently seen as the fulfillment of many of the symbols found in the Old Testament. He is referred to as the *"light of the world"* (John 8:12), *"the bread of life"* (John 6:35), *"the Lamb of God who takes away the sin of the world"* (John 1:29), *"the good shepherd"* who gives His life for His sheep (John 10:14-15), and *the great "I Am"* who lived before Abraham was born (John 8:58). He also referred to Himself as *"the way and the truth and the life"* and the *only way to the Father* (John 14:6). And in John 3:14 He is presented as *the Son of Man who must be "lifted up"* on the cross (even as the serpent was lifted up in the wilderness) so that everyone who believes in Him may have eternal life.

At the same time, John contrasts Jesus' ministry with the ministry of Moses in the Old Testament. He writes,

> *"From his [Jesus'] fullness we have all received, grace upon grace. For the law was given through Moses; grace and truth came through Jesus Christ."* John 1:16-17

By writing this, John does not intend to teach that the law was unimportant. Nor did he teach that Jesus came to contradict the law or abolish it. Rather, he taught that Jesus came to teach the true purpose and intent of God's law, to fulfill the law in our behalf, and to reveal the grace of God to every believer who falls short of obeying the law (as we all do). The law was definitely very important, but it could not make people holy, righteous, or good. Only Jesus could do that!

Though God already demonstrated His grace many times in the Old Testament, it wasn't until Jesus fulfilled the law and paid the penalty for our sins that people could fully understand what is meant by God's wonderful saving grace.

Jesús en el Evangelio de Juan

En el Evangelio de Juan, Jesús es visto frecuentemente como el cumplimiento de muchos de los símbolos que se encuentran en el Antiguo Testamento. Se le conoce como la *"luz del mundo"* (Juan 8:12), *"el pan de vida"* (Juan 6:35), *"el Cordero de Dios que quita el pecado del mundo"* (Juan 1:29), *"el buen pastor"* que da Su vida por Sus ovejas (Juan 10:14-15), y *el gran "Yo Soy"* que vivió antes de que Abraham naciera (Juan 8:58). También se refirió a Sí mismo como *"el camino y la verdad y la vida"* y el *único camino al Padre* (Juan 14:6). Y en Juan 3:14 Él es presentado como *el Hijo del Hombre que debe ser "levantado"* en la cruz (así como la serpiente fue levantada en el desierto) para que todos los que creen en Él puedan tener vida eterna.

Al mismo tiempo, Juan contrasta el ministerio de Jesús con el ministerio de Moisés en el Antiguo Testamento. Él escribe,

> *"Pues de su plenitud todos hemos recibido, y gracia sobre gracia. Porque la ley fue dada por medio de Moisés; la gracia y la verdad fueron hechas realidad por medio de Jesucristo".* Juan 1:16-17

Al escribir esto, Juan no tiene la intención de enseñar que la ley no era importante. Tampoco enseñó que Jesús vino a contradecir la ley o a abolirla. Más bien, enseñó que Jesús vino a enseñar el verdadero propósito y la intención de la ley de Dios, a cumplir la ley en nuestro favor, y a revelar la gracia de Dios a cada creyente que no cumple con la ley (como ocurre con todos nosotros). La ley era definitivamente muy importante, pero no podía hacer a las personas santas, justas o buenas. ¡Sólo Jesús podía hacer eso!

Aunque Dios ya había demostrado Su gracia muchas veces en el Antiguo Testamento, no fue hasta que Jesús cumplió la ley y pagó el castigo por nuestros pecados que el pueblo pudo entender completamente lo que significaba la maravillosa gracia salvadora de Dios.

Jesus, his disciples, and the Jewish leaders

In the Gospel accounts, Jesus rarely praised people for their obedience. Rather, He praised people more for their humility, their love, their repentance and their faith. And the ones He seemed to praise most of all for their faith were Gentile converts (Matthew 8:10 and 15:28)!

> Most of the Jewish rulers seemed to be on the wrong track—either over-emphasizing external obedience to the law or minimizing the importance of grace. Even Jesus' own disciples (at least during the first part of His ministry) rarely showed compassion, love, and concern for others. On several occasions when Jesus demonstrated His compassion for those who were hungry, lost, or in need, the disciples did not seem to share either His compassion or His concern. They seemed to be much more concerned about themselves, their authority, and their own power. (See Matthew 9:35-38 and Matthew 14:15-17.)

Jesus rejoiced over spiritually lost people who were brought back to their heavenly Father and experienced His grace. For example, when He concluded His parable of the prodigal son, the father said to the older brother, *"It was fitting to celebrate and be glad, for this your brother was dead, and is alive; he was lost, and is found'"* (Luke 15:32).

After Jesus told the parable about the lost coin, He said, *"'There will be more joy in heaven over one sinner who repents than over ninety-nine righteous persons who need no repentance'"* (Luke 15:7). By saying this He did not mean that there are some people who never sin and therefore do not need to repent. Rather, He was contrasting those who became genuinely aware of their need for forgiveness with those who had not directly violated the letter of the law and therefore saw no need for either forgiveness or grace.

The Pharisees never seemed to rejoice over the repentance of those who were known as "sinners." Even Jesus' disciples seemed rather insensitive at first to the plight of those who were lost without faith in Christ. Rarely do we read that early on they were eager to save the lost or rejoice over those who were found.

Jesús, sus discípulos y los líderes judíos

En los relatos del Evangelio, Jesús rara vez elogiaba a las personas por su obediencia. Más bien, Él elogiaba a las personas más por su humildad, su amor, su arrepentimiento y su fe. ¡Y a quienes parecía elogiar sobre todo por su fe era a los gentiles conversos (Mateo 8:10 y 15:28)!

> La mayoría de los gobernantes judíos parecían encontrarse en el camino equivocado, ya sea enfatizando en exceso la obediencia externa a la ley o minimizando la importancia de la gracia. Incluso los propios discípulos de Jesús (al menos durante la primera parte de Su ministerio) rara vez mostraron compasión, amor y preocupación por los demás. En varias ocasiones en que Jesús demostró Su compasión por aquellos que estaban hambrientos, perdidos o necesitados, los discípulos no parecían compartir ni Su compasión ni Su preocupación. Parecían estar mucho más preocupados por sí mismos, por su autoridad y por su propio poder. (Ver Mateo 9:35-38 y Mateo 14:15-17.)

Jesús se regocijaba por las personas espiritualmente perdidas que fueron traídas de vuelta a su Padre celestial y experimentaron Su gracia. Por ejemplo, cuando concluyó Su parábola del hijo pródigo, el padre le dijo al hermano *mayor: "Pero era necesario hacer fiesta y regocijarnos, porque este, tu hermano, estaba muerto y ha vuelto a la vida; estaba perdido y ha sido hallado"* (Lucas 15:32).

Después de que Jesús enseñó a la parábola acerca de la moneda perdida, Él dijo: *"Habrá más gozo en el cielo por un pecador que se arrepiente que por noventa y nueve justos que no necesitan arrepentimiento"* (Lucas 15:7). Al decir esto, Él no quiso decir que hay algunas personas que nunca pecan y, por lo tanto, no necesitan arrepentirse. Más bien, Él estaba contrastando a aquellos que se volvieron genuinamente conscientes de su necesidad de perdón con aquellos que no habían violado directamente la letra de la ley y, por lo tanto, no veían la necesidad de perdón ni de gracia.

Los fariseos nunca parecían regocijarse por el arrepentimiento de aquellos que eran conocidos como "pecadores". Incluso los discípulos de Jesús parecían bastante insensibles al principio ante la difícil situación de aquellos que estaban perdidos sin fe en Cristo. Raramente leemos que desde el

For example, when the disciples returned from their first mission trip, we read that they rejoiced in the fact that they had authority and power to cast out evil spirits, but we do not read that they rejoiced over people who found new spiritual life through the grace of God (Luke 10:17, 20). Later, however, after Jesus' death and resurrection, we read that the disciples did genuinely rejoice in the conversion of lost sinners. (See, for example, Acts 2:42-47 and Acts 4:33.)

When Jesus neared the end of His life, He was condemned by the Jewish leaders for claiming to be the Son of God—a claim that they regarded as a clear violation of the law of God (John 19:7). They were not seriously searching for truth but were simply looking for some kind of "legal failure" in Jesus life to justify their eagerness to put Jesus to death. They totally disregarded Jesus' life of love, holiness, purity, compassion, kindness, and mercy.

They were very unhappy with Jesus' teaching about the grace of God for sinners, and they were definitely very upset about Jesus' public evaluation of their own moral status before God. They desperately wanted to end Jesus' influence among the people so that they could go on with their own activities, their own lifestyle, and their own position of authority among the people.

As we briefly review the life of Jesus as presented in the Gospels, it is obvious that He definitely didn't meet the expectations of the leaders concerning the promised Messiah. They were looking for someone who was powerful enough to defeat their political enemies and strict enough to condemn those who were regarded as "sinners."

They were longing for someone who would re-establish the Kingdom of Israel with all its laws and legal procedures intact. They desired a Messiah who would honor them and establish them in positions of influence and authority. They obviously were not looking for GRACE.

principio ansiaran salvar a los perdidos o se regocijaran por los que habían sido encontrados

Por ejemplo, cuando los discípulos regresaron de su primer viaje misionero, leemos que se regocijaron en el hecho de que tenían autoridad y poder para expulsar a los malos espíritus, pero no leemos que se regocijaron por las personas que encontraron una nueva vida espiritual a través de la gracia de Dios (Lucas 10:17, 20). Más tarde, sin embargo, después de la muerte y resurrección de Jesús, leemos que los discípulos se regocijaron genuinamente por la conversión de los pecadores perdidos. (Ver, por ejemplo, Hechos 2:42-47 y Hechos 4:33.)

Cuando Jesús se acercó al final de Su vida, fue condenado por los líderes judíos por afirmar ser el Hijo de Dios, una afirmación que ellos consideraban como una clara violación de la ley de Dios (Juan 19:7). No estaban buscando seriamente la verdad, sino que simplemente estaban buscando algún tipo de "fracaso legal" en la vida de Jesús para justificar su afán de matar a Jesús. Ignoraron totalmente la vida de amor, santidad, pureza, compasión, bondad y misericordia de Jesús.

Estaban muy descontentos con la enseñanza de Jesús acerca de la gracia de Dios para los pecadores, y estaban muy molestos por la evaluación pública de Jesús de su propio estado moral ante Dios. Ellos desesperadamente querían poner fin a la influencia de Jesús entre el pueblo para que pudieran continuar con sus propias actividades, su propio estilo de vida, y su propia posición de autoridad entre el pueblo.

Al repasar brevemente la vida de Jesús tal como se presenta en los Evangelios, es obvio que Él definitivamente no cumplió con las expectativas de los líderes con respecto al Mesías prometido. Buscaban a alguien que fuera lo suficientemente poderoso como para derrotar a sus enemigos políticos y lo suficientemente estricto como para condenar a aquellos que eran considerados como "pecadores".

Anhelaban a alguien que restableciera el Reino de Israel con todas sus leyes y procedimientos legales intactos. Deseaban un Mesías que los honrara y los estableciera en posiciones de influencia y autoridad. Obviamente no estaban buscando GRACIA.

But it was GRACE that Jesus came to bring!

Emphasizing this grace does not minimize the importance of loving and serving God with all our heart, soul, mind and strength. Nor does it in any way minimize the importance of loving our neighbor and obeying God. But it does put our love and service in a new light.

It totally eliminates the idea that God is pleased with a legalistic righteousness or satisfied with formal obedience. It also completely removes the idea that anyone can somehow gain sufficient merits to assure himself of a place in heaven. Jesus' life, teachings and example leave absolutely no room for anyone to earn salvation by observing God's law or by keeping His commandments.

The blessed and positive message of the Gospel is this:

"For God so loved the world, that he gave his only Son, that whoever believes in him should not perish but have eternal life. For God did not send his Son into the world to condemn the world, but in order that the world might be saved through him" (John 3:16-17).

Summary and Conclusion

By the time Jesus came into the world in fulfillment of God's ancient promises (beginning in Genesis 3:15), the Jewish people were eager to welcome their Messiah. However, most of the people were looking for someone who would rescue the Jews from the Roman leaders—not someone who would rescue them from the penalty and power of sin!

The leaders of the Jews stressed the importance of obedience to the Old Testament laws, but they also added many laws of their own. There was a strong emphasis on doing what God commanded but very little understanding of the grace that God provided!

Jesus made it clear that He did not come to do away with the Old Testament laws by abolishing them. Rather, He came to fulfill the laws in the way God intended. And when He fulfilled them, He did so in behalf of all those who put their trust in Him. His righteousness is credited to our

¡Pero fue la GRACIA lo que Jesús vino a traer!

Enfatizar esta gracia no minimiza la importancia de amar y servir a Dios con todo nuestro corazón, alma, mente y fuerzas. Tampoco minimiza de ninguna manera la importancia de amar a nuestro prójimo y obedecer a Dios. Pero pone nuestro amor y servicio bajo una nueva luz.

Elimina totalmente la idea de que Dios se complace con una justicia legalista o se complace con la obediencia formal. También elimina por completo la idea de que cualquiera puede de alguna manera obtener méritos suficientes para asegurar un lugar en cielo. La vida, las enseñanzas y el ejemplo de Jesús no dejan absolutamente ningún espacio para que nadie gane la salvación guardando la ley de Dios o guardando Sus mandamientos.

El mensaje bendito y positivo del Evangelio es el siguiente:

"Porque de tal manera amó Dios al mundo, que dio a su Hijo unigénito, para que todo aquel que cree en Él, no se pierda, mas tenga vida eterna. Porque Dios no envió a su Hijo al mundo para juzgar al mundo, sino para que el mundo sea salvo por Él" (Juan 3:16-17).

Resumen y Conclusión

Para cuando Jesús vino al mundo en cumplimiento de las antiguas promesas de Dios (comenzando en Génesis 3:15), el pueblo judío se sentía ansioso por dar la bienvenida a su Mesías. Sin embargo, la mayoría del pueblo estaban buscando a alguien que rescatara a los judíos de los líderes romanos, ¡no a alguien que los rescatara de la pena y del poder del pecado!

Los líderes de los judíos enfatizaban la importancia de la obediencia a las leyes del Antiguo Testamento, pero también agregaban muchas leyes propias. ¡Había un fuerte énfasis en hacer lo que Dios había mandado, pero muy poca comprensión acerca de la gracia que Dios había proporcionado!

Jesús dejó en claro que Él no vino a acabar con las leyes del Antiguo Testamento al abolirlas. Más bien, Él vino a cumplir las leyes de la manera que Dios quería. Y cuando las cumplió, lo hizo en nombre de todos aquellos que pusieron su confianza en Él. Su justicia es acreditada a nuestra

account so that we do not have to pay the penalty we deserve.

Many of Jesus' gracious teachings contradicted the teachings of the leaders of the day. They stressed external obedience, while Jesus always focused on the intention of the heart. In many ways, both through His teaching and through His example, Jesus taught the people what God really wanted from His people. And what God wanted was love for Him above all else and love for our neighbors as ourselves.

By condemning those who put their confidence in an external observance of the law, Jesus introduced some wonderful truths which most of the people had never heard or understood. Many people heard Him gladly and trusted Jesus completely, but many of the rulers despised Him and eventually crucified Him.

Through His life and death and resurrection, Jesus brought the blessedness of eternal life to all who believed in Him. and that is why he came—not to condemn the world, but to save the world through God's wonderful grace.

cuenta para que no tengamos que pagar la pena que merecemos.

Muchas de las enseñanzas por gracia de Jesús contradecían las enseñanzas de los líderes de la época. Aquellos enfatizaban la obediencia externa, mientras que Jesús siempre se enfocaba en la intención del corazón. De muchas maneras, tanto a través de Su enseñanza como a través de Su ejemplo, Jesús enseñó a la gente lo que Dios realmente quería de Su pueblo. Y lo que Dios quería era su amor hacia Él por encima de todo lo demás y amor a nuestro prójimo como a nosotros mismos.

Al condenar a aquellos que pusieron su confianza en una observancia externa de la ley, Jesús introdujo algunas verdades maravillosas que la mayoría de las personas nunca había escuchado o entendido. Muchas personas lo escucharon con gusto y confiaron en Jesús por completo, pero muchos de los gobernantes lo despreciaron y finalmente lo crucificaron.

A través de Su vida, muerte y resurrección, Jesús trajo la bendición de la vida eterna a todos los que creyeron en Él, y es por eso que vino, no para condenar al mundo, sino para salvar al mundo a través de la maravillosa gracia de Dios.

LESSON 7 – TEST QUESTIONS

True Or False

circle **t** or F.

1. T F When Jesus lived on the earth, most of the Old Testament laws were no longer being observed by most of the Jewish people.

2. T F The Jews of Jesus' day had to obey the laws of the Roman government as well as the laws of Moses.

3. T F Jesus said: "Do not think that I have come to abolish the Lawor the Prophets; I have not come to abolish them but to fulfill them."

4. T F Jesus taught that the greatest commandment was: "Love your neighbor as yourself."

5. T F Jesus taught that there are times when it is acceptable to break the letter of the law without violating the spiritual intent of the law.

6. T F It is a sin in the sight of God to obey His laws and then to proudly boast about it.

7. T F The Pharisees in Jesus day were proud of their own obedience to the law and were not very pleased when Jesus forgave somepeople who had broken the law.

8. T F The older son in Jesus' parable of The Prodigal Son was at first unhappy about his brother's return but later had a change of heart and warmly welcomed him back into the family.

9. T F Jesus Himself never broke God's laws and he often praised

LECCIÓN 7 – PREGUNTAS DE PRUEBA

VERDADERO O FALSO

Encierra con un círculo si es V o F.

1. V F Cuando Jesús vivió en la tierra, la mayoría de las leyes del Antiguo Testamento ya no estaban siendo guardadas por la mayoría del pueblo judío.

2. V F Los judíos de los días de Jesús tenían que obedecer las leyes del gobierno romano, así como las leyes de Moisés.

3. V F Jesús dijo: "No penséis que he venido para abolir la ley o los profetas; no he venido para abolir, sino para cumplir".

4. V F Jesús enseñó que el mandamiento más grande era: "Amarás a tu prójimo como a ti mismo".

5. V F Jesús enseñó que hay momentos en que es aceptable violar la letra de la ley sin violar la intención espiritual de la ley.

6. V F Es un pecado ante los ojos de Dios obedecer Sus leyes y luego jactarse orgullosamente de ello.

7. V F Los fariseos de la época de Jesús se sentían orgullosos de su propia obediencia a la ley y no estuvieron muy contentos cuando Jesús perdonó a algunas personas que habían quebrantado la ley.

8. V F El hijo mayor en la parábola de Jesús de El Hijo Pródigo al principio estaba descontento con el regreso de su hermano, pero más tarde tuvo un cambio de corazón y le dio una cálida bienvenida a la familia.

9. V F Jesús mismo nunca violó las leyes

others who also kept all His laws.

10. T F The Pharisees strongly emphasized the laws of God and were quick to praise those who sincerely repented after breaking the law.

Multiple Choice

choose which of the three statements is correct. circle a *or* B *or* c.

1. When Jesus was living on earth:

A. He made it very clear that He was not subject to the Jewish laws as other people were.

B. He usually favored the Jewish authorities and ignored the authoritiesof the Romans.

C. He said that he had come to fulfill the laws of the Old Testament.

2. When Jesus was on earth, most of the Jews who were living in Palestine:

A. Were quite pleased to live under the authority of the Romans, since that gave them a good excuse for not obeying some of the Jewish laws they didn't like.

B. Found it burdensome to live under the authority of the Romans.

C. Simply ignored the Roman authorities and their laws.

3. A. Jesus occasionally broke some of God's laws in the eyes of the Jewish leaders, but he never broke any of the laws in the eyes of God.

B. Jesus was very careful not to break any of the Old Testament laws in the eyes of God or in the eyes of the Jewish leaders.

de Dios y a menudo elogió a otros que también guardaban todas sus leyes.

10. V F Los fariseos enfatizaban fuertemente las leyes de Dios y se apresuraban a alabar a aquellos que sinceramente se arrepentían después de violar la ley.

OPCIÓN MÚLTIPLE

Elije cuál de las tres afirmaciones es correcta. Encierra en un círculo A o B o C.

1. Cuando Jesús vivía en la tierra:

A. Dejó muy claro que él no estaba sujeto a las leyes judías como lo estaban otras personas.

B. Por lo general favorecía a las autoridades judías e ignoraba a las autoridades de romanas.

C. Dijo que había venido a cumplir las leyes del Antiguo Testamento.

2. Cuando Jesús estaba en la tierra, la mayoría de los judíos que vivían en Palestina:

A. Estaban muy contentos de vivir bajo la autoridad de los romanos, ya que eso les daba una buena excusa para no obedecer algunas de las leyes judías que no les gustaban.

B. Le resultaba gravoso vivir bajo la autoridad de los romanos.

C. Simplemente ignoraban a las autoridades romanas y sus leyes.

3. A. Jesús ocasionalmente violaba algunas de las leyes de Dios ante los ojos de los líderes judíos, pero nunca violó ninguna de las leyes ante los ojos de Dios.

B. Jesús tuvo mucho cuidado de no violar ninguna de las leyes del Antiguo Testamento ante los ojos de Dios o ante los ojos de los líderes judíos.

C. Jesus frequently warned His disciples not to break the Old Testamentlaws, since He didn't want their weaknesses and failures to reflect negatively on Himself.

    4. In the Parable of the Prodigal Son:

A. Jesus emphasized God's grace for those who sincerely repent of their sins.

B. Jesus taught that most sinners will eventually tire of living without God and, in time, will turn back to God.

C. Jesus emphasized that it is wise for parents not to interfere with children who choose to go out on their own, since they most likely will eventually return.

5. When a well-known prostitute came to Jesus and expressed sorrow forher sin and also expressed her sincere love for Jesus:

A. The religious leaders were deeply impressed and rejoiced in herrepentance.

B. Jesus recognized that she was not really sincere and treated her accordingly.

C. Jesus forgave her.

6. Jesus is referred to in the Gospel of John by various names or titles. Which one of the following is NOT used in this Gospel to refer to Jesus?

A. "The Great I Am"

B. "The Way and the Truth and the Life."

C. "A Friend of Sinners."

7. During the early years of Jesus' ministry, His disciples:

A. Usually shared in Jesus' joy when

C. Jesús frecuentemente advertía a Sus discípulos que no quebrantaran las leyes del Antiguo Testamento, ya que Él no quería que sus debilidades y fracasos se reflejaran negativamente en Sí mismo.

4. En la Parábola del Hijo Pródigo:

A. Jesús enfatizó la gracia de Dios para aquellos que sinceramente se arrepintieran de sus pecados.

B. Jesús enseñó que la mayoría de los pecadores eventualmente se cansarán de vivir sin Dios y, con el tiempo, volverán a Dios.

C. Jesús enfatizó que es prudente que los padres no interfieran con los hijos que eligen independizarse, ya que lo más probable es que eventualmente regresen.

5. Cuando una conocida prostituta acudió ante Jesús y expresó su dolor por su pecado y también expresó su amor sincero por Jesús:

A. Los líderes religiosos quedaron profundamente impresionados y regocijados por su arrepentimiento.

B. Jesús reconoció que ella no era realmente sincera y la trató conforme a esa actitud.

C. Jesús la perdonó.

6. En el Evangelio de Juan se hace referencia a Jesús por medio de varios nombres o títulos. ¿Cuál de los siguientes NO se usa en este Evangelio para referirse a Jesús?

A. "El Gran Yo Soy"

B. "El Camino, la Verdad y la Vida."

C. "Un Amigo de Pecadores."

7. Durante los primeros años del ministerio de Jesús, Sus discípulos:

A. Por lo general, compartían el gozo de Jesús cuando los pecadores se

sinners repented of their sins.

B. Were not impressed by His forgiveness of sinners, but they were grateful and happy when Jesus met the needs of people who were hungry, sick, or in need.

C. Rarely seemed to be very excited or grateful for Jesus' demonstrations of love and grace for repentant sinners or for others in need.

8. Most of the Jewish religious leaders:

A. Were truly grateful for Jesus' ministry of love and grace and forgiveness.

B. Were very unhappy about the way Jesus loved and forgave repentant sinners.

C. Were really not very interested at all in what Jesus was doing.

9. A. Over the centuries the Jewish leaders not only emphasized the importance of the Old Testament laws but they also added many laws of their own.

B. Since there were so many laws in the Old Testament, the Jewish leaders of Jesus' day reduced the number of laws to be obeyed by the common people.

C. The Jewish leaders eliminated some of the Old Testament laws, since the people also had to obey so many laws imposed by the Roman government.

10. A. Jesus did not come to the earth to condemn people for breaking God's laws but to save law-breakers through God's amazing mercy and grace.

11.

---

arrepentían de sus pecados.

B. No se impresionaban por Su perdón de los pecadores, pero se sentían agradecidos y felices cuando Jesús suplía las necesidades de las personas que estaban hambrientas, enfermas o necesitadas.

C. Rara vez se mostraban muy emocionados o agradecidos por las demostraciones de amor y de gracia de Jesús a los pecadores arrepentidos o a otros necesitados.

8. La mayoría de los líderes religiosos judíos:

A. Se mostraban verdaderamente agradecidos por el ministerio de amor, gracia y perdón de Jesús.

B. Se mostraban muy descontentos con la forma en que Jesús amaba y perdonaba los pecadores arrepentidos.

C. Realmente no estaban muy interesados en absoluto en lo que Jesús estaba haciendo.

9. A. A lo largo de los siglos, los líderes judíos no sólo enfatizaron la importancia de las leyes del Antiguo Testamento, sino que también agregaron muchas leyes propias.

B. Puesto que había tantas leyes en el Antiguo Testamento, los líderes judíos de la época de Jesús redujeron el número de leyes que debían ser obedecidas por la gente común.

C. Los líderes judíos eliminaron algunas de las leyes del Antiguo Testamento, ya que el pueblo también tenía que obedecer muchas leyes impuestas por el gobierno romano.

10. A. Jesús no vino a la tierra para condenar a las personas por violar las leyes de Dios, sino para salvar a aquellos que violan la ley a través de la asombrosa misericordia y gracia de Dios.

B. Jesus primary emphasis in coming to the earth was to help people understand God's laws and then to help them win God's favor through their obedience.

C. Jesus himself said: "I did not come to condemn the world, but I cameto teach people the ways of God so they may obey Him and gain eternal life."

LESSON 7 – Additional QUESTIONS

1. The story of Jesus' life is told only in the New Testament. Yet, the Lessonnotes say that He lived His life in most ways as an "Old Testament person." What does that mean?

2. What do you think Jesus meant when He said that our righteousness must exceed that of the Pharisees and the teachers of the law if we wantto enter the kingdom of heaven? (See Matthew 5:20.)

3. Why is it so important that we obey God with our whole heart rather than simply following the letter of the law?

4. Do you think Jesus broke Old Testament laws when He healed people on the Sabbath day and when He told someone to take up his bed and walk on the Sabbath? Please give the reason for your answer.

5. Give two examples of how the Pharisees and teachers of the law "avoided" doing what the law commanded while still obeying the letter ofthe law.

6. What was the main message of the parable of the Pharisee and the Tax Collector?

7. What does the parable of the Prodigal Son teach us about grace?

LECCIÓN 7 – PREGUNTAS ADICIONALES

1. La historia de la vida de Jesús se cuenta sólo en el Nuevo Testamento. Sin embargo, las notas de la Lección dicen que Él vivió Su vida en la mayoría de los sentidos como una "persona del Antiguo Testamento". ¿Qué significa eso?

2. ¿Qué crees que Jesús quiso decir cuando dijo que nuestra justicia debe exceder a la de los fariseos y a la de los maestros de la ley si queremos entrar en el reino de los cielos? (Ver Mateo 5:20.)

3. ¿Por qué es tan importante que obedezcamos a Dios con todo nuestro corazón en lugar de simplemente seguir la letra de la ley?

4. ¿Crees que Jesús violó las leyes del Antiguo Testamento cuando sanó a personas en el día de reposo y cuando le dijo a alguien que tomara su lecho y anduviera en el día de reposo? Por favor, indica los motivos de tu respuesta.

5. Da dos ejemplos de cómo los fariseos y los maestros de la ley "evitaban" hacer lo que la ley ordenaba mientras todavía obedecía la letra de la ley.

6. ¿Cuál fue el mensaje principal de la parábola del fariseo y el recaudador de impuestos?

7. ¿Qué nos enseña la parábola del Hijo Pródigo acerca de la gracia?

8. Describe in one or two sentences what Jesus said about the self-righteous Pharisees and teachers of the law. (See Matthew 23.)

9. According to the Lesson notes, what two wonderful things did Jesus dofor us.

10. What do you think John meant when he wrote: "The law was given through Moses; grace and truth came through Jesus Christ." ?

11. How would you compare the attitude of the writer of Psalm 119 toward God's law with the attitude of the Pharisees?

12. Describe briefly two situations in which Jesus demonstrated the forgiving grace of God for people known as "sinners."

13. What answer did Jesus give to the Pharisee who asked Him: "What is the greatest commandment in the Law?" (See Matthew 22:34-40.)

14. How did Jesus demonstrate His love for His "neighbor"?

15. After Jesus told His parable about the lost sheep, He said: "'There will be more joy in heaven __.'" (See Luke15:7)

16. In general, how did the disciples respond to the blessings they experienced during their first "missionary outreach"?

17. Why did many of the Pharisees and teachers of the law feel that they didn't need God's grace?

18. In the Gospel of John, Jesus is frequently seen as the fulfillment of someof the symbols in the Old Testament that pointed forward to Him. In John 1:29 Jesus is called _, in John 8:12 He is called

8. Describe en una o dos oraciones lo que Jesús dijo acerca de los fariseos y maestros de la ley. (Ver Mateo 23.)

9. De acuerdo con las notas de la Lección, ¿qué dos cosas maravillosas hizo Jesús por nosotros?

10. ¿Qué crees que quiso decir Juan cuando escribió: "La ley fue dada por medio de Moisés; la gracia y la verdad fueron hechas realidad por medio de Jesucristo"?

11. ¿Cómo compararías la actitud del escritor del Salmo 119 hacia la ley de Dios con la actitud de los fariseos?

12. Describe brevemente dos situaciones en las que Jesús demostró la gracia perdonadora de Dios a personas conocidas como "pecadoras".

13. ¿Qué respuesta dio Jesús al fariseo que le preguntó: "¿Cuál es el mayor mandamiento de la Ley?" (Ver Mateo 22:34-40.)

14. ¿Cómo demostró Jesús Su amor por Su "prójimo"?

15. Después de que Jesús declaró su parábola acerca de las ovejas perdidas, Él dijo: "'Habrá más gozo en el cielo_____________________________ _________". (Ver Lucas 15:7)

16. En general, ¿cómo respondieron los discípulos a las bendiciones que experimentaron durante su primer "alcance misionero"?

17. ¿Por qué muchos de los fariseos y maestros de la ley sentían que no necesitaban la gracia de Dios?

18. En el Evangelio de Juan, Jesús es frecuentemente visto como el cumplimiento de algunos de los símbolos del Antiguo Testamento que apuntaban hacia Él. En Juan 1:29 Jesús es llamado ______________, en Juan

___, in John 10:14-15 He is referred to as ________________

____

, and in John 6:35 He is called

____

.

19. Why were the Pharisees and teachers of the law so opposed to Jesus and His teachings?

20. John 3:16 is very familiar to most Christians. What does John 3:17 teach us?

QUESTIONS for reflection Or DISCUSSION

1. Would you agree or disagree with the following statement? "Many Christians put more emphasis on what we should not do than on what we should do." Please explain your answer, giving specific examples tosupport your answer.

2. Evaluate the following statement: "Believers should not try to live as Jesus lived but they should try to live as Jesus taught."

3. How do you think YOU would have responded if you were the "older brother" in the Parable of the Prodigal Son? Please explain your answer.

4. In this Lesson "legalism" refers to an undue emphasis on external obedience to laws— both laws in the Bible and man-made laws.

A. Do you think there is a problem with legalism in our churches today?Please explain your answer, giving specific illustrations if possible.

B. The Lesson notes indicate that legalism is "deceptive" and "destructive." Would you agree

---

8:12 Él es llamado

________________________, en Juan 10:14-15 se le conoce como

________________________________, y

en Juan 6:35 Él es llamado________________________________

___.

19. ¿Por qué los fariseos y maestros de la ley se oponían tanto a Jesús y a Sus enseñanzas?

20. Juan 3:16 es muy conocido para la mayoría de los cristianos. ¿Qué nos enseña Juan 3:17?

PREGUNTAS PARA DISCUTIR O REFLEXIONAR

1. ¿Estarías de acuerdo o en desacuerdo con la siguiente afirmación? "Muchos cristianos ponen más énfasis en lo que no debemos hacer que en lo que debemos hacer". Por favor, explica tu respuesta, dando ejemplos específicos para apoyar tu respuesta.

2. Evalúa la siguiente declaración: "Los creyentes no deben tratar de vivir como Jesús vivió, sino que deben tratar de vivir como Jesús enseñó."

3. ¿Cómo crees que habrías respondido si hubieras sido el "hermano mayor" en la Parábola del Hijo Pródigo? Por favor explica tu respuesta.

4. En esta lección el "legalismo" se refiere a un énfasis indebido a la obediencia externa a las leyes; tanto a las leyes de la Biblia como a las leyes hechas por el hombre.

A. ¿Crees que hay un problema con el legalismo en nuestras iglesias hoy en día? Por favor explica tu respuesta, dando ilustraciones concretas si es posible.

B. Las notas de la lección indican que el legalismo es "engañoso" y "destructivo". ¿Estarías de acuerdo o

or disagree? Please give the
reason for your answer.

5. Can you think of any situations
where we might please God by
followingwhat we believe is the
"the spirit of the law" even if it
means that we would violate the
letter of the law?

en desacuerdo? Por favor, indica los
motivos de tu respuesta.

5. ¿Puedes pensar en alguna situación en
la que podamos complacer a Dios al
seguir lo que creemos que es el
"espíritu de la ley", incluso si eso
significara que pudiéramos violar la
letra de la ley?

LAW AND GRACE IN THE NEW TESTAMENT
Lesson Eight

Introduction

One of the main concerns of early Christians was to know how they should deal with the laws of the Old Testament. Were those laws still relevant? Did Christians have to obey them? Did Christian Jews and Christian Gentiles (non-Jews) have exactly the same standing before God? Were they really now "one" in Christ?

These and other questions were of great concern to early believers. They truly wanted to serve and honor the Lord, but they weren't sure what God required of them. Many of the Jewish Christians felt strongly that all believers should obey all the laws of the Old Testament. Most Gentile believers felt they didn't have to. The apostle Paul, as well as others, wrote rather extensively on these important, but controversial, matters.

We begin our study with some events in the book of *Acts* and then focus on the epistles to the *Romans, Galatians, and Hebrews,* while adding a few quotations from other epistles as well.

The Book of acts

The book of Acts gives us a brief history of the early church from the time of the ascension of Jesus into heaven until the time of the imprisonment of the apostle Paul. The first believers in Jesus were almost all Jews, direct descendants of Abraham, Isaac, and Jacob. Many of the Jews who had gathered in Jerusalem on the Day of Pentecost had come from other lands where they had been scattered over the years. They were still observant Jews, but they lived far from the "Promised Land" (Canaan) where Jesus lived, died, and rose again. Some of them may never have even heard about Jesus.

LEY Y GRACIA EN EL NUEVO TESTAMENTO
Octava Lección

Introducción

Una de las principales preocupaciones de los primeros cristianos era saber cómo debían lidiar con las leyes del Antiguo Testamento. ¿Siguen siendo pertinentes esas leyes? ¿Los cristianos tenían que obedecerlas? ¿Los judíos cristianos y los gentiles cristianos (no judíos) tenían exactamente la misma posición delante de Dios? ¿Eran realmente "uno" en Cristo ahora?

Estas y otras preguntas eran de gran preocupación para los primeros creyentes. Realmente querían servir y honrar al Señor, pero no estaban seguros de lo que Dios requería de ellos. Muchos de los cristianos judíos sentían firmemente que todos los creyentes debían obedecer todas las leyes del Antiguo Testamento. La mayoría de los creyentes gentiles sentían que no tenían que hacerlo. El apóstol Pablo, así como otros, escribieron extensamente sobre estos asuntos importantes, pero controvertidos.

Comenzaremos nuestro estudio con algunos eventos del libro de *Hechos* y luego nos enfocaremos en las epístolas a los *Romanos, Gálatas y Hebreos,* mientras agregamos algunas citas de otras epístolas también.

El libro de los Hechos

El libro de los Hechos nos da una breve historia de la iglesia primitiva desde el momento de la ascensión de Jesús al cielo hasta el momento del encarcelamiento del apóstol Pablo. Los primeros creyentes en Jesús eran casi todos judíos, descendientes directos de Abraham, Isaac y Jacob. Muchos de los judíos que se habían reunido en Jerusalén el día de Pentecostés habían venido de otras tierras donde se habían dispersado a lo largo de los años. Todavía eran judíos observantes, pero vivían lejos de la "Tierra Prometida" (Canaán) donde Jesús vivió, murió y resucitó. Es posible que algunos de ellos nunca hubiesen oído hablar de Jesús.

On the Day of Pentecost, God sent the Holy Spirit from heaven upon the disciples of Jesus, enabling them to speak powerfully and boldly about Jesus in the languages of the Jews who had come from other parts of the world. When the people heard Peter speak, their hearts were stirred and they were "cut to the heart" and asked the apostles, *"Brothers, what shall we do?"* (Acts 2:37). Peter's answer was clear and direct. He said:

> *"Repent and be baptized, every one of you, in the name of Jesus Christ for the forgiveness of your sins, and you will receive the gift of the Holy Spirit. For the promise is for you and for your children and for all who are far off, everyone whom the Lord our God calls to himself."* Acts 2:38-39

The very first sermon delivered by the apostles after Jesus went back to heaven emphasized that forgiveness and salvation were a gift of grace to all those who were truly sorry for their sins and who trusted in Jesus Christ as their Savior. Those who repented and believed were immediately baptized and began to live a new life of fellowship, obedience, celebration, praise and sharing with those in need (Acts 2:41-47).

This was a wonderful time in the life of new believers. These early days would soon be followed by many miraculous signs and wonders, powerful demonstrations of the presence of the Holy Spirit, and the rapid growth of the church among both Jews and Gentiles. However, it also became a time of division among the new Christians. Some taught that believers should continue to observe all the laws of the Old Testament, while others taught that these laws were no longer binding on believers.

This problem intensified as the number of Gentile (non-Jews) Christians continued to increase. When the Holy Spirit sent Peter to the home of a prominent Gentile named Cornelius, Peter was very much aware of the fact that he was violating a strict Jewish law. When he entered Cornelius' home, Peter began his presentation with these words:

En el día de Pentecostés, Dios envió el Espíritu Santo del cielo sobre los discípulos de Jesús, permitiéndoles hablar poderosa y osadamente acerca de Jesús en los idiomas de los judíos que habían venido de otras partes del mundo. Cuando las personas escucharon a Pedro hablar, sus corazones se agitaron, se sintieron "compungidos de corazón" y preguntaron a los apóstoles: *"Hermanos, ¿qué haremos?"* (Hechos 2:37). La respuesta de Pedro fue clara y directa. Él dijo:

> *"Arrepentíos y sed bautizados cada uno de vosotros en el nombre de Jesucristo para perdón de vuestros pecados, y recibiréis el don del Espíritu Santo. Porque la promesa es para vosotros y para vuestros hijos y para todos los que están lejos, para tantos como el Señor nuestro Dios llame".* Hechos 2:38-39

El primer sermón pronunciado por los apóstoles después de que Jesús regresó al cielo enfatizó que el perdón y la salvación eran un don de gracia para todos aquellos que estaban verdaderamente arrepentidos por sus pecados y que confiaban en Jesucristo como su Salvador. Aquellos que se arrepintieron y creyeron fueron inmediatamente bautizados y comenzaron a vivir una nueva vida de comunión, obediencia, celebración, alabanza y de deseo de compartir con los necesitados (Hechos 2:41-47).

Este fue un momento maravilloso en la vida de los nuevos creyentes. Estos primeros días pronto serían seguidos por muchas señales y maravillas milagrosas, poderosas demostraciones de la presencia del Espíritu Santo, y el rápido crecimiento de la iglesia entre judíos y gentiles. Sin embargo, también se convirtió en un tiempo de división entre los nuevos cristianos. Algunos enseñaban que los creyentes debían seguir observando todas las leyes del Antiguo Testamento, mientras que otros enseñaban que estas leyes ya no eran vinculantes para los creyentes.

Este problema se intensificó a medida que el número de cristianos gentiles (no judíos) continuó aumentando. Cuando el Espíritu Santo envió a Pedro a la casa de un gentil prominente llamado Cornelio, Pedro era muy consciente del hecho de que estaba violando una estricta ley judía. Cuando entró en la casa de Cornelio, Pedro comenzó su presentación con estas palabras:

"You yourselves know how unlawful it is for a Jew to associate with or to visit anyone of another nation, but God has shown me that I should not call any person common or unclean" (Acts 10:28). When he ended this part of his message, Peter said: "To him [Jesus] all the prophets bear witness that everyone who believes in him receives forgiveness of sins through his name" (Acts 10:43).

Cornelius believed and received the gift of the Holy Spirit—just as believing Jews did earlier. A short time later, however, *"the circumcision party criticized [Peter] and said, 'You went to uncircumcised men and ate with them'"* (Acts 11:2-3). When Peter explained what had happened, the believers *"fell silent and they glorified God, saying, 'Then to the Gentiles also God has granted repentance that leads to life'"* (Acts 11:18).

As Paul and Barnabas went out on one of their early missionary journeys, they spoke first, as their custom was, to the Jews in their synagogues. In the Gentile city of Iconium many people, both Jews and Gentiles, came to believe in Jesus.

"But the unbelieving Jews stirred up the Gentiles and poisoned their minds against the brothers" (Acts 14:2). *As a result, Paul and Barnabas "remained for a long time, speaking boldly for the Lord, who bore witness to the word of his grace, granting signs andM wonders to be done by their hands"* (Acts 14:3).

In spite of all this, however, some Jewish Christians continued to emphasize the necessity of obeying the Old Testament laws if a person wanted to be saved. They taught the new Gentile believers, *"Unless you are circumcised according to the custom of Moses, you cannot be saved"* (Acts 15:1).

To resolve the confusion caused by this significant difference of opinion, the leaders of the church met together in the city of Jerusalem under the leading of the Holy Spirit. Peter, among others, spoke powerfully about what God had done and the importance of being saved by grace alone. He said:

"'Brothers, you know that in the early days God made a choice among you, that by my mouth the Gentiles should hear the word of the gospel and believe. And God, who knows the heart, bore witness to them, by giving them the Holy Spirit just as he did to us, and he

"Vosotros sabéis cuán ilícito es para un judío asociarse con un extranjero o visitarlo, pero Dios me ha mostrado que a ningún hombre debo llamar impuro o inmundo" (Hechos 10:28). Cuando terminó esta parte de su mensaje, Pedro dijo: "De este [Jesús] dan testimonio todos los profetas, de que por su nombre, todo el que cree en Él recibe el perdón de los pecados" (Hechos 10:43).

Cornelio creyó y recibió el don del Espíritu Santo, tal como había ocurrido con los creyentes judíos anteriormente. Poco tiempo después, sin embargo, *"los que eran de la circuncisión le reprocharon [a Pedro] diciendo: Tú entraste en casa de incircuncisos y comiste con ellos"* (Hechos 11:2-3). Cuando Pedro explicó lo que había sucedido, los creyentes *"se calmaron, y glorificaron a Dios, diciendo: Así que también a los gentiles ha concedido Dios el arrepentimiento que conduce a la vida"* (Hechos 11:18).

Cuando Pablo y Bernabé salieron en uno de sus primeros viajes misioneros, hablaron primero, como era su costumbre, a los judíos en sus sinagogas. En la ciudad gentil de Iconio muchas personas, tanto judías como gentiles, creyeron en Jesús.

"Pero los judíos que no creyeron, excitaron y llenaron de odio los ánimos de los gentiles contra los hermanos" (Hechos 14:2). *Como resultado, Pablo y Bernabé "se detuvieron allí mucho tiempo hablando valientemente confiados en el Señor que confirmaba la palabra de su gracia, concediendo que se hicieran señales y prodigios por medio de sus manos"* (Hechos 14:3).

A pesar de todo esto, sin embargo, algunos cristianos judíos continuaron enfatizando la necesidad de obedecer las leyes del Antiguo Testamento si una persona quería ser salva. Ellos enseñaban a los nuevos creyentes gentiles, *"Si no os circuncidáis conforme al rito de Moisés, no podéis ser salvos"* (Hechos 15:1).

Para resolver la confusión causada por esta significativa diferencia de opinión, los líderes de la iglesia se reunieron en la ciudad de Jerusalén bajo la guía del Espíritu Santo. Pedro, entre otros, habló poderosamente sobre lo que Dios había hecho y la importancia de ser salvo solo por gracia. Él dijo:

"Hermanos, vosotros sabéis que en los primeros días Dios escogió de entre vosotros que por mi boca los gentiles oyeran la palabra del evangelio y creyeran. Y

made no distinction between us and them, having cleansed their hearts by faith. Now, therefore, why are you putting God to the test by placing a yoke on the neck of the disciples that neither our fathers nor we have been able to bear? But we believe that we will be saved through the grace of the Lord Jesus, just as they will" (Acts 15:7-11).

The decisions made at this historic conference in Jerusalem settled the matter once and for all. Though some Jewish believers may have found it difficult to accept this momentous decision, the matter had officially been settled. All those who are saved, whether Jews or Gentiles, are saved by grace alone.

The apostle Paul had also spoken at the Jerusalem conference and continued to preach and write about salvation by grace through faith. In Paul's mind there was never a question about the way of salvation. Though God- glorifying works would follow salvation, they would not bring salvation.

On one of his later missionary journeys, Paul preached to a group of believers from Ephesus whom he knew he would never see again. He said to them: *"I did not shrink from . . . teaching you in public and from house to house, testifying both to Jews and to Greeks of repentance toward God and of faith in our Lord Jesus Christ. . . .I do not account my life of any value nor as precious to myself, if only I may finish my course and the ministry that I received from the Lord Jesus, to testify to the gospel of the grace of God"* (Acts 20:20, 21, 24).

Later he sent a letter to these same believers in which he again emphasized the words he had spoken to them earlier.

"For by grace you have been saved through faith. And this is not your own doing; it is the gift of God, not a result of works, so that no one may boast. For we are his workmanship, created in

Christ Jesus for good works, which God prepared beforehand, that we should walk in them" (Ephesians 2:8-10).

Dios, que conoce el corazón, les dio testimonio dándoles el Espíritu Santo, así como también nos lo dio a nosotros; y ninguna distinción hizo entre nosotros y ellos, purificando por la fe sus corazones. Ahora pues, ¿por qué tentáis a Dios poniendo sobre el cuello de los discípulos un yugo que ni nuestros padres ni nosotros hemos podido llevar? Creemos más bien que somos salvos por la gracia del Señor Jesús, de la misma manera que ellos también lo son" (Hechos 15:7-11).

Las decisiones adoptadas en esta histórica conferencia en Jerusalén resolvieron la cuestión de una vez por todas. Aunque a algunos creyentes judíos les pudo haber resultado difícil aceptar esta decisión trascendental, el asunto se había resuelto oficialmente. Todos aquellos que son salvos, ya sean judíos o gentiles, son salvos sólo por gracia.

El apóstol Pablo también había hablado en la conferencia de Jerusalén y continuó predicando y escribiendo acerca de la salvación por gracia a través de la fe. En la mente de Pablo nunca hubo una pregunta acerca del camino de la salvación. Aunque las obras glorificantes de Dios proseguirían a la salvación, no traerían la salvación.

En uno de sus últimos viajes misioneros, Pablo predicó a un grupo de creyentes de Éfeso a quienes sabía que nunca volvería a ver. Él les dijo: *"No rehuí de... enseñaros públicamente y de casa en casa, testificando solemnemente, tanto a judíos como a griegos, del arrepentimiento para con Dios y de la fe en nuestro Señor Jesucristo. . . en ninguna manera estimo mi vida como valiosa para mí mismo, a fin de poder terminar mi carrera y el ministerio que recibí del Señor Jesús, para dar testimonio solemnemente del evangelio de la gracia de Dios"* (Hechos 20:20, 21, 24).

Más tarde envió una carta a estos mismos creyentes en la que volvió a enfatizar las palabras que les había dicho antes.

"Porque por gracia habéis sido salvados por medio de la fe, y esto no de vosotros, sino que es don de Dios; no por obras, para que nadie se gloríe. Porque somos hechura suya, creados en Cristo Jesús para hacer buenas obras, las cuales Dios preparó de antemano para que anduviéramos en ellas" (Efesios 2:8-10).

Paul's letter to the Christians in Rome

Before Paul ever visited the church in Rome, he wrote the believers there a powerful letter which we know as *The Epistle to the Romans*. In the very beginning of his letter Paul referred to *"the Gospel of God"* which *"he promised beforehand through his prophets in the Holy Scriptures concerning his Son"* (Romans 1:1-3). The message of grace in the Gospel was therefore not "new," since it had been promised already long before in the Old Testament. However, it was "new" in the sense that it represented the fulfillment of promises made long before. Concerning this Gospel, he writes:

> *"I am not ashamed of the gospel, for it is the power of God for salvation to everyone who believes, to the Jew first and also to the Greek. For in it the righteousness of God is revealed from faith for faith, as it is written, 'The righteous shall live by faith'"* (Romans 1:16-17).

In chapter three of his letter, Paul writes powerfully and convincingly that the Old Testament laws were a blessing to those who received and obeyed them (Romans 3:1-2). However, the law also demonstrated the need for a Savior, since no one was able to perfectly obey the law and thus merit or earn salvation. He wrote:

> *"By works of the law no human being will be justified in [God's] sight, since through the law comes knowledge of sin"* (Romans 3:20).

Paul then goes on to present some significant truths concerning the necessity and possibility of becoming righteous in God's sight through faith, a way to which the Old Testament Law and Prophets testified.

> *"But now the righteousness of God has been manifested apart from the law, although the Law and the Prophets bear witness to it—the righteousness of God through faith in Jesus Christ for all who believe. For there is no distinction: for all have sinned and fall short of the glory of God and are justified by his grace as a gift through the redemption that is in Christ Jesus . . . Then what becomes of our boasting? It is excluded . . . For we hold that one is justified by faith apart from the works of the law"* (Romans 3:21-30).

Carta de Pablo a los cristianos de Roma

Antes de que Pablo visitara la iglesia de Roma, escribió a los creyentes allí una poderosa carta que conocemos como La *Epístola a los Romanos.* En el inicio mismo de su carta Pablo hizo referencia al *"Evangelio de Dios"* que *"había prometido por medio de sus profetas en las santas Escrituras, acerca de su Hijo"* (Romanos 1:1-3). Por lo tanto, el mensaje de gracia en el Evangelio no era "nuevo", ya que ya había sido prometido mucho antes en el Antiguo Testamento. Sin embargo, era "nuevo" en el sentido de que representaba el cumplimiento de promesas hechas mucho antes. Con respecto a este Evangelio, escribe:

> *"No me avergüenzo del evangelio, pues es el poder de Dios para la salvación de todo el que cree; del judío primeramente y también del griego. Porque en el evangelio la justicia de Dios se revela por fe y para fe; como está escrito: Mas el justo por la fe vivirá"* (Romanos 1:16-17).

En el capítulo tres de su carta, Pablo escribe poderosa y convincentemente que las leyes del Antiguo Testamento fueron una bendición para aquellos que las recibieron y obedecieron (Romanos 3:1-2). Sin embargo, la ley también demostró la necesidad de un Salvador, ya que nadie era capaz de obedecer perfectamente la ley y así merecer o ganar la salvación. Él escribió:

> *"Por las obras de la ley ningún ser humano será justificado delante de Él; pues por medio de la ley viene el conocimiento del pecado"* (Romanos 3:20).

Pablo luego continúa presentando algunas verdades significativas con respecto a la necesidad y la posibilidad de llegar a ser justo ante los ojos de Dios a través de la fe, un camino del que la Ley del Antiguo Testamento y los Profetas testificaron.

> *"Pero ahora, aparte de la ley, la justicia de Dios ha sido manifestada, atestiguada por la ley y los profetas; es decir, la justicia de Dios por medio de la fe en Jesucristo, para todos los que creen; porque no hay distinción; por cuanto todos pecaron y no alcanzan la gloria de Dios, siendo justificados gratuitamente por su gracia por medio de la redención que es en Cristo Jesús. . . ¿Dónde está, pues, la jactancia? Queda excluida. . . porque en verdad Dios es uno, el cual justificará en virtud de la fe a los circuncisos y por*

Paul then goes back to God's promises to Abraham which were given more than two thousand years earlier.

> *"What then shall we say was gained by Abraham, our forefather. . . ? For what does the Scripture say? 'Abraham believed God, and it was counted to him as righteousness' . . . For if it is the adherents of the law who are to be the heirs, faith is null and the promise is void. . . . That is why it depends on faith, in order that the promise may rest on grace.   " (Romans 4:1-16).*

In the following chapters in his letter to the believers in Rome, Paul continues to emphasize the importance of the grace of God and our faith in Jesus Christ. In doing this he does not minimize the significance of obedience, love and service, but he emphasizes that justification before God is based solely on the merits of Christ and not on anything we do ourselves.

> *"Therefore, since we have been justified by faith, we have peace with God through our Lord Jesus Christ. Through him we have also obtained access by faith into this grace in which we stand."*
>
> Romans 5:1-2

"Where sin increased, grace abounded all the more, so that . . . grace also might reign through righteousness leading to eternal life through Jesus Christ our Lord." *Romans 5:20-21*

Because believers now live by grace and have received new life in Christ, they are no longer bound by the law. As they once were slaves to sin, they have now become slaves of righteousness. Through grace and by the work of the indwelling Holy Spirit, believers are increasingly able to pursue holiness and enjoy the gift of eternal life. What we "earn" as the wages of our sin is death. What we receive as a gift of grace is eternal life.

> *"For sin will have no dominion over you, since you are not under law but under grace   Now that you have been set free from sin and have become slaves of God, the fruit you get leads to sanctification and its end, eternal life. For the wages of sin is death, but the free gift of God is eternal life in Christ Jesus our Lord"* (Romans 6:14, 22-23).

En los siguientes capítulos de su carta a los creyentes de Roma, Pablo continúa enfatizando la importancia de la gracia de Dios y de nuestra fe en Jesucristo. Al hacer esto, no minimiza el significado de la obediencia, el amor y el servicio, sino que enfatiza que la justificación ante Dios se basa únicamente en los méritos de Cristo y no en nada de lo que hacemos nosotros mismos.

> *"Por tanto, habiendo sido justificados por la fe, tenemos paz para con Dios por medio de nuestro Señor Jesucristo, por medio de quien también hemos obtenido entrada por la fe a esta gracia en la cual estamos firmes".* Romanos 5:1-2

"Donde el pecado abundó, sobreabundó la gracia para que así. . . también la gracia reine por medio de la justicia para vida eterna, mediante Jesucristo nuestro Señor". *Romanos 5:20-21*

Debido a que los creyentes ahora viven por gracia y han recibido nueva vida en Cristo, ya no están delimitados por la ley. Como una vez fueron esclavos del pecado, ahora se han convertido en esclavos de la justicia. A través de la gracia y por la obra del Espíritu Santo que habita en el interior, los creyentes son cada vez más capaces de buscar la santidad y disfrutar del regalo de la vida eterna. Lo que "obtenemos" como la paga de nuestro pecado es la muerte. Lo que recibimos como un don de gracia es la vida eterna.

> *"Porque el pecado no tendrá dominio sobre vosotros, pues no estáis bajo la ley sino bajo la gracia…. Ahora, habiendo sido libertados del pecado y hechos siervos de Dios, tenéis por vuestro fruto la santificación, y como resultado la vida eterna. Porque la paga del pecado es muerte, pero la dádiva de Dios es vida*

Being set free to serve God does not mean that we no longer have to be concerned about how we live. We still must live in obedience to the Lord and seek to please Him in all that we do. However, our primary "guide" in helping us live for God is no longer the law of the Old Testament but rather the Holy Spirit who lives within us. Even then, however, we must not forget that our old sin nature may continue to influence the choices that we make.

> *"But now we are released from the law   so that we serve in the new way of the Spirit, and not in the old way of the written code."*Romans 7:6

> *"The law of the Spirit of life has set you free in Christ Jesus from the law of sin and death By sending his own Son in the likeness of sinful flesh and for sin, he condemned sin in the flesh, in order that the righteous requirement of the law might be fulfilled in us, who walk not according to the flesh but according to the Spirit."* Romans 8:2-4

Living by the Spirit follows from our faith in the Jesus Christ. *"For those who live according to the flesh set their minds on the things of the flesh, but those who live according to the Spirit set their minds on the things of the Spirit"* (Romans 8:5). We do not earn or merit salvation by living in a way that pleases God. Rather, we live in a way that pleases God because we are saved!

Romans 10:4 teaches us that *"Christ is the end of the law for righteousness to everyone who believes."* Christ has fulfilled the law in every way in behalf of those who put their faith in Him for salvation. He did what we could never do. As our representative, He did everything God required and commanded in the law. And He did it in our behalf so that we might be declared righteous in God's sight!

The epistle to the Galatians

The Christian believers in the area called Galatia were very troubled by the relationship between law and grace. They had accepted Christ and sincerely desired to follow Him in their daily lives, but they had come under the influence of some teachers who insisted that they had to observe the

eterna en Cristo Jesús Señor nuestro" (Romanos 6:14, 22-23).

Ser liberados para servir a Dios no significa que ya no tengamos que preocuparnos por cómo vivimos. Todavía debemos vivir en obediencia al Señor y tratar de complacerlo en todo lo que hacemos. Sin embargo, nuestra principal "guía" para ayudarnos a vivir para Dios ya no es la ley del Antiguo Testamento, sino más bien el Espíritu Santo que vive dentro de nosotros. Incluso entonces, sin embargo, no debemos olvidar que nuestra vieja naturaleza pecaminosa puede continuar influyendo en las decisiones que tomamos.

> *"Pero ahora hemos quedado libres de la ley… de modo que sirvamos en la novedad del Espíritu y no en el arcaísmo de la letra."* Romanos 7:6

> *"La ley del Espíritu de vida en Cristo Jesús te ha libertado de la ley del pecado y de la muerte. Pues lo que la ley no pudo hacer, ya que era débil por causa de la carne, Dios lo hizo: enviando a su propio Hijo en semejanza de carne de pecado y como ofrenda por el pecado, condenó al pecado en la carne, para que el requisito de la ley se cumpliera en nosotros, que no andamos conforme a la carne, sino conforme al Espíritu".* Romanos 8:2-4

Vivir por el Espíritu viene después de nuestra fe en Jesucristo. *" Porque los que viven conforme a la carne, ponen la mente en las cosas de la carne, pero los que viven conforme al Espíritu, en las cosas del Espíritu"* (Romanos 8:5). No ganamos ni merecemos la salvación viviendo de una manera que agrade a Dios. ¡Más bien, vivimos de una manera que agrada a Dios porque somos salvos!

Romanos 10:4 nos enseña que *"Cristo es el fin de la ley para justicia a todo aquel que cree"*. Cristo ha cumplido la ley en todos los sentidos a favor de aquellos que ponen su fe en Él para salvación. Él hizo lo que nosotros nunca pudimos hacer. Como nuestro representante, Él hizo todo lo que Dios requirió y mandó en la ley. ¡Y Él lo hizo a nuestro favor para que pudiéramos ser declarados justos ante los ojos de Dios!

La Epístola a los Gálatas

Los creyentes cristianos del área llamada Galacia estaban muy preocupados por la relación entre la ley y la gracia. Habían aceptado a Cristo y con sinceridad deseaban seguirlo en su vida diaria,

Old Testament laws if they wanted to be truly saved.

To this group of believers Paul responded by emphasizing clearly and repeatedly that salvation does NOT come from obeying the Old Testament laws, but by grace alone. He did not minimize the importance of obedience, but he made it very clear that no one can gain eternal life by doing what the law required.

> *"We know that a person is not justified by works of the law, but through faith in Jesus Christ, so we also have believed in Christ Jesus, in order to be justified by faith in Christ and not by works of the law, because by works of the law no one will be justified."*

> Galatians 2:15-16

> *"The life I now live in the flesh I live by faith in the Son of God, who loved me and gave himself for me. I do not nullify the grace of God, for if righteousness were through the law, then Christ died for no purpose."* Galatians 2:20-21

> *"If the inheritance comes by law, it no longer comes by promise; but God gave it to Abraham by a promise."* Galatians 3:17-18

Throughout his letter to the Galatians, Paul writes passionately about the freedom we have in Christ. He also shared his great disappointment that the people in Galatia were trying to gain merit by obeying the law. In Galatians 5:1-26 he wrote about the freedom we have in Christ and how we should follow the leading of the Spirit rather than trying to fulfill all the demands of the law. He wrote:

> *"For freedom Christ has set us free; stand firm therefore, and do not submit again to a yoke of slavery. . . You are severed by Christ, you who would be justified by the law; you have fallen away from grace."* Galatians 5:1,4

The epistle to the Hebrews

In Hebrews 8:8-12, the writer refers to a New Covenant which God had promised to make already in the Old Testament. The prophet Jeremiah, writing about six hundred years before the coming of Christ, told about this "New Covenant" which God would make with His people. This new covenant would be based upon

pero habían estado bajo la influencia de algunos maestros que insistían en que tenían que guardar las leyes del Antiguo Testamento si querían ser verdaderamente salvos.

A este grupo de creyentes Pablo respondió enfatizando clara y repetidamente que la salvación NO viene de obedecer las leyes del Antiguo Testamento, sino solo por gracia. No minimizó la importancia de la obediencia, pero dejó muy claro que nadie puede obtener la vida eterna haciendo lo que la ley requería.

> *"Sabiendo que el hombre no es justificado por las obras de la ley, sino mediante la fe en Cristo Jesús, también nosotros hemos creído en Cristo Jesús, para que seamos justificados por la fe en Cristo, y no por las obras de la ley; puesto que por las obras de la ley nadie será justificado".* Gálatas 2:15-16

> *"La vida que ahora vivo en la carne, la vivo por fe en el Hijo de Dios, el cual me amó y se entregó a sí mismo por mí. No hago nula la gracia de Dios, porque si la justicia viene por medio de la ley, entonces Cristo murió en vano".* Gálatas 2:20-21

> *"Si la herencia depende de la ley, ya no depende de una promesa; pero Dios se la concedió a Abraham por medio de una promesa."* Gálatas 3:17-18

A lo largo de su carta a los Gálatas, Pablo escribe apasionadamente acerca de la libertad que tenemos en Cristo. También compartió su gran decepción de que el pueblo de Galacia estaba tratando de obtener méritos obedeciendo la ley. En Gálatas 5:1-26 escribió acerca de la libertad que tenemos en Cristo y cómo debemos seguir la guía del Espíritu en lugar de tratar de cumplir con todas las exigencias de la ley. Él escribió:

> *"Para libertad fue que Cristo nos hizo libres; por tanto, permaneced firmes, y no os sometáis otra vez al yugo de esclavitud. . . De Cristo os habéis separado, vosotros que procuráis ser justificados por la ley; de la gracia habéis caído."* Gálatas 5:1,4

La Epístola a los Hebreos

En Hebreos 8:8-12, el escritor se refiere a un Nuevo Pacto que Dios había prometido hacer ya en el Antiguo Testamento. El profeta Jeremías, que escribió unos seiscientos años antes de la venida de Cristo, habló acerca de este "Nuevo Pacto" que Dios haría con Su pueblo. Este nuevo pacto se

God's promises to Abraham and would be fulfilled in Christ. He wrote:

> *"This is the covenant that I will make with the house of Israel after those days, declares the LORD: I will put my law within them, and I will write it on their hearts. And I will be their God, and they shall be my people   They shall all know me, from the least of them to the greatest   For I will forgive their iniquity, and I will remember their sin no more."*
> Jeremiah 31:33-34

All the Old Testament laws and sacrifices and offerings would have accomplished little if it were not for the coming of Jesus who *"appeared once for all to put away sin by the sacrifice of himself"* (Hebrews 9:26). What the law could never do, Jesus did! Through faith in Him *"we have been sanctified through the offering of the body of Jesus Christ once for all"* (Hebrews 10:10). *"And where there is forgiveness [of sins], there is no longer any offering for sin"* (Hebrews 10:18).

Other New Testament references to salvation BY Grace alone

The apostle Paul, who wrote most of the Epistles in the New Testament, grew up as a very observant Jew who was extremely diligent in observing the Old Testament laws. He even went so far as to claim that he was faultless in regard to legalistic righteousness (Philippians 3:3-6). But he also wrote that:

> *"Whatever gain I had, I counted as loss for the sake of Christ. Indeed, I count everything as loss because of the surpassing worth of knowing Christ Jesus my Lord. For his sake I have suffered the loss of all things and count them as rubbish, in order that I may gain Christ and be found in him, not having a righteousness of my own that comes from the law, but that which comes through faith in Christ."*
> Philippians 3:7-9

To Titus, Paul wrote:

> *"When the goodness and loving kindness of God our Savior appeared, he saved us, not because of works done by us in righteousness, but according to his own mercy, by the washing of regeneration and renewal of the Holy Spirit . . . so that being justified by his grace we might*

basaría en las promesas de Dios hechas a Abraham y se cumpliría en Cristo. Él escribió:

> *"Este es el pacto que haré con la casa de Israel después de aquellos días —declara el Señor—. Pondré mi ley dentro de ellos, y sobre sus corazones la escribiré; y yo seré su Dios y ellos serán mi pueblo… todos me conocerán, desde el más pequeño de ellos hasta el más grande… pues perdonaré su maldad, y no recordaré más su pecado."* Jeremías 31:33-34

Todas las leyes del Antiguo Testamento, así como los sacrificios y las ofrendas habrían logrado poco si no hubiera sido por la venida de Jesús, quien *"una sola vez en la consumación de los siglos, se ha manifestado para destruir el pecado por el sacrificio de sí mismo"* (Hebreos 9:26). ¡Lo que la ley nunca pudo hacer, Jesús lo hizo! Por medio de la fe en Él *"hemos sido santificados mediante la ofrenda del cuerpo de Jesucristo ofrecida de una vez para siempre"* (Hebreos 10:10). *"Ahora bien, donde hay perdón [de pecados], ya no hay ofrenda por el pecado"* (Hebreos 10:18).

Otras referencias del Nuevo Testamento a la salvación solo por gracia

El apóstol Pablo, quien escribió la mayoría de las Epístolas en el Nuevo Testamento, creció como un judío muy observador que era extremadamente diligente en guardar las leyes del Antiguo Testamento. Incluso fue tan lejos como para afirmar que él era irreprensible con respecto a la rectitud legalista (Filipenses 3:3-6). Pero también escribió que:

> *"Todo lo que para mí era ganancia, lo he estimado como pérdida por amor de Cristo. Y aún más, yo estimo como pérdida todas las cosas en vista del incomparable valor de conocer a Cristo Jesús, mi Señor, por quien lo he perdido todo, y lo considero como basura a fin de ganar a Cristo, y ser hallado en Él, no teniendo mi propia justicia derivada de la ley, sino la que es por la fe en Cristo. Filipenses 3:7-9*

A Tito, Pablo le escribió:

> *"Cuando se manifestó la bondad de Dios nuestro Salvador, y su amor hacia la humanidad, Él nos salvó, no por obras de justicia que nosotros hubiéramos hecho, sino conforme a su misericordia, por medio del lavamiento de la regeneración y la renovación por el Espíritu Santo. . . para que justificados por su gracia*

become heirs according to the hope of eternal life." Titus 3:4-7

And in his letter to the church in Ephesus, Paul wrote these stirring and compelling words:

> *"God, being rich in mercy, because of the great love with which he*
> *loved us, even when we were dead in our trespasses, made us alive together with Christ—by grace you have been saved—and raised us up with him . . . so that in the coming ages he might show the immeasurable riches of his grace in kindness toward us in Christ Jesus. For by grace you have been saved through faith. And this is not you own doing; it is the gift of God."* Ephesians 2:4-8

Summary and Conclusion

The New Testament epistles repeatedly and emphatically teach that salvation is by grace alone through faith. We as believers cannot and need not add anything to the work that Jesus Christ has already done for our redemption. Though we are called by God and equipped by the Holy Spirit to live a life of gratitude and obedience to the Lord who has saved us, our guide for living is not found primarily in laws and rules. Rather, we are guided by the Holy Spirit to do what is most pleasing to the Lord. The New Testament gives us many laws, commands, and guidelines for Christian living, and God expects us to obey them, but obedience follows salvation and is not the cause or the source of our salvation.

In the next Lesson we will study what it means to have "freedom" in Christ. Since we are no longer "under" the law and are "free" in Christ, we may ask whether everything now permissible for us. Are there no longer any written guidelines for us to follow? Can each of us decide on our own how we should live? Or are there some definite principles which can guide us as we seek to enjoy our "Christian liberty" without misusing it? These are some of the questions we will consider in Lesson Nine.

fuésemos hechos herederos según la esperanza de la vida eterna. Tito 3:4-7

Y en su carta a la iglesia de Éfeso, Pablo escribió estas palabras conmovedoras y convincentes:

> *"que es rico en misericordia, por causa del gran amor con que nos amó, aun cuando estábamos muertos en nuestros delitos, nos dio vida juntamente con Cristo (por gracia habéis sido salvados), y con Él nos resucitó . . . a fin de poder mostrar en los siglos venideros las sobreabundantes riquezas de su gracia por su bondad para con nosotros en Cristo Jesús. Porque por gracia habéis sido salvados por medio de la fe, y esto no de vosotros, sino que es don de Dios. "* Efesios 2:4-8

Resumen y conclusión

Las epístolas del Nuevo Testamento enseñan repetida y enfáticamente que la salvación es sólo por gracia a través de la fe. Nosotros, como creyentes, no podemos ni necesitamos agregar nada a la obra que Jesucristo ya ha hecho por nuestra redención. Aunque somos llamados por Dios y equipados por el Espíritu Santo para vivir una vida de gratitud y obediencia hacia el Señor que nos ha salvado, nuestra guía para vivir no se encuentra principalmente en las leyes y reglas. Más bien, somos guiados por el Espíritu Santo para hacer lo que es más agradable para el Señor. El Nuevo Testamento nos brinda muchas leyes, mandamientos y pautas para la vida cristiana, y Dios espera que le obedezcamos, pero la obediencia viene después de la salvación y es no la causa o la fuente de nuestra salvación.

En la próxima Lección estudiaremos lo que significa tener "libertad" en Cristo. Ya que ya no estamos "bajo" la ley y somos "libres" en Cristo, podemos preguntarnos si ahora todo es permisible para nosotros. ¿Ya no hay directrices escritas que podamos seguir? ¿Podemos cada uno de nosotros decidir por nuestra cuenta cómo debemos vivir? ¿O hay algunos principios definidos que pueden guiarnos mientras buscamos disfrutar de nuestra "libertad cristiana" sin hacer un mal uso de ella? Estas son algunas de las preguntas que consideraremos en la lección nueve.

LESSON 8 – TEST QUESTIONS

True Or False

circle **t** or F.

1. TF The first believers in Jesus were mostly Jews, descendants of Abraham.

2. T F In their first sermon after Jesus returned to heaven, Jesus' disciples stressed the importance of obeying God's laws recordedin the Old Testament.

3. T F The Christian Jews were very pleased as soon as they heard thatCornelius, a Gentile, had become a believer in Jesus after Peterhad gone to his home and preached to him.

4. T F When Paul and Barnabas went out on their first missionary journey,they usually preached first to the Jews in their synagogues ratherthan to the Gentiles.

5. T F   After Jesus came, Paul and other writers of the New Testament no longer referred to Abraham, even though he was such a prominent figure in the Old Testament.

6. T F In his letter to the Romans Paul wrote, "Where sin increased, grace decreased."

7. T F When Paul wrote to the believers in Galatia, he praised the Christians there because they understood the freedom believershave in Christ better than most other Christians did.

8. T F The book of Hebrews teaches us that all the sacrifices and offerings which the people offered in Old Testament times wouldhave accomplished very little if Jesus had not come to put awaysin by the sacrifice of himself.

9. T F The prophet Jeremiah wrote in the Old Testament that the Lord declared: "I will put my law within them, and I will

LECCIÓN 8 – PREGUNTAS DE PRUEBA

VERDADERO O FALSO

Encierra con un círculo si es V o F.

1. V F Los primeros creyentes en Jesús eran en su mayoría judíos, descendientes de Abraham.

2. V F En su primer sermón después de que Jesús regresó al cielo, los discípulos de Jesús enfatizaron la importancia de obedecer las leyes de Dios registradas en el Antiguo Testamento.

3. V F Los judíos cristianos se alegraron tan pronto como se enteraron de que Cornelio, un gentil, se había convertido en creyente en Jesús después de que Pedro había ido a su casa y le había predicado.

4. V F Cuando Pablo y Bernabé salieron a su primer viaje misionero, por lo general predicaban primero a los judíos en sus sinagogas en lugar de a los gentiles.

5. V F Después de que llegó Jesús, Pablo y otros escritores del Nuevo Testamento ya no hacían referencia a Abraham, a pesar de que era una figura tan prominente en el Antiguo Testamento.

6. V F En su carta a los romanos Pablo escribió: "Donde el pecado abundó, la gracia disminuyó".

7. V F Cuando Pablo escribió a los creyentes de Galacia, elogió a los cristianos de allí porque entendían la libertad que los creyentes tienen en Cristo mejor que la mayoría de los otros cristianos.

8. V F El libro de Hebreos nos enseña que todos los sacrificios y ofrendas que el pueblo ofreció en los tiempos del Antiguo Testamento habrían logrado muy poco si Jesús no hubiera venido a quitar el pecado por medio de su propio sacrificio.

9. V F El profeta Jeremías escribió en el Antiguo Testamento que el Señor declaró: "Pondré mi ley dentro de ellos, y sobre sus corazones la

write it on theirhearts."

10. T F The apostle Paul was very careless about obeying God's laws inhis younger years before his conversion.

Multiple Choice

choose which of the three statements is correct. circle a *or* B *or* c.

1. At the Jerusalem conference (Acts 15) who said: "We believe that we willbe saved through the grace of the Lord Jesus, just as they will."

A. Peter

B. Paul

C. Barnabas

2. Where in the Bible do we find these words: "For by grace you have been saved through faith. And this is not your own doing; it is the gift ofGod"?

A. Romans 8

B. Ephesians 2

C. Acts 10

3. Who wrote: "I am not ashamed of the Gospel, for it is the power of Godfor salvation to everyone who believers, to the Jew first and also to the Greek."

A. Peter

B. Timothy

C. Paul

4. Where in the Bible do we find these words: "By works of the law no human being will be justified in his [God's] sight, since through the law comes knowledge of sin."?

A. Romans 3

B. Romans 4

C. Romans 5

5. Where in the Bible do we find these words: "We know that a person isnot justified by works of the law but through

escribiré".

10. V F El apóstol Pablo fue muy descuidado con respecto a la obediencia de las leyes de Dios en sus años de juventud antes de su conversión.

OPCIÓN MÚLTIPLE

Elije cuál de las tres afirmaciones es correcta. Encierra en un círculo A o B o C.

1. En la conferencia de Jerusalén (Hechos 15) ¿quién dijo: "Creemos más bien que somos salvos por la gracia del Señor Jesús, de la misma manera que ellos también lo son"?

A. Pedro

B. Paul

C. Bernabé

2. ¿Dónde encontramos en la Biblia estas palabras: "Porque por gracia habéis sido salvados por medio de la fe, y esto no de vosotros, sino que es don de Dios"?

A. Romanos 8

B. Efesios 2

C. Hechos 10

3. Quien escribió: "No me avergüenzo del evangelio, pues es el poder de Dios para la salvación de todo el que cree; del judío primeramente y también del griego"

A. Pedro

B. Timoteo

C. Paul

4. ¿Dónde encontramos en la Biblia estas palabras: "Por las obras de la ley ningún ser humano será justificado delante de Él; pues por medio de la ley viene el conocimiento del pecado"?

A. Romanos 3

B. Romanos 4

C. Romanos 5

5. ¿Dónde encontramos estas palabras en la Biblia: "sabiendo que el hombre no es

faith in Jesus Christ"?

A. Romans 6:14

B. Galatians 2:16

C. Titus 3:7

6. Which of the following statements is NOT found in the book of Romans.

A. "Sin will have no dominion over you, since you are not under law butunder grace."

B. "All have sinned and fall short of the glory of God and are justified by his grace as a gift."

C. "You who would be justified by the law; you have fallen away from grace."

7. Paul wrote: "I count everything as loss because of the surpassing worthof knowing Christ Jesus my Lord." Where is this testimony found in the New Testament?

A. Ephesians 2

B. Philippians 3

C. Romans 4

8. Where are the following words found in the Bible? "God our Savior . . . saved us not because of works done by us in righteousness, but according to his own mercy, by the washing of regeneration and renewalof the Holy Spirit."

A. Titus 3

B. Philippians 4

C. Ephesians 5

9. Some of the early Jewish Christians emphasized that Gentiles:

A. Could not be saved unless they were circumcised.

B. Could not be saved unless they became a member of a Jewish synagogue.

C. Could never be saved at all because they were not descendants ofAbraham.

10. A. We gain salvation when we learn how

justificado por las obras de la ley, sino mediante la fe en Cristo Jesús"?

A. Romanos 6:14

B. Gálatas 2:16

C. Tito 3:7

6. Cuál de las siguientes afirmaciones NO se encuentra en el libro de Romanos.

A. "El pecado no tendrá dominio sobre vosotros, pues no estáis bajo la ley sino bajo la gracia".

B. "Todos pecaron y no alcanzan la gloria de Dios, siendo justificados gratuitamente por su gracia".

C. "Vosotros que seríais justificados por la ley; de la gracia habéis caído".

7. Pablo escribió: "estimo como pérdida todas las cosas en vista del incomparable valor de conocer a Cristo Jesús, mi Señor". ¿Dónde se encuentra este testimonio en el Nuevo Testamento?

A. Efesios 2

B. Filipenses 3

C. Romanos 4

8. ¿Dónde se encuentran las siguientes palabras en la Biblia? "Él nos salvó, no por obras de justicia que nosotros hubiéramos hecho, sino conforme a su misericordia, por medio del lavamiento de la regeneración y la renovación por el Espíritu Santo".

A. Tito 3

B. Filipenses 4

C. Efesios 5

9. Algunos de los primeros cristianos judíos enfatizaban que los gentiles:

A. No podían ser salvos a menos que fueran circuncidados.

B. No podían ser salvos a menos que se convirtieran en miembros de una sinagoga judía.

C. Nunca podrían ser salvos en absoluto porque no eran descendientes de Abraham.

10. A. Obtenemos la salvación cuando aprendemos a vivir una vida que es agradable

to live a life that is pleasing toGod.

B. We learn how to live a life that is pleasing to God because we havebeen saved.

C. We can never life a life that is pleasing to God.

LESSON 8 – additional QUESTIONS

1. Only one of the three following statements is true. Choose A or B or C.

A. Most Jewish and Gentile converts to Christianity believed that all of the Old Testament laws were still valid.

B. Some Jewish converts believed that most of the Old Testament laws were still valid and some did not.

C. Neither Jewish nor Gentile converts believed that any of the Old Testament laws were still valid.

2. When the people asked Peter on the Day of Pentecost, "What shall we do?" what did Peter tell them? (See Acts 2:38-39.)

3. When Peter went to the home of the Gentile Cornelius, what was the firstthing he said to him in his presentation? (See Acts 10:28.)

4. What did Peter say as he ended the first part of his presentation to Cornelius? (See Acts 10:43.)

5. A. How did the early believers respond when they heard what Peter did at the home of Cornelius? (See Acts 11:2-3.)

B. What did they say when Peter explained what had happened? See Acts 11:18.)

6. What did some of the Jewish Christians teach the Gentile believers about circumcision? (See Acts 15:1.)

7. What did Peter say about this matter in Acts 15:10-11?

8. When Peter discussed the way of salvation for the Gentiles, he said: "We will be saved__________just as they will." Romans 3:20-21

9. What did Paul write to the Ephesian

---

a Dios.

B. Aprendemos a vivir una vida que es agradable a Dios porque hemos sido salvos.

C. Nunca podremos tener una vida que sea agradable a Dios.

LECCIÓN 8 – PREGUNTAS ADICIONALES

1. Sólo una de las tres instrucciones siguientes es verdadera. Elije A, B o C.

A. La mayoría de los judíos y gentiles conversos al cristianismo creían que todas las leyes del Antiguo Testamento seguían siendo válidas.

B. Algunos judíos conversos creían que la mayoría de las leyes del Antiguo Testamento seguían siendo válidas y algunas no.

C. Ni los judíos ni los gentiles conversos creían que ninguna de las antiguos las leyes del testamento seguían siendo válidas.

2. Cuando el pueblo le preguntó a Pedro en el día de Pentecostés, "¿Qué haremos?" ¿qué les dijo Pedro? (Ver Hechos 2:38-39.)

3. Cuando Pedro fue a la casa del gentil Cornelio, ¿qué fue lo primero que le dijo en su presentación? (Ver Hechos 10:28.)

4. ¿Qué dijo Pedro al terminar la primera parte de su presentación a Cornelio? (Ver Hechos 10:43.)

5. A. ¿Cómo respondieron los primeros creyentes cuando escucharon lo que Pedro hizo en la casa de Cornelio? (Ver Hechos 11:2-3.)

B. ¿Qué dijeron cuando Pedro explicó lo que había sucedido? (Ver Hechos 11:18.)

6. ¿Qué enseñaron algunos de los cristianos judíos a los creyentes gentiles sobre la circuncisión? (Ver Hechos 15:1.)

7. ¿Qué dijo Pedro acerca de este asunto en Hechos 15:10-11?

8. Cuando Pedro discutió el camino de la salvación para los gentiles, dijo: "él será salvo, ______________". 1 Corintios 3:15

9. ¿Qué escribió Pablo a los creyentes de Éfeso acerca de la salvación en Efesios 2:8-9?

believers about salvation in Ephesians 2:8-9?

10. What did Paul write about the way of salvation in Romans 1:16-17?

11. What did Paul write in Romans 3:20 about the possibility of being saved by observing the law?

12. Fill in the blanks in this quotation from Romans 3:23-24: "For all havesinned and fall short of the glory of God, and are justified by his ___ as a
___."

13. In Romans 5:1-2 we read: "Therefore, since we have been justified by____, we have________with God through our Lord Jesus Christ. Through him we have also obtained access by _____ into this_____________in which we stand."

14. Fill in the blanks in this quotation from Romans 6:23: "For the wages of sin is, but the _________________
_ in Christ Jesus our Lord."of God is According to Romans 10:9-13, what is the difference, if any, between Jews and Gentiles in regard to the way of salvation?

15. What does Paul teach in Romans 8:1?

16. Fill in the blanks in this quotation from Galatians 3:11 "Now it is evidentthat__is justified before God by the law, for 'The righteous shall live by_.'

17. What does Paul teach in Galatians 5:16?

18. Fill in the blanks in this quotation from Titus 3:4-7: "When the goodnessand loving kindness of God our Savior appeared, he saved us not
because of___________ done by us in righteousness, but according to his own , by the washing of regeneration and renewal of the Holy Spirit   so that being justified by
____

10. ¿Qué escribió Pablo acerca del camino de la salvación en Romanos 1:16-17?

11. ¿Qué escribió Pablo en Romanos 3:20 acerca de la posibilidad de ser salvo guardando la ley?

12. Rellena los espacios en blanco en esta cita de Romanos 3:23-24: "por cuanto todos pecaron y no alcanzan la gloria de Dios, siendo justificados gratuitamente por su
_____________________ que es
_______________."

13. En Romanos 5:1-2 leemos: "Por tanto, habiendo sido justificados por ___________, tenemos ________ para con Dios por medio de nuestro Señor Jesucristo, por medio de quien también hemos obtenido entrada por ________ a esta _________ en la cual estamos firmes".

14. Rellena los espacios en blanco en esta cita de Romanos 6:23: "Porque la paga del pecado es ___________, pero la _________ de Dios es ________________ en Cristo Jesús Señor nuestro.Según Romanos 10:9-13, ¿cuál es la diferencia, si la hay, entre judíos y gentiles con respecto al camino de la salvación?

15. ¿Qué enseña Pablo en Romanos 8:1?

16. Rellena los espacios en blanco de esta cita de Gálatas 3:11 "Y que ________ es justificado ante Dios por la ley es evidente, porque El justo vivirá por __________".

17. ¿Qué enseña Pablo en Gálatas 5:16?

18. Rellena los espacios en blanco en esta cita de Tito 3:4-7: "Cuando se manifestó la bondad de Dios nuestro Salvador, y su amor hacia la humanidad, Él nos salvó, no por
__________________ que nosotros hubiéramos hecho, sino conforme a su _______________, por medio del lavamiento de la regeneración y la renovación por el Espíritu Santo, para que justificados por
______________ fuésemos hechos herederos

, we might become heirs according to the hope of eternal life."

19. Write out two other passages in the Bible (passages that are not referredto in these questions) which teach that salvation is by God's grace and not by our works.

A.

B.

QUESTIONS for reflection Or DISCUSSION

1. Why do you think some of the early Jewish converts continued to stressthe importance and necessity of circumcision and the keeping of the OldTestament laws?

2. What are some possible reasons why many people, even today, seem to prefer the idea that we are saved by our "good works" rather that theBiblical teaching that we are saved by grace through faith?

3. How would your own life be changed if the Bible taught that we are saved by works and not by faith? Would you live a more obedient life? Would you be less inclined to please God and live for Him? Or wouldn'tit make any difference? Please give the reasons for your answers.

4. As you seek to know and do the will of God, do you think it is easier to "follow the leading of the Holy Spirit" or to follow a set of laws? Please give the reason for your answer.

5. A. What is your favorite Biblical passage concerning salvation "by grace alone"?

B. Why do you especially appreciate this particular passage?

---

según la esperanza de la vida eterna".

19. Escribe otros dos pasajes de la Biblia (pasajes a los que no se hace referencia en estas preguntas) que enseñan que la salvación es por la gracia de Dios y no por nuestras obras.

A.

B.

PREGUNTAS PARA DISCUTIR O REFLEXIONAR

1. ¿Por qué crees que algunos de los primeros judíos conversos continuaron enfatizando la importancia y la necesidad de la circuncisión y de la observancia de las leyes del Antiguo Testamento?

2. ¿Cuáles son algunas de las posibles razones por las que muchas personas, incluso hoy en día, parecen preferir la idea de que somos salvos por nuestras "buenas obras" en lugar de la enseñanza bíblica de que somos salvos por gracia a través de la fe?

3. ¿Cómo cambiaría tu propia vida si la Biblia nos enseñara que somos salvos por obras y no por fe? ¿Vivirías una vida de mayor obediencia? ¿Estarías menos inclinado a agradar a Dios y vivir para Él? ¿O no haría ninguna diferencia? Por favor da las razones de tus respuestas.

4. Cuando tratas de conocer y de hacer la voluntad de Dios, ¿crees que es más fácil "seguir la guía del Espíritu Santo" o seguir un conjunto de leyes? Por favor, indica los motivos de tu respuesta.

5. A. ¿Cuál es tu pasaje bíblico favorito sobre la salvación "solo por gracia"?

B. ¿Por qué aprecias especialmente este pasaje en particular?

GOD'S GRACE BRINGS FREEDOM
Lesson Nine

Introduction

Since we are saved by God's wonderful grace, why should we be concerned any longer about the laws and commandments given in the Bible? Jesus has already fulfilled the law in our behalf and has given us freedom to live under the guidance of the Holy Spirit. So what do we have to do with laws and commandments after we are saved?

Regrettably, we who are saved by God's grace are not immediately made perfect or free from temptation or moral weaknesses. We still often have to wrestle with sinful tendencies and human frailties and the "lust of the flesh." Some of us make much greater progress than others in living holy and obedient lives, but no one besides Jesus has ever been morally perfect.

> So, when the Bible teaches that we are "free from the law" and saved by grace, that does not mean that we are free to live as we please. We certainly do not have to obey all the Old Testament laws regarding worship and sacrifices and personal cleansing, but there are certain principles in the Old Testament such as honesty, integrity, justice, and concern for the poor, that are emphasized again in the New Testament. In addition, there are other commands in the New Testament that serve as moral laws or guidelines for everyone who has been saved by grace.

In this Lesson we will study various teachings in the New Testament that help us understand what it means to be "free in Christ." These teachings will also help us live in gratitude to God for His gift of salvation and show us how to serve others in His name

Our Freedom in Christ

New Testament writers clearly teach that we can be saved only by grace and not by obeying laws. Because grace is a free gift of God and because Jesus perfectly fulfilled God's law in our behalf, we

LA GRACIA DE DIOS TRAE LIBERTAD
Novena Lección

Introducción

Ya que somos salvos por la maravillosa gracia de Dios, ¿por qué deberíamos preocuparnos más por las leyes y mandamientos dados en la Biblia? Jesús ya ha cumplido la ley a nuestro favor y nos ha dado la libertad de vivir bajo la guía del Espíritu Santo. Entonces, ¿qué tenemos que ver con las leyes y los mandamientos después de ser salvos?

Lamentablemente, nosotros que somos salvos por la gracia de Dios no hemos sido inmediatamente perfeccionados o librados de tentaciones o debilidades morales. A menudo todavía tenemos que luchar con tendencias pecaminosas, debilidades humanas y la "lujuria de la carne". Algunos de nosotros hacemos más progreso que otros en vivir vidas santas y de obediencia, pero nadie aparte de Jesús ha sido moralmente perfecto.

> Entonces, cuando la Biblia enseña que somos "libres de la ley" y salvos por gracia, eso no significa que seamos libres de vivir como nos plazca. Ciertamente no tenemos que obedecer todas las leyes del Antiguo Testamento con respecto a la adoración, los sacrificios y la limpieza personal, pero hay ciertos principios en el Antiguo Testamento, tales como la honestidad, la integridad, la justicia y la preocupación por los pobres, que se enfatizan nuevamente en el Nuevo Testamento. Además, hay otros mandamientos en el Nuevo Testamento que sirven como leyes morales o pautas para todos los que han sido salvos por gracia.

> En esta lección estudiaremos varias enseñanzas del Nuevo Testamento que nos ayudan a entender lo que significa ser "libres en Cristo". Estas enseñanzas también nos ayudarán a vivir en gratitud hacia Dios por Su regalo de salvación y nos mostrarán cómo servir a los demás en Su nombre.

Nuestra libertad en Cristo

Los escritores del Nuevo Testamento enseñan claramente que sólo podemos ser salvos por gracia y no obedeciendo las leyes. Debido a que la gracia es un regalo gratuito de Dios y porque Jesús

no longer live under the law but are free in Christ. The apostle Paul wrote:

"You are not under law but under grace.   " Romans 6:14

"We are released from the law, having died to that which held us captive, so that we serve in the new way of the Spirit and not in the old way of the written code." Romans 7:6

"If you are led by the Spirit, you are not under the law." Galatians 5:18

While the writers of the New Testament emphasize our freedom in Christ, they also recognize how easy it is for us to use our "freedom" to justify a way of life that does not please God or bless others.

"You were called to freedom, brothers. Only do not use your freedom as an opportunity for the flesh, but through love serve one another." Galatians 5:13

"Live as people who are free, not using your freedom as a cover-up for evil, but living as servants of God." 1 Peter 2:16

Guidelines For living in Freedom

The Bible does not give us specific directions on how to live in every situation that may arise in our lives, but it does give us some general guidelines to help us live humbly and joyfully and faithfully in our daily walk with God. Among those guidelines are the following.

We must recognize that freedom from the law does not mean that we are free to live as we please.

Neither the Old Testament nor the New Testament gives the believer the right to do "what seems right in his own eyes." God has standards that He demands and expects us to obey. Our "freedom" in Christ does not give us the liberty to violate any of those commands or to ignore any of those guidelines. God expects us to learn what He has revealed to us in the Bible and to live accordingly. The Apostle Paul wrote:

"I appeal to you therefore, brothers, by the mercies of God, to present your bodies as a living sacrifice, holy

cumplió perfectamente la ley de Dios a nuestro favor, ya no vivimos bajo la ley, sino que somos libres en Cristo. El apóstol Pablo escribió:

"No estáis bajo la ley, sino bajo la gracia. " Romanos 6:14

"Pero ahora hemos quedado libres de la ley, habiendo muerto a lo que nos ataba, de modo que sirvamos en la novedad del Espíritu y no en el arcaísmo de la letra." Romanos 7:6

"Pero si sois guiados por el Espíritu, no estáis bajo la ley". Gálatas 5:18

Si bien los escritores del Nuevo Testamento enfatizan nuestra libertad en Cristo, también reconocen lo fácil que es para nosotros usar nuestra "libertad" para justificar una forma de vida que no agrada a Dios ni bendice a los demás.

"Porque vosotros, hermanos, a libertad fuisteis llamados; solo que no uséis la libertad como pretexto para la carne, sino servíos por amor los unos a los otros." Gálatas 5:13

"Andad como libres, pero no uséis la libertad como pretexto para la maldad, sino empleadla como siervos de Dios". 1 Pedro 2:16

Pautas para vivir en libertad

La Biblia no nos da instrucciones específicas sobre cómo vivir en cada situación que pueda surgir en nuestras vidas, pero sí nos da algunas pautas generales para ayudarnos a vivir humildemente, con alegría y con fidelidad en nuestro caminar diario con Dios. Entre esas pautas figuran las siguientes.

Debemos reconocer que la libertad de la ley no significa que seamos libres de vivir como nos plazca.

Ni el Antiguo Testamento ni el Nuevo Testamento le dan al creyente el derecho de hacer "lo que parece correcto ante sus propios ojos". Dios tiene normas que Él exige y espera que obedezcamos. Nuestra "libertad" en Cristo no nos da la libertad de violar cualquiera de esos mandamientos o de ignorar cualquiera de esas pautas. Dios espera que aprendamos lo que Él nos ha revelado en la Biblia y que vivamos en consecuencia. El apóstol Pablo escribió:

and acceptable to God, which is your spiritual worship. Do not be conformed to this world, but be transformed by the renewal of your mind, that by testing you may discern what is the will of God, what is good and acceptable and perfect." Romans 12:1-2

"You have heard about him and were taught in him, as the truth is in Jesus, to put off your old self, which belongs to your former manner of life and is corrupt through deceitful desires, and to be renewed in the spirit of your minds, and to put on the new self, created after the likeness of God in true righteousness and holiness." Ephesians 4:21-24

We should put more emphasis on the positive things God wants us to do rather than simply emphasizing the things we should not do.

Some believers are so involved in determining what we should not do that their Christian life becomes primarily a matter of "don'ts." Those who observe these negative "rules" are sometimes regarded as models of Christian living while those who do not observe them are often considered "weaker" Christians or poor examples of how Christians should live. This approach tends to create a very negative view of the Christian faith and may give non-believers a totally wrong view of what it means to be saved by grace.

Among the many positive things we should emphasize in our lives of freedom are prayer, witnessing, helping the poor and others in need, showing love for God and our neighbors, faithfully doing our daily work, living with a thankful heart, and daily demonstrating the fruit of the Spirit. If we focus on these things, we will not only please God, but it will also be much easier for us to stay away from the things we should not do. Paul wrote:

"Encourage the fainthearted, help the weak, be patient with them all   Always seek to do good to one another and to

"Por consiguiente, hermanos, os ruego por las misericordias de Dios que presentéis vuestros cuerpos como sacrificio vivo y santo, aceptable a Dios, que es vuestro culto racional. Y no os adaptéis a este mundo, sino transformaos mediante la renovación de vuestra mente, para que verifiquéis cuál es la voluntad de Dios: lo que es bueno, aceptable y perfecto." Romanos 12:1-2

"Si en verdad lo oísteis y habéis sido enseñados en Él, conforme a la verdad que hay en Jesús, que en cuanto a vuestra anterior manera de vivir, os despojéis del viejo hombre, que se corrompe según los deseos engañosos y que seáis renovados en el espíritu de vuestra mente, y os vistáis del nuevo hombre, el cual, en la semejanza de Dios, ha sido creado en la justicia y santidad de la verdad". Efesios 4:21-24

Debemos poner más énfasis en las cosas positivas que Dios quiere que hagamos en lugar de simplemente enfatizar las cosas que no debemos hacer.

Algunos creyentes se involucran tanto en determinar lo que no debemos hacer que su vida cristiana se convierte principalmente en una cuestión de "no hacer". Aquellos que guardan estas "reglas" negativas a veces son considerados modelos de vida cristiana, mientras que aquellos que no se obsesionan con ello a menudo son considerados cristianos "más débiles" o malos ejemplos de la forma en que los cristianos deben vivir. Este enfoque tiende a crear un punto de vista muy negativo de la fe cristiana y puede dar a los no creyentes una visión totalmente equivocada de lo que significa ser salvo por gracia.

Entre las muchas cosas positivas que debemos enfatizar en nuestras vidas de libertad están la oración, el testimonio, ayudar a los pobres y a otros necesitados, mostrar amor por Dios y por nuestro prójimo, hacer fielmente nuestro trabajo diario, vivir con un corazón agradecido y demostrar diariamente el fruto del Espíritu. Si nos enfocamos en estas cosas, no solo agradaremos a Dios, sino que también será mucho más fácil para nosotros mantenernos alejados de las cosas que no debemos hacer. Pablo escribió:

"Animéis a los desalentados, sostengáis a los débiles y seáis pacientes con todos. Estad siempre gozosos; orad sin cesar; dad gracias en todo, porque esta es la

everyone. Rejoice always, pray without ceasing, give thanks in all circumstances; for this is the will of God in Christ Jesus for you." 1 Thessalonians 5:14-18

"Put on then, as God's chosen ones, holy and beloved, compassionate hearts, kindness, humility, meekness, and patience, bearing with one another and, if one has a complaint against another, forgiving each other; as the Lord has forgiven you, so you also must forgive. And above all these put on love, which binds everything together in perfect harmony." Colossians 3:12-14

We should make sure that our motives are pleasing to the lord.

The two fundamental moral commandments which have never changed are that we love God with all our heart, soul, mind and strength and that we love our neighbor as ourselves (Matthew 22:37-40). If our conduct does not reflect a love for God and a love for others, God will not be pleased with us. We may do kind things for others and may even sacrifice our time or money or energy for a good cause, but if our actions are not motivated by love, all these things are of little worth in God's sight. Paul wrote:

"If I speak in the tongues of men and of angels, but have not love, I am a noisy gong or a clanging cymbal. And if I have prophetic powers, and understand all mysteries and all knowledge, and if I have all faith, so as to remove mountains, but have not love, I am nothing. If I give away all I have, and if I deliver up my body to be burned, but have not love, I gain nothing." 1 Corinthians 13:1-3

"Owe no one anything, except to love each other, for the one who loves another has fulfilled the law. . . . For the commandments . . . are summed up in this word: 'You shall love your neighbor as yourself.' Love does no wrong to a neighbor; therefore love is the fulfilling of the law." Romans 13:8-10

We should not quickly judge others whose standards may differ from our own.

There are some things which are clearly wrong in the sight of God and we should never take those things lightly. People who deliberately do things

---

voluntad de Dios para vosotros en Cristo Jesús." 1 Tesalonicenses 5:14-18

"Entonces, como escogidos de Dios, santos y amados, revestíos de tierna compasión, bondad, humildad, mansedumbre y paciencia; soportándoos unos a otros y perdonándoos unos a otros, si alguno tiene queja contra otro; como Cristo os perdonó, así también hacedlo vosotros. Y sobre todas estas cosas, vestíos de amor, que es el vínculo de la unidad." Colosenses 3:12-14

Debemos asegurarnos de que nuestros motivos son agradables ante el Señor.

Los dos mandamientos morales fundamentales que nunca han cambiado son que amamos a Dios con todo nuestro corazón, alma, mente y fuerzas y que amamos a nuestro prójimo como a nosotros mismos (Mateo 22:37-40). Si nuestra conducta no refleja un amor por Dios y un amor por los demás, Dios no se complacerá con nosotros. Podemos hacer cosas amables por los demás e incluso podemos sacrificar nuestro tiempo, dinero o energía por una buena causa, pero si nuestras acciones no están motivadas por el amor, todas estas cosas son de poco valor ante los ojos de Dios. Pablo escribió:

"Si yo hablara lenguas humanas y angélicas, pero no tengo amor, he llegado a ser como metal que resuena o címbalo que retiñe. Y si tuviera el don de profecía, y entendiera todos los misterios y todo conocimiento, y si tuviera toda la fe como para trasladar montañas, pero no tengo amor, nada soy. Y si diera todos mis bienes para dar de comer a los pobres, y si entregara mi cuerpo para ser quemado, pero no tengo amor, de nada me aprovecha". 1 Corintios 13:1-3

"No debáis a nadie nada, sino el amaros unos a otros; porque el que ama a su prójimo, ha cumplido la ley. . . . y cualquier otro mandamiento, en estas palabras se resume: Amarás a tu prójimo como a ti mismo. El amor no hace mal al prójimo; por tanto, el amor es el cumplimiento de la ley". Romanos 13:8-10

No debemos juzgar rápidamente a otros cuyas normas pudieran diferir de las nuestras.

Hay algunas cosas que están claramente mal ante los ojos de Dios y nunca debemos tomar esas cosas a la ligera. Las personas que deliberadamente

that God has forbidden should be lovingly warned and admonished.

There are other things, however, which are condemned by some believers and approved by others. When we focus too much on our own lists of "do's and don'ts," it is very easy to judge people who do not have the same lists that we do! We then begin to evaluate a person's spirituality (including our own) on the basis of obedience to certain man-made laws. And when we do that, we begin to focus again on works rather than on grace. Therefore, the New Testament warns us not to quickly judge others.

> *"Judge not, that you be not judged   Why do you see the speck that*
>
> *is in your brother's eye, but do not notice the log that is in your own eye?"* Matthew 7:1-3
>
> *"Who are you to pass judgment on the servant of another? Why do you pass judgment on your brother? Or you, why do you despise your brother? For we will all stand before the judgment seat of God So then each of us will give an account of himself to God."* Romans 14:4,10,12

We should continually seek the leading of the holy spirit as our guide and as the source of our spiritual growth.

When Paul wrote to the Christians in Galatia, he warned them about their efforts to make spiritual progress in their lives by relying on their own human efforts to obey the law. He asked:

> *"Did you receive the Spirit by works of the law or by hearing with faith? Are you so foolish? Having begun by the Spirit, are you now being perfected by the flesh?"* Galatians 3:2-3

Trying to grow in Christ by observing laws and regulations is a real temptation for many believers. They begin well, trusting the mercy and grace of God for their salvation, but then they focus on laws to help them grow in Christ instead of trusting the indwelling power and work of the Holy Spirit. Paul's approach is totally different. He wrote:

hacen cosas que Dios ha prohibido deben ser advertidas y amonestados en amor.

Hay otras cosas, sin embargo, que son condenadas por algunos creyentes y aprobadas por otros. Cuando nos enfocamos demasiado en nuestras propias listas de "qué hacer y qué no hacer", ¡es muy fácil juzgar a las personas que no tienen la misma lista que nosotros! Entonces comenzamos a evaluar la espiritualidad de una persona (incluyendo la nuestra) sobre la base de la obediencia a ciertas leyes hechas por el hombre. Y cuando hacemos eso, comenzamos a enfocarnos nuevamente en las obras en lugar de en la gracia. Por lo tanto, el Nuevo Testamento nos advierte que no juzguemos rápidamente a los demás.

> *"No juzguéis para que no seáis juzgados... ¿Y por qué miras la paja que está en el ojo de tu hermano, y no te das cuenta de la viga que está en tu propio ojo?"* Mateo 7:1-3
>
> *"¿Quién eres tú para juzgar al criado de otro? Por qué ¿juzgas a tu hermano? O tú, ¿por qué juzgas a tu hermano? O también, tú, ¿por qué menosprecias a tu hermano? Porque todos compareceremos ante el tribunal de Dios... De modo que cada uno de nosotros dará a Dios cuenta de sí mismo".* Romanos 14:4,10,12

Debemos buscar continuamente la dirección del espíritu santo como nuestra guía y como la fuente de nuestro crecimiento espiritual.

Cuando Pablo escribió a los cristianos de Galacia, les advirtió acerca de sus esfuerzos para hacer progreso espiritual en sus vidas confiando en sus propios esfuerzos humanos para obedecer la ley. Preguntó:

> *"¿Recibisteis el Espíritu por las obras de la ley, o por el oír con fe? ¿Tan insensatos sois? Habiendo comenzado por el Espíritu, ¿vais a terminar ahora por la carne?"* Gálatas 3:2-3

Tratar de crecer en Cristo guardando las leyes y regulaciones es una verdadera tentación para muchos creyentes. Comienzan bien, confiando en la misericordia y la gracia de Dios para su salvación, pero luego se enfocan en las leyes como ayuda para crecer en Cristo en lugar de confiar en el poder residente y la obra del Espíritu Santo. El

"I say, walk by the Spirit, and you will not gratify the desires of the flesh If you are led by the Spirit, you are not under law."Galatians 5:16-18

"But the fruit of the Spirit is love, joy, peace, patience, kindness, goodness, faithfulness, gentleness, self-control; against such things there is no law. And those who belong to Christ Jesus have crucified the flesh with its passions and desires. If we live by the Spirit, let us also keep in step with the Spirit." Galatians 5:22-25

We should not require others to obey a list of rules or laws which are not clearly based upon Biblical teachings.

There may be some situations where it is helpful to draw up a set of rules which Christians are asked to observe. One of the reasons for that is that many believers conform too quickly to the standards of the world around them (1 John 2:15, 16.) However, we should be careful not to bind the conscience of people who are "free in Christ" by requiring them to obey a list of rules and laws which are not directly based upon the teachings of the New Testament.

Legalism (an overemphasis on obeying laws) can be a very significant danger for sincere believers who have not learned to appreciate their freedom in Christ. Paul warned against this when he wrote his letter to the Colossians:

"Therefore let no one pass judgment on you in questions of food and drink, or with regard to a festival or a new moon or a Sabbath. These are a shadow of the things to come, but the substance belongs to Christ." Colossians 2:16-17

". . . do you submit to regulations—'Do not handle, Do not taste,Do not touch'—according to human precepts and teachings? These have indeed an appearance of wisdom . . . but they are of no value in stopping the indulgence of the flesh." Colossians 2:20-23

Jesus was clearly opposed to a legalistic religion which focused on man- made rules and outward obedience to the laws of God. He strongly opposed

enfoque de Pablo es totalmente diferente. Él escribió:

" Digo, pues: Andad por el Espíritu, y no cumpliréis el deseo de la carne. Si sois guiados por el Espíritu, no estáis bajo la ley". Gálatas 5:16-18

"Mas el fruto del Espíritu es amor, gozo, paz, paciencia, benignidad, bondad, fidelidad, mansedumbre, dominio propio; contra tales cosas no hay ley. Pues los que son de Cristo Jesús han crucificado la carne con sus pasiones y deseos. Si vivimos por el Espíritu, andemos también por el Espíritu". Gálatas 5:22-25

No debemos exigir a otros que obedezcan una lista de reglas o leyes que no estén claramente basadas en las enseñanzas bíblicas.

Puede haber algunas situaciones en las que sea útil elaborar un conjunto de reglas que se les pida guardar a los cristianos. Una de las razones de ello es que muchos creyentes se ajustan demasiado rápido a las normas del mundo que les rodea (1 Juan 2:15, 16.) Sin embargo, debemos tener cuidado de no atar la conciencia de las personas que son "libres en Cristo" al exigirles que obedezcan una lista de reglas y leyes que no se basan directamente en las enseñanzas del Nuevo Testamento.

El legalismo (un énfasis excesivo en obedecer las leyes) puede ser un peligro muy significativo para los creyentes sinceros que no han aprendido a apreciar su libertad en Cristo. Pablo advirtió contra esto cuando escribió su carta a los colosenses:

"Por tanto, que nadie se constituya en vuestro juez con respecto a comida o bebida, o en cuanto a día de fiesta, o luna nueva, o día de reposo; cosas que solo son sombra de lo que ha de venir, pero el cuerpo pertenece a Cristo". Colosenses 2:16-17

"¿por qué, como si aún vivierais en el mundo, os sometéis a preceptos tales como: no manipules, no gustes, no toques… según los preceptos y enseñanzas de los hombres? Tales cosas tienen a la verdad, la apariencia de sabiduría. . . pero carecen de valor alguno contra los apetitos de la carne". Colosenses 2:20-23

Jesús se oponía claramente a una religión legalista que se centraba en las reglas hechas por el hombre

and frequently condemned the religious leaders of the Jews who focused on an external obedience to God's laws and made many new laws of their own. Jesus said:

> *"Woe to you, scribes and Pharisees, hypocrites! For you clean the outside of the cup and the plate, but inside they are full of greed and self-indulgence First clean the inside of the cup and the plate, that the outside also may be clean."* Matthew 23: 25-26 See also Matthew 23:1-28.

We should seek to serve the needs of others, be examples to them, and build them up in their christian faith.

> *"Do nothing from selfish ambition or conceit, but in humility count others more significant than yourselves. Let each of you look not only to his own interests, but also to the interests of others. Have this mind among yourselves, which is yours in Christ Jesus, who emptied himself, by taking the form of a servant."* Philippians 2:3-7

> *"Let us consider how to stir up one another to love and good works."* Hebrews 10:24

> *"Put on then, as God's chosen ones, holy and beloved, compassionatehearts, kindness, humility, meekness, and patience, bearing with one another and, if one has a complaint against another, forgivingeach other; as the Lord has forgiven you, so you also must forgive. And above all these put on love, which binds everything together inperfect harmony."* Colossians 3:12-14

as believers who are saved by God's grace, we should be very careful not to cause "weaker" believers to fall into sin by the things we do or by the choices we make.

Believers, especially leaders, are constantly being watched by others, both by non-believers and "new believers." Many younger believers may take their "cue" as to what is good and acceptable by watching an older or mature Christian. And that becomes a matter of great responsibility for the person who is regarded as a good example of how a believer should live.

y en la obediencia externa a las leyes de Dios. Se oponía firmemente y condenaba con frecuencia a los líderes religiosos de los judíos que se centraban en una obediencia externa a las leyes de Dios y hacían muchas nuevas leyes propias. Jesús dijo:

> *"¡Ay de vosotros, escribas y fariseos, hipócritas!, porque limpiáis el exterior del vaso y del plato, pero por dentro están llenos de robo y de desenfreno... Limpia primero lo de adentro del vaso y del plato, para que lo de afuera también quede limpio".* Mateo 23: 25-26 Ver también Mateo 23:1-28.

Debemos tratar de servir a las necesidades de los demás, ser ejemplos para ellos, y edificarlos en su fe cristiana.

> *"Nada hagáis por egoísmo o por vanagloria, sino que con actitud humilde cada uno de vosotros considere al otro como más importante que a sí mismo, no buscando cada uno sus propios intereses, sino más bien los intereses de los demás. Haya, pues, en vosotros esta actitud que hubo también en Cristo Jesús, el cual… se despojó a sí mismo tomando forma de siervo."* Filipenses 2:3-7

> *"Consideremos cómo estimularnos unos a otros al amor y a las buenas obras".* Hebreos 10:24

> *"Entonces, como escogidos de Dios, santos y amados, revestíos de tierna compasión, bondad, humildad, mansedumbre y paciencia; soportándoos unos a otros y perdonándoos unos a otros, si alguno tiene queja contra otro; como Cristo os perdonó, así también hacedlo vosotros. Y sobre todas estas cosas, vestíos de amor, que es el vínculo de la unidad."* Colosenses 3:12-14

Como creyentes salvos por la gracia de Dios, debemos tener mucho cuidado de no hacer que los creyentes "más débiles" caigan en pecado por las cosas que hacemos o por las decisiones que tomamos.

Los creyentes, especialmente los líderes, son observados constantemente por otros, tanto por los no creyentes como por los "nuevos creyentes". Muchos creyentes más jóvenes pueden tomar su "indicación" en cuanto a lo que es bueno y aceptable al observar a un cristiano mayor o maduro. Y eso se convierte en una cuestión de gran responsabilidad para la persona que es considerada como un buen ejemplo de cómo debe vivir un creyente.

Mature Christians may be able to do certain things (such as watching certain movies, reading certain books, going certain places, drinking certain beverages, wearing certain clothes) without sinning. However, a weaker brother or sister who is watching them may not be able to do the same things without sinning. Mature Christians, therefore, should never forget the potential influence they have on a younger or weaker believer and should live accordingly.

Paul wrote to the church in Corinth:

> *"Take care that this right of yours does not somehow become a stumbling block to the weak   if food makes my brother stumble, I will never eat meat, lest I make my brother stumble."*1 Corinthians 8:9-13

A believer's primary desire should always be to promote the kingdom of God through what he does and not to please himself. There may be many things which are "permissible" for him (see 1 Corinthians 6:12), but they would not be the "best" things for him to do. God has richly blessed us with his grace so that we may serve him with joy and gratitude rather than simply pursuing our own interests or satisfying our own desires.

Paul wrote to the Christians in Rome:

> *"We who are strong have an obligation to bear with the failings of the weak, and not to please ourselves. Let each of us please his neighbor for his good, to build him up. For Christ did not please himself."* Romans 15:1-3

Paul rejoiced in the fact that he was "free in Christ," but he also knew that he was "saved to serve." He willingly became "all things to all men" in order to win them to Christ. Though he was not "under the law," he would on occasion "observe" the law in order to be a blessing to others. He was free to eat and drink what he chose, but he willingly gave up both meat and wine if that would help others in their Christian life.

Paul was grateful for his freedom in Christ, but he would not use that freedom simply to make life more comfortable or more "pleasant" for himself. He also readily gave up all the "credits" he once prized as a strict, law-abiding Pharisee so that he might focus on living for Christ (Philippians 3:4-9).

Los cristianos maduros pueden ser capaces de hacer ciertas cosas (como ver ciertas películas, leer ciertos libros, ir a ciertos lugares, beber ciertas bebidas, usar cierta ropa) sin pecar. Sin embargo, un hermano o hermana más débil que le observa puede no ser capaz de hacer las mismas cosas sin pecar. Los cristianos maduros, por lo tanto, nunca deben olvidar la influencia potencial que tienen en un creyente más joven o más débil y deben vivir en consecuencia.

Pablo escribió a la iglesia de Corinto:

> *"Mas tened cuidado, no sea que esta vuestra libertad de alguna manera se convierta en piedra de tropiezo para el débil… si la comida hace que mi hermano tropiece, no comeré carne jamás, para no hacer tropezar a mi hermano".* 1 Corintios 8:9-13

El deseo principal de un creyente siempre debe ser promover el reino de Dios a través de lo que hace y no complacerse a sí mismo. Puede haber muchas cosas que sean "permisibles" para él (ver 1 Corintios 6:12), pero no serían las "mejores" cosas que él podría hacer. Dios nos ha bendecido abundantemente con su gracia para que podamos servirle con gozo y gratitud en lugar de simplemente buscar nuestros propios intereses o satisfacer nuestros propios deseos.

Pablo escribió a los cristianos en Roma:

> *"Así que, nosotros los que somos fuertes, debemos sobrellevar las flaquezas de los débiles y no agradarnos a nosotros mismos. Cada uno de nosotros agrade a su prójimo en lo que es bueno para su edificación. Pues ni aun Cristo se agradó a sí mismo."* Romanos 15:1-3

Pablo se regocijó en el hecho de que él era "libre en Cristo", pero también sabía que había sido "salvo para servir". Él voluntariamente se convirtió en "todas las cosas por todos los hombres" con el fin de ganarlos para Cristo. Aunque no estaba "bajo la ley", en ocasiones "guardaba" la ley para ser de bendición para los demás. Era libre de comer y beber lo que eligiera, pero voluntariamente renunciaba tanto a la carne como al vino si eso ayudaba a otros en su vida cristiana.

Pablo estaba agradecido por su libertad en Cristo, pero no usaría esa libertad simplemente para hacer más cómoda o más "agradable" la vida para sí mismo. También renunció fácilmente a todos los

Paul was not only saved by grace but he also lived by grace, free from the condemnation and burden of the law, and free to follow the leading of the Holy Spirit in every area of his life. He wrote:

"Am I not free? Am I not an apostle? . . . Do we not have the right to eat and drink? Do we not have the right to take along a believing wife, as do the other apostles. . .? but we endure anything rather than put an obstacle in the way of the gospel of Christ." 1 Corinthians 9:1,4,5,12

"Though I am free from all, I have made myself a servant to all, that I might win more of them. To the Jews I became as a Jew, in order to win Jews. To those under the law I became as one under the law (though not being myself under the law) that I might win those under the law   To the weak I became weak, that I might win the weak. I have become all things to all people, that by all means I might save some. I do it all for the sake of the gospel, that I may share with them in its blessings." 1 Corinthians 9:19-23

Some dangers of emphasizing man-made rules

Because of the continual danger of "being conformed to the world," sincere believers sometimes seek to "protect" themselves and their children by drawing up a set of rules to guide them as they live out their Christian faith.

Man-made rules are often helpful, important, and necessary. However, too much dependence on rules in an effort to please God can be dangerous and even counter-productive. Instead of living by grace and trusting the leading of the Holy Spirit in our lives, we replace our freedom in Christ with rules and laws that may bind our conscience and diminish our joy.

Emphasizing man-made rules and laws can easily lead to the following problems.

1) By focusing too much on man-made rules, we often tend to measure our holiness by what we do rather than by what Christ has already done for us. We may also worry

"créditos" que una vez valoró como un fariseo estricto y respetuoso de la ley para poder centrarse en vivir para Cristo (Filipenses 3:4-9). Pablo no sólo fue salvo por gracia, sino que también vivió por gracia, libre de la condenación y de la carga de la ley, y libre para seguir la guía del Espíritu Santo en cada área de su vida. Él escribió:

"¿No soy libre? ¿No soy apóstol? . . . ¿Acaso no tenemos derecho a comer y beber? ¿Acaso no tenemos derecho a llevar con nosotros una esposa creyente, así como los demás apóstoles. . .? sino que sufrimos todo para no causar estorbo al evangelio de Cristo". 1 Corintios 9:1,4,5,12

"Porque aunque soy libre de todos, de todos me he hecho esclavo para ganar al mayor número posible. A los judíos me hice como judío, para ganar a los judíos; a los que están bajo la ley, como bajo la ley (aunque yo no estoy bajo la ley) para ganar a los que están bajo la ley; a los que están sin ley, como sin ley (aunque no estoy sin la ley de Dios, sino bajo la ley de Cristo) para ganar a los que están sin ley. A los débiles me hice débil, para ganar a los débiles; a todos me he hecho todo, para que por todos los medios salve a algunos. Y todo lo hago por amor del evangelio, para ser partícipe de él". 1 Corintios 9:19-23

Algunos peligros de enfatizar las reglas creadas por el hombre

Debido al peligro continuo de "ser conformados al mundo", los creyentes sinceros a veces buscan "protegerse" a sí mismos y a sus hijos mediante la elaboración de un conjunto de reglas que los guíen a medida que viven su fe cristiana.

Las reglas hechas por el hombre a menudo son útiles, importantes y necesarias. Sin embargo, demasiada dependencia de las reglas en un esfuerzo por complacer a Dios puede ser peligroso e incluso contraproducente. En lugar de vivir por gracia y confiar en la guía del Espíritu Santo en nuestras vidas, reemplazamos nuestra libertad en Cristo con reglas y leyes que pueden atar nuestra conciencia y disminuir nuestra alegría.

Enfatizar las reglas y leyes hechas por el hombre puede conducir fácilmente a los siguientes problemas.

1) Cuando nos enfocamos demasiado en las reglas hechas por el hombre, a menudo tendemos a medir nuestra santidad por lo

whether we are "good enough" or "holy enough" or "strict enough." And when we do that, we tend to forget that we are saved by grace alone and not by our own works.

2) We tend to judge others who do not conform to our rules. If they don't do what we think is right in the sight of God, we are inclined to look down on them, criticize them, and possibly regard them as "weak" Christians.

3) We may unnecessarily feel very guilty if we do not observe all the rules all the time. A sense of guilt may be helpful if it drives us to prayer and repentance and leads us to a sincere desire to walk more consistently and joyfully in fellowship with the Lord. But guilt is destructive if it causes us to doubt our salvation or to question God's promises. An inappropriate sense of guilt may also cause us to feel depressed, inferior, and hopeless and take away the joy and confidence we have when we remember that salvation is by grace alone.

4) By over-emphasizing man-made rules we may also give non- believers the impression that Christians are primarily defined by their adherence to those rules. Many non-Christians already believe that Christianity is primarily a religion of doing certain "good things" and staying away from certain "bad things." When we place a heavy emphasis on laws and rules, we may confirm the false impressions that they already have. And when we do that, we not only give them a false understanding of the Gospel of grace, but we may also create an unnecessary obstacle for those who are sincerely interested in becoming followers of Jesus.

Summary and conclusion

que hacemos en lugar de por lo que Cristo ya ha hecho por nosotros. También podemos preocuparnos si somos "lo suficientemente buenos" o "lo suficientemente santos" o "lo suficientemente estrictos". Y cuando hacemos eso, tendemos a olvidar que somos salvos solo por gracia y no por nuestras propias obras.

2) Tendemos a juzgar a otros que no se ajustan a nuestras reglas. Si no hacen lo que creemos que es correcto ante los ojos de Dios, nos inclinamos a menospreciarlos, a criticarlos y posiblemente a considerarlos como cristianos "débiles".

3) Podemos sentirnos innecesariamente demasiado culpables si no cumplimos todas las reglas todo el tiempo. Un sentimiento de culpa puede ser útil si nos lleva a la oración y al arrepentimiento y nos lleva a un deseo sincero de caminar de manera más consistente y gozosa en comunión con el Señor. Pero la culpa es destructiva si nos hace dudar de nuestra salvación o cuestionar las promesas de Dios. Un sentido inapropiado de culpa también puede hacer que nos sintamos deprimidos, inferiores y desesperanzados y nos quite el gozo y la confianza que tenemos cuando recordamos que la salvación es solo por gracia.

4) Al enfatizar en exceso las reglas hechas por el hombre, también podemos dar a los no creyentes la impresión de que los cristianos se definen principalmente por su adhesión a esas reglas. Muchos no cristianos ya han dicho que el cristianismo es principalmente una religión de hacer ciertas "cosas buenas" y mantenerse alejado de ciertas "cosas malas". Cuando ponemos un gran énfasis en las leyes y las normas, podemos confirmar las falsas impresiones que ellos ya tienen. Y cuando hacemos eso, no sólo les damos una falsa comprensión del Evangelio de la gracia, sino que también podemos crear un obstáculo innecesario para aquellos que sinceramente se interesan en convertirse en seguidores de Jesús.

The Old Testament contains hundreds of laws which God gave to His people. Jesus has perfectly fulfilled all God's laws in our behalf, so that Christians are now free from the bondage and condemnation of the law and live with a measure of freedom that Old Testament believers did not have.

However, even though believers are no longer living "under the law," they are not free to do anything they please. Rather, they have the freedom to live for Christ in the power of the Holy Spirit so that they increasingly do what pleases Him!

In order to help us live in a way that is pleasing to God, the Bible gives us many specific guidelines and teachings in the New Testament. It is our obligation, as well as our privilege, to study these guidelines so that we may live each day in a way that honors the Lord. Observing these guidelines is not a way to gain salvation but rather a way to show our gratitude to the lord for the salvation he has already given us by his grace. Living according to these guidelines also increases our joy in the Lord and enables us to become a greater blessing to others.

Since the Bible does not give us rules or laws to cover every possible situation that may arise, Christians sometimes differ on how they should deal with moral concerns which are not specifically addressed in the Bible. Some believers choose to draw up a set of man-made laws and insist that all sincere believers should obey them. Others prayerfully seek to follow the guidance of the Holy Spirit as they humbly seek to determine how they can best honor God and serve others without focusing overly much on making and obeying laws.

Believers obviously must be very careful not to pursue a way of life which clearly does not please the Lord. Mature Christians should also be very careful not to lead younger Christians into sin by their own exercise of their "freedom in Christ." At the same time, they should also be careful not to develop laws or rules that become unnecessarily burdensome or that destroy believers' joy and freedom in the Lord.

Resumen y conclusión

El Antiguo Testamento contiene cientos de leyes que Dios dio a Su gente. Jesús ha cumplido perfectamente todas las leyes de Dios a nuestro favor, de modo que los cristianos ahora están libres de la esclavitud y de la condenación de la ley y viven con una medida de libertad que los creyentes del Antiguo Testamento no tenían.

Sin embargo, a pesar de que los creyentes ya no viven "bajo la ley", no son libres de hacer lo que quieran. ¡Más bien, tienen la libertad de vivir para Cristo en el poder del Espíritu Santo para que cada vez más hagan lo que le agrada!

Con el fin de ayudarnos a vivir de una manera que sea agradable a Dios, la Biblia nos da muchas pautas y enseñanzas específicas en el Nuevo Testamento. Es nuestra obligación, así como nuestro privilegio, estudiar estas pautas para que podamos vivir cada día de una manera que honre al Señor. Guardar estas pautas no es una manera de obtener la salvación, sino más bien una manera de mostrar nuestra gratitud al Señor por la salvación que él ya nos ha dado por su gracia. Vivir de acuerdo con estas pautas también aumenta nuestro gozo en el Señor y nos permite convertirnos en una bendición mayor para los demás.

Dado que la Biblia no nos da reglas o leyes para cubrir todas las situaciones posibles que puedan surgir, los cristianos a veces difieren en cómo deben lidiar con las preocupaciones morales que no se abordan específicamente en la Biblia. Algunos creyentes eligen redactar una lista de leyes hechas por el hombre e insisten en que todos los creyentes sinceros deben obedecerlas. Otros, en un espíritu de oración, buscan seguir la guía del Espíritu Santo mientras humildemente buscan determinar cómo pueden honrar mejor a Dios y servir a los demás sin enfocarse demasiado en hacer y obedecer las leyes.

Los creyentes obviamente deben tener mucho cuidado de no seguir una forma de vida que claramente no agrada al Señor. Los cristianos maduros también deben tener mucho cuidado de no llevar a los cristianos más jóvenes al pecado por su propio ejercicio de su "libertad en Cristo". Al mismo tiempo, también deben tener cuidado de no desarrollar leyes o reglas que se vuelvan

By His glorious grace, God has completely forgiven all our sins and has also granted us the gift of His Holy Spirit so that we increasingly become the kind of people He wants us to be. What a tremendous privilege and blessing it is for us to know and experience that! And when our earthly pilgrimage is over, we shall live forever with our gracious Lord to praise Him for His indescribable mercy and grace.

innecesariamente gravosas o que destruyan el gozo y la libertad de los creyentes en el Señor.

Por Su gloriosa gracia, Dios ha perdonado completamente todos nuestros pecados y también nos ha concedido el don de Su Espíritu Santo para que cada vez más nos convirtamos en el tipo de personas que Él quiere que seamos. ¡Qué tremendo privilegio y bendición es para nosotros saber y experimentar eso! Y cuando nuestra peregrinación terrenal haya terminado, viviremos para siempre con nuestro Señor Misericordioso para alabarlo por Su indescriptible misericordia y gracia.

LESSON 9 – TEST QUESTIONS

True Or False

circle **t** or F.

1. T F Since we have been saved by grace and live by grace, we no longer have to be concerned in any way about the laws God has given us in the Bible.

2. T F Neither the Old Testament nor the New Testament teaches us that we can freely do what is right in our own eyes after we are saved.

3. T F Paul wrote in Ephesians 4 that we should not be conformed to this world but instead we should be transformed by the renewal of our minds.

4. T F If we focus on doing what is right and pleasing in God's sight, it will be easier for us to stay away from things that are not right inGod's sight.

5. T F God does not really care what our "motives" are as long as we donot break any of His laws.

6. T F Matthew 7:1-3 teaches that we should be very careful about judging others.

7. T F Jesus judged the Pharisees because their observance of the lawwas only external and they did not serve God from their hearts.

8. T F We should be careful not to let our "freedom in Christ" lead a weaker

LECCIÓN 9 – PREGUNTAS DE PRUEBA

VERDADERO O FALSO

Encierra con un círculo si es V o F.

1. V F Ya que hemos sido salvos por gracia y vivimos por gracia, ya no tenemos que preocuparnos de ninguna manera por las leyes que Dios nos ha dado en la Biblia.

2. V F Ni el Antiguo Testamento ni el Nuevo Testamento nos enseñan que podemos hacer libremente lo que es correcto ante nuestros propios ojos después de ser salvos.

3. V F Pablo escribió en Efesios 4 que no debemos conformarnos a este mundo, sino que debemos ser transformados por la renovación de nuestras mentes.

4. V F Si nos enfocamos en hacer lo que es correcto y agradable ante los ojos de Dios, será más fácil para nosotros mantenernos alejados de las cosas que no están bien ante los ojos de Dios.

5. V F A Dios no le importa realmente cuáles son nuestros "motivos", siempre y cuando no violemos ninguna de Sus leyes.

6. V F Mateo 7:1-3 enseña que debemos tener mucho cuidado al juzgar a los demás.

7. V F Jesús juzgó a los fariseos porque su observancia de la ley era sólo externa y no servían a Dios desde sus corazones.

8. V F Debemos tener cuidado de no dejar que nuestra "libertad en Cristo" lleve a

believer into sin.

9. T F Paul wrote in Romans 15 that "we who are strong have an obligation to bear with the failings of the weak and not to please ourselves."

10. T F Mature Christians may be able to do without sinning some thingswhich would be sinful for "weaker" believers.

Multiple Choice

choose which of the three statements is correct.
circle a *or* B *or* c.

1. New Testament writers make it very clear that:
   A. We are saved by grace through faith and not by works.
   B. We are saved by grace plus works of gratitude and obedience.
   C. We are saved by good works which are prompted by God's grace.

2. Where does it say in the Bible teach that Christians "are not under law but under grace"?
   A. 1 Peter 2
   B. Colossians 3
   C. Romans 6

3. This Lesson teaches that:
   A. We should put more emphasis on things God wants us to do rather than continually emphasizing what He does not want us to do.
   B. Because we are inclined to sin by nature, it is more important to emphasize things we should not do than things God wants us to do.

OPCIÓN MÚLTIPLE

un creyente más débil al pecado.

9. V F Pablo escribió en Romanos 15 que "nosotros los que somos fuertes, debemos sobrellevar las flaquezas de los débiles y no agradarnos a nosotros mismos."

10. V F Los cristianos maduros pueden ser capaces de hacer sin pecar algunas cosas que serían pecaminosas para los creyentes "más débiles".

Elije cuál de las tres afirmaciones es correcta. Encierra en un círculo A o B o C.

1. Los escritores del Nuevo Testamento dejan muy claro que:
   A. Somos salvos por gracia a través de la fe y no por obras.
   B. Somos salvos por gracia más obras de gratitud y obediencia.
   C. Somos salvos por buenas obras que son impulsadas por la gracia de Dios.

2. ¿Dónde enseña la Biblia que los cristianos "no están bajo la ley sino bajo la gracia"?
   A. 1 Pedro 2
   B. Colosenses 3
   C. Romanos 6

3. Esta lección enseña que:
   A. Debemos poner más énfasis en las cosas que Dios quiere que hagamos en lugar de enfatizar continuamente lo que Él no quiere que hagamos.
   B. Debido a que nos inclinamos a pecar por naturaleza, es más importante enfatizar las cosas que no debemos hacer que las cosas que Dios quiere que hagamos.

C. Since most of the Ten Commandments are in a negative rather thana positive form, we should emphasize what is wrong in the sight of God.

4. Where do we read the following words in the Bible? "Rejoice always, pray without ceasing, give thanks in all circumstances."

A. In Jesus' Sermon on the Mount (Matthew 6)

B. 1 Thessalonians 5

C. Romans 1

6. A. God is more concerned about what we do than why we do it.

B. If our actions do not reflect a love for God and a love for others, God will not be pleased with us.

C. It's hard enough for us to do good things for others without having tobe concerned about our motives for doing them.

6. A. We should constantly seek the leading of the Holy Spirit to help usgrow spiritually.

B. Our primary source of spiritual growth will be found by carefully and honestly evaluating every decision we make and every deed we do.

C. There is very little that we can do to promote our spiritual growth, since spiritual growth is a work of God and does not depend on anything we can do.

7. A. There are some things which we can do without sinning but some others cannot, so we should be very careful not to lead others into sin by what we do.

B. We do not ever have to give up anything which is not sinful simply because some

C. Dado que la mayoría de los Diez Mandamientos están escritos de forma negativa en lugar de positiva, debemos enfatizar lo que está mal ante los ojos de Dios.

4. ¿Dónde leemos las siguientes palabras en la Biblia? "Estad siempre gozosos; orad sin cesar; dad gracias en todo ".

A. En el Sermón de Jesús en el Monte (Mateo 6)

B. 1 Tesalonicenses 5

C. Romanos 1

5. A. Dios se preocupa más de lo que hacemos que del por qué lo hacemos.

B. Si nuestras acciones no reflejan un amor por Dios y un amor por los demás, Dios no se complacerá en nosotros.

C. Es bastante difícil para nosotros hacer cosas buenas para los demás sin tener que preocuparnos por nuestros motivos para hacerlas.

6. A. Debemos buscar constantemente la dirección del Espíritu Santo como ayuda para crecer espiritualmente.

B. Nuestra fuente primaria de crecimiento espiritual será hallada al evaluar cuidadosa y honestamente cada decisión que tomamos y cada hecho que realizamos.

C. Es muy poco lo que podemos hacer para promover nuestro crecimiento espiritual, ya que el crecimiento espiritual es una obra de Dios y no depende de nada de lo que podamos hacer.

7. A. Hay algunas cosas que podemos hacer sin pecar, pero otras no, así que debemos tener mucho cuidado de no llevar a otros al pecado por lo que hacemos.

B. Nunca tenemos que renunciar a nada que no sea pecaminoso simplemente porque algunas personas posiblemente pudieran ser desviadas por ello.

people could possibly be led astray by it.

C. The Bible does not deal with this matter, so each one of us can do whatever we sincerely think is best without being overly concerned about it.

8. A. Man-made rules (rules which are not specifically given in the Bible) will never be helpful in our desire to live in a way that is pleasing to the Lord.

B. Man-made rules can be helpful in certain situations but we must be careful not to depend on them as a primary source of our spiritual growth.

C. Paul was never concerned about any rules or guidelines which werenot clearly based on the written Scriptures.

9. Where in the New Testament do we read that the fruit of the Spirit is love,joy, peace, patience, kindness, goodness, faithfulness, gentleness, andself-control"?

A. Colossians 3

B. Galatians 5

C. Hebrews 10

10. A. God never promised that we will make much progress in spiritualgrowth as long as we live in this sinful world.

B. We should not set our expectations for holiness too high, since that will usually lead to frustration and discouragement rather than to joyand thanksgiving.

C. By His grace, God has not only forgiven our sins, but He has also given us the gift of the Holy Spirit so that we can increasingly becomethe kind of people He wants us to be.

C. La Biblia no se ocupa de este asunto, por lo que cada uno de nosotros puede hacer lo que sinceramente creemos que es mejor sin preocuparse demasiado por ello.

8. A. Las reglas hechas por el hombre (reglas que no se dan específicamente en la Biblia) nunca serán útiles en nuestro deseo de vivir de una manera que sea agradable para el Señor.

B. Las reglas hechas por el hombre pueden ser útiles en ciertas situaciones, pero debemos tener cuidado de no depender de ellas como fuente primaria de nuestro crecimiento espiritual.

C. Pablo nunca se preocupó por las reglas o pautas que no estaban claramente basadas en las Escrituras escritas.

9. ¿En qué parte del Nuevo Testamento leemos que el fruto del Espíritu es amor, gozo, paz, paciencia, bondad, benignidad, fidelidad, mansedumbre y dominio propio"?

A. Colosenses 3

B. Gálatas 5

C. Hebreos 10

10. A. Dios nunca prometió que haremos mucho progreso en el crecimiento espiritual mientras vivamos en este mundo pecaminoso.

B. No debemos poner demasiado altas nuestras expectativas de santidad, ya que eso generalmente conducirá a la frustración y al desánimo en lugar de a la alegría y a la acción de gracias.

C. Por Su gracia, Dios no sólo ha perdonado nuestros pecados, sino que también nos ha dado el don del Espíritu Santo para que podamos convertirnos cada vez más en el tipo de personas que Él quiere que seamos.

LESSON 9 – additional QUESTIONS

1. Write out two New Testament passages which teach that Christians are"free from the law."

   A

   B.

2. Why do Christians not have to obey the ceremonial laws in the Old Testament (for example, laws regarding worship, sacrifices, and personal"cleansing")?

3. Complete this statement from 1 Peter 2:16: "Live as people who are free,

   _______________________________."

4. Write out two New Testament passages which teach that we should becareful not to misuse our "freedom from the law."

   A.

   B.

5. Fill in the blanks in these sentences from Romans 12:1-2: "I appeal toyou, therefore, brothers, by the mercies of God, to present your bodies

   as a ________ _________, holy and ____________to God, which is your

   ________ _________. Do not be conformed to_______

   ________ _________,but be transformed by the renewal of your____."

6. The Bible mentions many things we should not do. It also teaches us many things we should do. List, with Scripture references,

LECCIÓN 9 –PREGUNTAS ADICIONALES

1. Escribe dos pasajes del Nuevo Testamento que enseñen que los cristianos están "libres de la ley".

   A.

   B.

2. ¿Por qué los cristianos no tienen que obedecer las leyes ceremoniales del Antiguo Testamento (por ejemplo, las leyes con respecto a la adoración, los sacrificios y la "limpieza" personal)?

3. Completa esta declaración de 1 Pedro 2:16: "Andad como libres,

   ____

   ____

   _____________________________."

4. Escribe dos pasajes del Nuevo Testamento que enseñen que debemos tener cuidado de no abusar de nuestra "libertad de la ley".

   A.

   B.

5. Rellena los espacios en blanco de estas oraciones de Romanos 12:1-2: "Por consiguiente, hermanos, os ruego por las misericordias de Dios que presentéis vuestros cuerpos como ____________ y santo, __________ a Dios, que es vuestro __________________. Y no os adaptéis a ____________, sino transformaos mediante la renovación de vuestra __________."

6. La Biblia menciona muchas cosas que no debemos hacer. También nos enseña muchas cosas que debemos hacer. Enlista, con referencias a las Escrituras, cinco cosas específicas que la Biblia nos

five specific things the Bible teaches us we should do.

A.

B.

C

D

E

7. Complete this sentence from Colossians 3:17: "Whatever you do, inword or deed,

____

."

8. Why are our motives so important in doing what we do? Write out a passage in the New Testament which emphasizes the importance of ourmotives.

9. According to Romans 13:8-10, what is the "debt" we owe one another?

10. What does Jesus teach about judging one another in Matthew 7:3-5?

11. Does Matthew 7:5-3 teach that we should never warn or admonish someone who is clearly violating God's standards? Please explain your answer.

12. What are some possible dangers of focusing too much on man-made laws?

13. Complete this sentence from Romans 14:13: "Therefore let us not passjudgment on one another any longer, but rather

_________________________________."

14. Why did Jesus condemn the Pharisees and teachers of the law so severely?

enseña que debemos hacer.

A.

B.

C.

D.

E.

7. Completa esta oración de Colosenses 3:17: " Y todo lo que hacéis, de palabra o de hecho,

____

____

_________________."

8. ¿Por qué son tan importantes nuestros motivos para hacer lo que hacemos? Escribe un pasaje del Nuevo Testamento que enfatice la importancia de nuestros motivos.

9. De acuerdo a Romanos 13:8-10, ¿cuál es la "deuda" que tenemos unos hacia otros?

10. ¿Qué enseña Jesús acerca de juzgarnos unos a otros en Mateo 7:3-5?

11. ¿Mateo 7:5-3 enseña que nunca debemos advertir o amonestar a alguien que claramente está violando las normas de Dios? Por favor explica tu respuesta.

12. ¿Cuáles son algunos de los posibles peligros de centrarse demasiado en las leyes hechas por el hombre?

13. Completa esta oración de Romanos 14:13: " Por consiguiente, ya no nos juzguemos los unos a los otros, sino más bien

____

_________________."

14. ¿Por qué Jesús condenó a los fariseos y a los maestros de la ley tan severamente?

15. Summarize briefly what Paul teaches in Galatians 3:2-4.

16. What are some of the "desires of the flesh" mentioned in Galatians 5:19-21?

17. Since Christians are not "under the law," why do we have to be concerned about "sinful desires and temptations?"

18. According to Galatians 5:16, how can we win a personal victory over temptations to gratify the "desires of the flesh"?

19. What does 1 John 2:15-16 teach us?

20. What nine things are included in the "fruit of the Spirit" listed in Galatians 5:22-23?

QUESTIONS for reflection Or DISCUSSION

1. If sincere Christians cannot agree on what they believe God wants them to do, what should they do?

2. In Philippians 2:3 Paul teaches: "Do nothing out of selfish ambition or conceit, but in humility count others more significant than yourselves." What do you think it means to count others more significant thanourselves?

3. In general, do you think it is easier to do what we should do or to stay away from things we should not do. Please explain your answer.

4. Evaluate the following statement: "It would be much easier to live by strict laws that cover every situation than to follow the guidance of the Holy Spirit, because then we would know for sure that we are doing exactly what God wants us to do."

5. How would you respond to the

---

15. Resume brevemente lo que Pablo enseña en Gálatas 3:2-4.

16. ¿Cuáles son algunos de los "deseos de la carne" mencionados en Gálatas 5:19-21?

17. Ya que los cristianos no están "bajo la ley", ¿por qué tenemos que preocuparnos acerca de los "deseos y tentaciones pecaminosas?"

18. De acuerdo a Gálatas 5:16, ¿cómo podemos obtener una victoria personal sobre las tentaciones de complacer los "deseos de la carne"?

19. ¿Qué nos enseña 1 Juan 2:15-16?

20. ¿Cuáles nueve cosas se incluyen en el "fruto del Espíritu" enlistadas en Gálatas 5:22-23?

PREGUNTAS PARA DISCUTIR O REFLEXIONAR

1. Si los cristianos sinceros no pueden ponerse de acuerdo en lo que creen que Dios quiere que hagan, ¿qué deben hacer?

2. En Filipenses 2:3 Pablo enseña: "Nada hagáis por egoísmo o por vanagloria, sino que con actitud humilde cada uno de vosotros considere al otro como más importante que a sí mismo". ¿Qué crees que significa considerar al otro como más importante que a nosotros mismos?

3. En general, ¿crees que es más fácil hacer lo que deberíamos hacer o mantenernos alejados de las cosas que no deberíamos hacer? Por favor explica tu respuesta.

4. Evalúa la siguiente declaración: "Sería mucho más fácil vivir de acuerdo a leyes estrictas que cubran cada situación que seguir la guía del Espíritu Santo, porque entonces sabríamos con certeza que estamos haciendo exactamente lo que Dios quiere que hagamos".

5. ¿Cómo responderías a la persona que hizo la siguiente declaración? "Cuando

person who made the following statement? "When I read what God requires of us in the New Testament(for example, the Sermon on the Mount, Ephesians 4-6, Colossians 3, and other passages), I know in my heart that I can never live the way God wants me to live. Sometimes I just feel like giving up. "

leo lo que Dios requiere de nosotros en el Nuevo Testamento (por ejemplo, el Sermón del Monte, Efesios 4-6, Colosenses 3 y otros pasajes), sé en mi corazón que nunca podré vivir de la manera en que Dios quiere que viva. A veces sólo me dan ganas de rendirme. "

THE WONDER AND POWER OF GRACE
Lesson Ten

Introduction

People who read the Bible over and over again may take some of its stories of God's grace for granted. They may have read these stories so often that they are no longer awed by them, surprised by them, or inspired by them. Others, who read these stories for the first time, may find them wonderfully encouraging and inspiring, enabling them to carry on with confidence and joy even under the most difficult circumstances.

This final Lesson focuses on some of the wonderful stories of God's marvelous grace in the Bible and especially in the New Testament. Whether you already are familiar with these stories or whether you will be reading them for the first time, ask the Lord to open your mind and your heart to see the glorious wonder of His grace and enable you to respond to His grace with trust and gratitude and obedience.

God often surprises us with his Grace

Already in the very first chapter of the New Testament, we encounter several surprises of God's special grace. As we read about the ancestors of Jesus (from Abraham to Jesus), we notice that there are only four Old Testament women listed: Tamar (Matthew 1:3), Rahab (1:5), Ruth (1:5), and the wife of Uriah (1:6). What is so amazing about this is that none of these four women seemed to "belong" in the list of the ancestors of the holy and perfect Jesus. Tamar became the mother of a son by her father- in-law. Rahab was a resident of the pagan city of Jericho that God had condemned to destruction. Ruth was from the land of Moab, a country that was an enemy of the people of God. And the wife of Uriah (Bathsheba) conceived a child with David while she was married to someone else.

LA MARAVILLA Y EL PODER DE LA GRACIA
Décima Lección

Introducción

Las personas que leen la Biblia una y otra vez pueden dar por sentado algunas de sus historias acerca de la gracia de Dios. Es posible que hayan leído estas historias tan a menudo que ya no se asombran, no se sorprenden o se inspiran en ellas. Otros, que leen estas historias por primera vez, pueden considerarlas maravillosamente alentadoras e inspiradoras, permitiéndoles avanzar con confianza y alegría incluso en las circunstancias más difíciles.

Esta lección final se centra en algunas de las maravillosas historias de la maravillosa gracia de Dios en la Biblia y especialmente en el Nuevo Testamento. Ya sea que ya estés familiarizado con estas historias o si las leerás por primera vez, pídele al Señor que abra tu mente y tu corazón para ver la gloriosa maravilla de Su gracia y te permita responder a Su gracia con confianza, gratitud y obediencia.

Dios a menudo nos sorprende con su Gracia

Ya en el primer capítulo del Nuevo Testamento, encontramos varias sorpresas de la gracia especial de Dios. Al leer acerca de los antepasados de Jesús (desde Abraham hasta Jesús), nos damos cuenta de que sólo hay cuatro mujeres del Antiguo Testamento en la lista: Tamar (Mateo 1:3), Rahab (1:5), Rut (1:5), y la esposa de Urías (1:6). Lo que es tan sorprendente acerca de esto es que ninguna de estas cuatro mujeres parecía "pertenecer" a la lista de los antepasados del Santo y perfecto Jesús. Tamar se convirtió en la madre de un hijo con su suegro. Rahab era residente de la ciudad pagana de Jericó que Dios había condenado a la destrucción. Rut era de la tierra de Moab, un país que era enemigo del pueblo de Dios. Y la esposa de Urías (Betsabé) concibió un hijo con David mientras estaba casada con otra persona.

The New Testament does not take lightly the sins and weaknesses of Jesus' ancestors, but it does demonstrate from the very beginning that God's work of redemption is a work of grace. We should never regard our sins as insignificant, but we should always remember that in spite of our sins, we are never beyond the reach of God's grace or beyond His ability to use us in His service.

God Forgives us over and over again

Most of us probably ask God over and over again to forgive us for our failures and sins. Some of us may even have gone beyond *asking* God for forgiveness and simply *assume* that He will continue to forgive us. But why should a holy and righteous God continue to forgive us when we often commit the same sins over and over again? Why should He forgive us when we break our promises to stay away from thinking or saying or doing things that we know are wrong?

The simple answer to that is: *God forgives us because of His wonderful grace!*

In the Old Testament we read again and again of the terrible failures and repeated sins of the people of Israel. But we also read about God's wonderful grace for His sinful people as He repeatedly forgave their sins and renewed His promises to them.

new testament stories of Grace

In the New Testament we also read about the mercy and grace of Jesus for people who were totally undeserving of them. Two of those were women who experienced Jesus' grace in remarkable ways.

One was a non-Jewish woman (referred to simply as "a Samaritan woman") who had a terrible reputation, was frequently married, and often rejected. She came alone to a well to get water for herself and her family, coming at a time when she probably thought that no one else would be there. But Jesus was there! He quietly talked to this "foreigner" even though she was a "despised" Samaritan woman and He was a Jewish man. Jesus showed her that He knew all the details about her sinful past, but He graciously offered her "living

El Nuevo Testamento no toma a la ligera los pecados y debilidades de los antepasados de Jesús, pero demuestra desde el principio que la obra de redención de Dios es una obra de gracia. Nunca debemos considerar nuestros pecados como insignificantes, pero siempre debemos recordar que, a pesar de nuestros pecados, nunca estamos más allá del alcance de la gracia de Dios o más allá de Su capacidad de usarnos en Su servicio.

Dios nos perdona una y otra vez

La mayoría de nosotros probablemente le pedimos a Dios una y otra vez que nos perdone por nuestros fracasos y pecados. Algunos de nosotros incluso podemos haber ido más allá de *pedirle* perdón a Dios y simplemente *asumir* que Él continuará perdonándonos. Pero, ¿por qué un Dios santo y justo debería continuar perdonándonos cuando a menudo cometemos los mismos pecados una y otra vez? ¿Por qué debería perdonarnos cuando rompemos nuestras promesas de mantenernos alejados de pensar, decir o hacer cosas que sabemos que están mal?

La respuesta simple a eso es: *¡Dios nos perdona por Su maravillosa gracia!*

En el Antiguo Testamento leemos una y otra vez sobre los terribles fracasos y pecados repetidos del pueblo de Israel. Pero también leemos acerca de la maravillosa gracia de Dios para Su pueblo pecador mientras Él perdonaba repetidamente sus pecados y renovaba Sus promesas hacia ellos.

Historias de Gracia del Nuevo Testamento

En el Nuevo Testamento también leemos acerca de la misericordia y la gracia de Jesús para personas que eran totalmente indignas de éstas. Dos de ellas eran mujeres que experimentaron la gracia de Jesús de maneras notables.

Una fue una mujer no judía (conocida simplemente como "una mujer samaritana") que tenía una reputación terrible, se casaba con frecuencia y a menudo era expulsada. Llegó sola a un pozo para conseguir agua para ella y su familia, en un momento en que probablemente pensó que nadie más estaría allí. ¡Pero Jesús estaba allí! Él habló tranquilamente con esta "extranjera" a pesar de que ella era una mujer samaritana "despreciada" y él era un hombre judío. Jesús le mostró que conocía todos los detalles sobre su pasado

water" that would become a "spring of water welling up to eternal life."

The woman was so grateful for Jesus' demonstration of grace that she immediately shared her good news about Jesus with others in her town. Many of them went out to meet Jesus and urged Him to stay with them

for two days. As a result of Jesus' visit and the radical change in the sinful woman's life, many came to believe in Jesus and said, *"We know that this is indeed the Savior of the world"* (John 4:1-42).

On another occasion, a woman who was caught in the act of adultery was taken to Jesus by some Jewish authorities. They boldly reminded Jesus of the Old Testament law that required that adulterers should be stoned to death. Then they challenged Jesus for His response.

> Jesus bent down and began to write on the ground with his finger. When the leaders continued to challenge Him, Jesus stood up and said, *"Let him who is without sin among you be the first to throw a stone at her."* He then again began to write on the ground. One by one the accusers left the scene without saying anything. When everyone left, Jesus stood up and said to her: *"Has no one condemned you?"* When she said, "No one, Lord," Jesus replied, *"Neither do I condemn you; go, and from now on sin no more"* (John 8:1-11).

The religious leaders of Jesus' day knew a lot about the teachings of the law, but they seemed to know very little about grace—even though the Old Testament contained many wonderful stories of God's forgiving grace. Jesus certainly did not approve of the things these two women had done, but neither did He condemn them. Rather, He clearly demonstrated to them (and to others) the wonder and power of God's grace.

God Forgives and Forgets

God's grace goes even farther than simply forgiving. God also "forgets" what we have done or what we have failed to do! In the parable of the Prodigal Son, the father did not even mention any of the sinful things his son had done. Later he may have found a good time to discuss those things, but not when his son first came back home! The son was truly sorry for what he had done, and the

pecaminoso, pero por gracia le ofreció "agua viva" que se convertiría en un "manantial de agua que brotaría hasta la vida eterna". La mujer se mostró tan agradecida por la demostración de gracia de Jesús que inmediatamente compartió sus buenas nuevas acerca de Jesús con otros de su ciudad. Muchos de ellos salieron a conocer a Jesús y le instaron a quedarse con ellos durante dos días. Como resultado de la visita de Jesús y el cambio radical en la vida de la mujer pecadora, muchos llegaron a creer en Jesús y dijeron: *"Sabemos que este es en verdad el Salvador del mundo"* (Juan 4:1-42).

En otra ocasión, una mujer que fue sorprendida en el acto de adulterio fue llevada ante Jesús por algunas autoridades judías. Osadamente le recordaron a Jesús la ley del Antiguo Testamento que requería que los adúlteros fueran lapidados hasta la muerte. Entonces desafiaron a Jesús por Su respuesta.

> Jesús se inclinó y comenzó a escribir en el suelo con su dedo. Cuando los líderes continuaron desafiándolo, Jesús se puso de pie y dijo: *"El que de vosotros esté sin pecado, sea el primero en tirarle una piedra".* Luego volvió a escribir sobre el terreno. Uno a uno los acusadores abandonaron la escena sin decir nada. Cuando todos se fueron, Jesús se levantó y le dijo: *"¿Ninguno te ha condenado?"* Cuando ella dijo: *"Ninguno, Señor",* Jesús respondió: *"Yo tampoco te condeno. Vete; desde ahora no peques más"* (Juan 8:1-11).

Los líderes religiosos de los días de Jesús sabían mucho acerca de las enseñanzas de la ley, pero parecían saber muy poco acerca de la gracia, a pesar de que el Antiguo Testamento contenía muchas historias maravillosas acerca de la gracia perdonadora de Dios. Jesús ciertamente no aprobó las cosas que estas dos mujeres habían hecho, pero tampoco las condenó. Más bien, Él les demostró claramente a ellas (y a otros) la maravilla y el poder de la gracia de Dios.

Dios perdona y olvida

La gracia de Dios incluso va más allá de simplemente perdonar. ¡Dios también "olvida" lo que hemos hecho o lo que hemos dejado de hacer! En la parábola del Hijo Pródigo, el padre ni siquiera mencionó alguna de las cosas pecaminosas que su hijo había hecho. Más tarde pudo haber encontrado un buen momento para

father was genuinely grateful for his son's repentance and return. So he didn't even mention where his son had been or what he had done.

God obviously cannot forget our sins and failures in the sense that he does not "remember" them. But He does forget them in the sense that He will not continue to hold our sins against us or continue to remind us of them or continue to punish us for them. Only when we are not truly sorry for our sins or when we no longer trust in Jesus as our Savior do we go beyond the reach of God's grace.

In Hebrews 8:12 we read these wonderful words of God: *"I will be merciful toward their iniquities, and I will remember their sins no more"* (Hebrews 8:12). And, in Hebrews 10:17, we read God's promise: *"I will remember their sins and their lawless deeds no more."*

This wonderful message of grace was already proclaimed in one of the Old Testament Psalms where we read: *"The Lord is merciful and gracious, slow to anger and abounding in steadfast love As far*

as the east is from the west, so far does He remove our transgressionsfrom us" (Psalm 103:8, 12).

And in Micah 7:19 we read: *"You will cast all our sins into the depths of the sea."* And then, as one writer commented, God puts up a sign that says: *"No fishing here!"*

In most religions, people have to earn salvation by obeying laws, making prescribed confessions, providing offerings and gifts, or afflicting their own bodies in some way. The God of the Bible grants forgiveness as a gift of grace. *And then He forgets what we have done!*

Someone might respond to this wonder-full truth by asking, "But doesn't the Bible teach that on the Day of Judgment we will have to give an account of everything we have ever said or done? And doesn't the Bible teach that on that day "books" will be opened and we will be judged according to what is written in those books? (See, for example,

discutir esas cosas, ¡pero no cuando su hijo regresó por primera vez a casa! El hijo estaba verdaderamente arrepentido por lo que había hecho, y el padre estaba genuinamente agradecido por el arrepentimiento y el regreso de su hijo. Así que ni siquiera mencionó dónde había estado su hijo o qué había hecho.

Dios obviamente no puede olvidar nuestros pecados y fracasos en el sentido de que él no los "recuerda". Pero Él los olvida en el sentido de que no continuará sosteniendo nuestros pecados contra nosotros o continuará recordándonoslos o nos seguirá castigando por ellos. Sólo cuando no estamos verdaderamente arrepentidos por nuestros pecados o cuando ya no confiamos en Jesús como nuestro Salvador, vamos más allá del alcance de la gracia de Dios.

En Hebreos 8:12 leemos estas maravillosas palabras de Dios: *"Tendré misericordia de sus iniquidades, y nunca más me acordaré de sus pecados"* (Hebreos 8:12). Y, en Hebreos 10:17, leemos la promesa de Dios: *"Y nunca más me acordaré de sus pecados e iniquidades".*

Este maravilloso mensaje de gracia ya fue proclamado en uno de los Salmos del Antiguo Testamento donde leemos: *"Compasivo y clemente es el Señor, lento para la ira y grande en misericordia. Como está de lejos el oriente del occidente, así alejó de nosotros nuestras transgresiones"* (Salmo 103:8, 12).

Y en Miqueas 7:19 leemos: *"Arrojarás a las profundidades del mar todos nuestros pecados".* Y luego, como comentó un escritor, Dios pone un cartel que dice: *"¡Aquí no hay pesca!"*

En la mayoría de las religiones, las personas tienen que ganar la salvación obedeciendo leyes, haciendo confesiones prescritas, dando ofrendas y regalos, o afligiendo sus propios cuerpos de alguna manera. El Dios de la Biblia concede el perdón como un don de gracia. *¡Y entonces Él olvida lo que hemos hecho!*

Alguien podría responder a esta verdad llena de maravillas preguntando, "¿Pero no enseña la Biblia que en el Día del Juicio tendremos que dar cuentas de todo lo que alguna vez hayamos dicho o hecho? ¿Y no enseña la Biblia que ese día se abrirán "libros" y seremos juzgados de acuerdo con lo que está escrito en esos libros? (Ver, por ejemplo, Mateo 12:36-37; Romanos 2:6; Romanos 14:12; 1

Matthew 12:36-37; Romans 2:6; Romans 14:12; 1 Corinthians 3:10-14; 1 Peter 4:5; 1 John 2:12; Revelation 20:12.)

The answer to those questions is a definite *Yes*. The Bible does teach that there will be a final judgment and that our words and deeds will be judged by God. It also teaches that there will be rewards or punishment according to how we have lived.

How, then, can the Bible teach that "God forgets" our sins and remembers them no more?

God DOES graciously forgive our sins and, when they are forgiven, we may be absolutely sure that our place in heaven is secure. However, our sins may at times have very negative consequences on this earth.

Just as loving parents may "forgive" their children for wrong things they have done, but still punish them in one way or another, so God may also punish us for some sinful things we have done, even though He has forgiven us.

One clear example of that is found in the life of King David. When David sinned grievously against God and later repented, God forgave him. But God also punished him! God sent the prophet Nathan to David who said: "God has put away your sin; you shall not die. Nevertheless, because by this deed [adultery and murder] you have utterly scorned the Lord, the child who is born to you shall die" (2 Samuel 12:13). Many other negative things would also take place in David's family because of his sin. (See 2 Samuel 12:7-14.)

God's forgiveness of our sins is wonderful and gracious, but His forgiveness does not minimize the significance of our sins or remove all the possible consequences of those sins. However, when our sins are humbly confessed and truly forgiven by God's wonderful grace, they will not separate us from the precious and glorious gift of living forever with great joy in the presence of our Savior Jesus Christ—no matter how serious our sins may have been. In that sense God forgives AND forgets and will remember our sins no more.

Corintios 3:10-14; 1 Pedro 4:5; 1 Juan 2:12; Apocalipsis 20:12.)

La respuesta a esas preguntas es un *sí* definitivo. La Biblia enseña que habrá un juicio final y que nuestras palabras y hechos serán juzgados por Dios. También enseña que habrá recompensas o castigos de acuerdo a cómo hayamos vivido.

¿Cómo, entonces, puede la Biblia enseñar que "Dios olvida" nuestros pecados y no los recuerda más?

Dios SÍ perdona por gracia nuestros pecados y, cuando son perdonados, podemos estar absolutamente seguros de que nuestro lugar en el cielo está seguro. Sin embargo, nuestros pecados pueden a veces tener consecuencias muy negativas en esta tierra.

Así como los padres amorosos pueden "perdonar" a sus hijos por las cosas equivocadas que han hecho, pero aun así castigarlos de una manera u otra, así Dios también puede castigarnos por algunas cosas pecaminosas que hayamos hecho, a pesar de que Él nos ha perdonado.

Un claro ejemplo de ello se encuentra en la vida del rey David. Cuando David pecó gravemente contra Dios y más tarde se arrepintió, Dios lo perdonó. ¡Pero Dios también lo castigó! Dios envió al profeta Natán ante David quien dijo: "El Señor ha quitado tu pecado; no morirás. Sin embargo, por cuanto con este hecho [adulterio y asesinato] has dado ocasión de blasfemar a los enemigos del Señor, ciertamente morirá el niño que te ha nacido" (2 Samuel 12:13). Muchas otras cosas negativas también tendrían lugar en la familia de David debido a su pecado. (Ver 2 Samuel 12:7-14.)

El perdón de Dios por nuestros pecados es maravilloso y por gracia, pero Su perdón no minimiza la importancia de nuestros pecados ni elimina todas las posibles consecuencias de esos pecados. Sin embargo, cuando nuestros pecados son humildemente confesados y verdaderamente perdonados por la maravillosa gracia de Dios, no nos separarán del precioso y glorioso regalo de vivir para siempre con gran gozo en la presencia de nuestro Salvador Jesucristo, sin importar cuán graves hayan sido nuestros pecados. En ese sentido Dios perdona Y olvida y no recordará más nuestros pecados.

In his Grace God often uses unworthy persons in his service

Because of our weaknesses and failures and sins, we may sometimes feel that we can never be used by God in any significant way. But in His grace, God frequently chooses "unworthy" people to serve Him in a very special way. That was true already in Bible times and has continued to be true throughout history.

In Old Testament times God chose Moses, a murderer, to lead the people of Israel out of slavery and to write the first five books of the Old Testament. God chose David, a man of many failures, to be a key leader of His people and the recipient of many of His special promises and blessings. God chose Aaron, a man who made some golden calves to "help" the Israelites in their worship of God, to be the first High Priest among the people of Israel.

In New Testament times Jesus chose some unlikely people to be among His twelve disciples. The Holy Spirit also chose some "surprising" people to write some of the books of the New Testament or to receive a special commission from the Lord.

matthew, who wrote the first of the Gospel accounts in the New Testament, was chosen to be one of the twelve disciples of Jesus. However, before he became a disciple and a Gospel writer, Matthew was a tax collector for the Romans, pursuing a profession despised by the Jews (Matthew 9:9 and 10:3).mark, who wrote the second Gospel account in the New Testament, had deserted Paul when they were serving together on their first missionary journey (Acts 12:25 and 15:36-39).

luke, the writer of the third Gospel account and also the book of Acts, was a Gentile and not a member of God's covenant people, the Israelites.

John, the author of five books in the New Testament, is sometimes referred to as "the disciple whom Jesus loved" (John 13:23; 19:26; 21:17, 20). However, John and his brother James

En su gracia Dios a menudo utiliza a personas no dignas en su servicio

Debido a nuestras debilidades, fallas y pecados, a veces podemos sentir que nunca podremos ser utilizados por Dios de ninguna manera significativa. Pero en Su gracia, Dios frecuentemente elige a personas "indignas" para que le servan de una manera muy especial. Eso ya era cierto en los tiempos de la Biblia y ha seguido siendo cierto a lo largo de la historia.

En los tiempos del Antiguo Testamento, Dios eligió a Moisés, un asesino, para que sacara al pueblo de Israel de la esclavitud y escribiera los primeros cinco libros del Antiguo Testamento. Dios escogió a David, un hombre de muchas fallas, para que fuera un líder clave de Su pueblo y el receptor de muchas de Sus promesas y bendiciones especiales. Dios eligió a Aarón, un hombre que hizo algunos becerros de oro para "ayudar" a los israelitas en su adoración a Dios, para que fuera el primer Sumo Sacerdote entre el pueblo de Israel.

En los tiempos del Nuevo Testamento, Jesús eligió a algunas personas poco probables para que estuvieran entre Sus doce discípulos. El Espíritu Santo también eligió a algunas personas "sorprendentes" para que escribieran algunos de los libros del Nuevo Testamento o para que recibieran una comisión especial de parte del Señor.

Mateo, quien escribió el primero de los relatos evangélicos del Nuevo Testamento, fue elegido para ser uno de los doce discípulos de Jesús. Sin embargo, antes de convertirse en discípulo y escritor del Evangelio, Mateo fue un recaudador de impuestos para los romanos, dedicándose a una profesión despreciada por los judíos (Mateo 9:9 y 10:3).

Marcos, quien escribió el segundo relato de los Evangelios del Nuevo Testamento, había abandonado a Pablo cuando servían juntos en su primer viaje misionero (Hechos 12:25 y 15:36-39).

Lucas, el escritor del tercer relato de los Evangelios y también del libro de los Hechos, era un gentil y no un miembro del pueblo del pacto de Dios, los Israelitas.

Juan, el autor de cinco libros del Nuevo Testamento, a veces es citado como "el discípulo a

are at one point referred to as "sons of thunder" (Mark 3:17). They also deeply offended the other disciples when they asked Jesus for special positions of honor in His kingdom (Mark 10:35-44).

peter, the writer of two New Testament epistles, boasted to the other disciples that he was willing to die for Jesus even if all the other disciples would desert Him. However, within a few hours after his boasting, Peter publicly denied Jesus and loudly proclaimed that he didn't even know who Jesus was (Mark 14:29-31; 66-72).

paul wrote more "books" of the New Testament than anyone else. How- ever, before he became a believer, he was a self-righteous Pharisee who boasted of his obedience to the Old Testament laws. He was proud of his heritage, proud of his obedience to the law, and proud of his Pharisaic life- style. He hated Jesus and persecuted Jesus' followers (Philippians 3:4-8; Acts 7:57-8:1).

However, *by the grace of God*, Paul became a strong and powerful believer who was used by God to bring many people, both Jews and Gentiles, to saving faith in Jesus. (Read the story of Paul's conversion

in Acts 9:1-28.) After his conversion, he never forgot the wonder and power of God's grace. In his New Testament writings, he referred to "grace" two times as frequently as all other New Testament writers combined! He wrote:

"Formerly I was a blasphemer, persecutor, and insolent opponent. But I received mercy . . . and the grace of our Lord overflowed for me . . . I received mercy for this reason, that in me, as the foremost [of sinners], Jesus Christ might display his perfect patience as an example to those who were to believe in him for eternal life."

1 Timothy 1:13-16

mary magdalene, the first person to see Jesus after His resurrection, was a woman with a very unusual background. At one time she was possessed by seven demons (Luke 8:2) and may also have been a prostitute (though there is no definite proof of that). Mary, along with a group of other women, helped to

quien Jesús amó" (Juan 13:23; 19:26; 21:17, 20). Sin embargo, Juan y su hermano Santiago en un momento dado son citados como "hijos del trueno" (Marcos 3:17). También ofendieron profundamente a los otros discípulos cuando le pidieron a Jesús posiciones especiales de honor en Su reino (Marcos 10:35-44).

Pedro, el escritor de dos epístolas del Nuevo Testamento, se jactó ante los otros discípulos de que estaba dispuesto a morir por Jesús incluso si todos los demás discípulos lo abandonaban. Sin embargo, a las pocas horas después de su jactancia, Pedro negó públicamente a Jesús y proclamó en voz alta que ni siquiera sabía quién era Jesús (Marcos 14:29-31; 66 a 72).

Pablo escribió más "libros" del Nuevo Testamento que cualquier otra persona. Sin embargo, antes de convertirse en creyente, era un fariseo puritano que se jactaba de su obediencia a las leyes del Antiguo Testamento. Se sentía orgulloso de su herencia, orgulloso de su obediencia a la ley y orgulloso de su estilo de vida farisaico. Odiaba a Jesús y perseguía a los seguidores de Jesús (Filipenses 3:4-8; Hechos 7:57-8:1).

Sin embargo, *por la gracia de Dios*, Pablo se convirtió en un creyente fuerte y poderoso que fue utilizado por Dios para llevar a muchas personas, tanto judíos como gentiles, a la fe salvadora en Jesús. (Lee la historia de la conversión de Pablo en Hechos 9:1-28.) Después de su conversión, nunca olvidó la maravilla y el poder de la gracia de Dios. ¡En sus escritos del Nuevo Testamento, se refirió a la "gracia" dos veces más frecuentemente que todos los demás escritores del Nuevo Testamento juntos! Escribió: *"aun habiendo sido yo antes blasfemo, perseguidor y agresor. Sin embargo, se me mostró misericordia. . . Pero la gracia de nuestro Señor fue más que abundante. . . por esto hallé misericordia, para que en mí, como el primero [de los pecadores], Jesucristo demostrara toda su paciencia como un ejemplo para los que habrían de creer en Él para vida eterna".* 1 Timoteo 1:13-16

María Magdalena, la primera persona en ver a Jesús después de Su resurrección, fue una mujer con un trasfondo muy inusual. Hubo un tiempo en que estuvo poseída por siete demonios (Lucas 8:2) y también pudo haber sido una prostituta (aunque no hay pruebas definitivas de ello). María, junto con un grupo de otras mujeres, ayudó a satisfacer las

meet the needs of Jesus and His disciples as they went about during their ministry (Luke 8:3). After Jesus arose from the grave, He commissioned Mary to go to His disciples and tell them what she had seen and heard.

All of these "unworthy" and "unlikely" persons, along with many others, were not only saved by grace but were also chosen by grace to serve their Lord in some very special way.

The Wonder of God's Grace

God's words of grace and His demonstrations of grace during Bible times went far beyond everything that people deserved and often far beyond anything they could have expected. Read and meditate on the following passages to help you understand the unfathomable wonder of His grace.

> God said to Abraham: *"For the sake of ten [righteous people] I will not destroy [the city of Sodom]."* Genesis 18:32 32

> God said to Moses concerning Himself: *"The LORD, the LORD, a God merciful and gracious, slow to anger, and abounding in steadfast love and faithfulness, keeping steadfast love for thousands, forgiving iniquity and transgression and sin."* Exodus 34:6-7

> God said to Hosea: *"Go again, love a woman who is loved by another man and is an adulteress, even as the LORD loves the children of Israel, though they turn to other gods."* Hosea 3:1

> God said to Isaiah concerning the people of Israel: *"Though your sins are like scarlet, they shall be as white as snow."* Isaiah 1:18

> God said to Jeremiah, *"Run to and fro through the streets of Jerusalem . . . to see if you can find a man, one who does justice and seeks truth, that I may pardon her (Jerusalem)."* Jeremiah 5:1

> Paul wrote: *"Where sin increased, grace abounded all the more."* Romans 5:20

These passages demonstrate God's willingness to bless and forgive people even when there seemed to be only a small beginning in turning to God in faith, repentance and humility.

necesidades de Jesús y sus discípulos a medida que avanzaban durante su ministerio (Lucas 8:3). Después de que Jesús fue levantado de la tumba, Él encargó a María que fuera ante sus discípulos y les dijera lo que ella había visto y oído. Todas estas personas "indignas" e "improbables", junto con muchas otras, no sólo fueron salvadas por gracia, sino que también fueron elegidas por gracia para servir a su Señor de alguna manera muy especial.

La Maravilla de la Gracia de Dios

Las palabras de gracia de Dios y Sus demostraciones de gracia durante los tiempos de la Biblia fueron mucho más allá de todo lo que la gente merecía y a menudo mucho más allá de cualquier cosa que pudieran haber esperado. Lee y medita en los siguientes pasajes para ayudarte a entender la maravilla insondable de Su gracia.

> Dios le dijo a Abraham: *" No la destruiré [la ciudad de Sodoma] por consideración a los diez [personas rectas]".* Génesis 18:32

> Dios le dijo a Moisés concerniente a Sí mismo: *"El Señor, el Señor, Dios compasivo y clemente, lento para la ira y abundante en misericordia y fidelidad; el que guarda misericordia a millares, el que perdona la iniquidad, la transgresión y el pecado".* Éxodo 34:6-7

> Dios le dijo a Oseas: *"Ve otra vez, ama a una mujer amada por otro y adúltera, así como el Señor ama a los hijos de Israel a pesar de que ellos se vuelven a otros dioses".* Oseas 3:1

> Dios le dijo a Isaías acerca del pueblo de Israel: *"aunque vuestros pecados sean como la grana, como la nieve serán emblanquecidos".* Isaías 1:18

> Dios le dijo a Jeremías: *"Recorred las calles de Jerusalén. . . a ver si halláis algún hombre, si hay quien haga justicia, que busque la verdad, y yo la perdonaré (Jerusalén)".* Jeremías 5:1

> Pablo escribió: *"Donde el pecado abundó, sobreabundó la gracia."* Romanos 5:20

Estos pasajes demuestran la voluntad de Dios de bendecir y perdonar a las personas, incluso cuando parecía haber sólo un pequeño comienzo en el hecho de volverse a Dios en fe, arrepentimiento y humildad.

Jesus' Grace of compassion

Jesus was well aware of people's need for forgiveness and salvation, but He was also fully aware of their physical and material needs. Throughout the years of His public ministry, He demonstrated His grace by comforting, healing, restoring and helping many who were in special need. Among the many persons who were blessed by Jesus' compassionate grace were the following:

> Bartimaeus was a blind man who survived by begging. When Jesus saw him sitting by the side of the road, He recognized a need which no one else was able to meet, and He graciously healed him (Mark 10:46-52).
>
> an unnamed man with leprosy, ostracized by everyone, came to Jesus and begged Him on his knees for healing. *"Moved with pity,"* Jesus, reached out His hand and touched him—something no one else would ever do—and healed him (Mark 1:40-42).
>
> a widow who had lost her only son was on her way to bury him when she met Jesus. Jesus stopped the funeral procession, spoke kindly to the woman, and, in His grace, raised her son back to life (Luke 7:11-17).
>
> an unnamed woman who had wrestled for years with a difficult and challenging illness silently came up to Jesus while He was surrounded by a crowd of people. She thought: *"If I touch even his garments, I will be made well."* In faith, she touched His cloak and she was immediately healed . . . and Jesus sent her on her way in peace (Mark 5:25-34).

These and many other stories of healing, restoration, kindness, and love remind us that Jesus is not only a Savior from sin, but in his grace He often saves people from weaknesses, infirmities, hardships and other challenges as well. As we read these stories of what Jesus did in the past, we are reminded that, in his grace, He continues to heal, strengthen, comfort, guide and restore people today.

> *By reading all these stories and many other stories in the Bible, it is very obvious that all the blessings we receive from the Lord are blessings of grace and are not earned. Even if we receive a special gift from God*

La Gracia de compasión de Jesús

Jesús era muy consciente de la necesidad de las personas de perdón y salvación, pero también era plenamente consciente de sus necesidades físicas y materiales. A lo largo de los años de Su ministerio público, Él demostró Su gracia consolando, sanando, restaurando y ayudando a muchos que se encontraban en alguna necesidad especial. Entre las muchas personas que fueron bendecidas por la gracia compasiva de Jesús estuvieron las siguientes:

> Bartimeo era un ciego que sobrevivía mendigando. Cuando Jesús lo vio sentado al lado del camino, reconoció una necesidad que nadie más pudo suplir, y lo sanó por gracia (Marcos 10:46-52).
>
> Un hombre sin nombre con lepra, excluido por todos, vino ante Jesús y le rogó de rodillas por su sanidad. *"Movido a compasión"*, Jesús, extendió Su mano y lo tocó —algo que nadie más haría jamás— y lo sanó (Marcos 1:40-42).
>
> Una viuda que había perdido a su único hijo estaba de camino a enterrarlo cuando se encontró con Jesús. Jesús detuvo el cortejo fúnebre, habló amablemente a la mujer y, en Su gracia, resucitó a su hijo (Lucas 7:11-17).
>
> Una mujer sin nombre que había luchado durante años con una enfermedad difícil y desafiante se acercó silenciosamente a Jesús mientras él estaba rodeado por una multitud de personas. Ella pensó: *"Si tan solo toco sus ropas, sanaré"*. En fe, ella tocó Su manto y ella fue inmediatamente sanada. . . y Jesús la envió a seguir su camino en paz (Marcos 5:25-34).

Estas y muchas otras historias de sanidad, restauración, bondad y amor nos recuerdan que Jesús no es sólo un Salvador del pecado, sino que en su gracia a menudo salva a las personas de debilidades, enfermedades, dificultades y de otros desafíos también. Al leer estas historias de lo que Jesús hizo en el pasado, se nos recuerda que, en su gracia, Él continúa sanando, fortaleciendo, consolando, guiando y restaurando a las personas en la actualidad.

> *Al leer todas estas historias y muchas otras historias de la Biblia, es muy obvio que todas las bendiciones que recibimos del Señor son bendiciones de gracia y no se ganan. Incluso si recibimos un regalo especial de Dios debido a nuestra obediencia o servicio, eso,*

because of our obedience or service, that, too, is a gift of grace, since every good thing we do is not only imperfect, but is made possible only because of God's grace in our lives. (See Ephesians 2:10.)

Our response to the Grace of God

Although God is wonderfully gracious, He obviously does not take away all our weaknesses in this life or prevent all our failures or heal all our diseases. Many times we are perplexed and uncertain as to why our prayers are not answered in the way we would choose or why our problems are not resolved in a way that we desire. However, when we meditate on God's incredible grace in loving us and forgiving us and preparing an eternal home of glory for us, we may continue to put our confidence and trust in God's grace as we look forward to the glorious time when we will be with Him forever. And as we await that blessed time, we may continue to meditate on and sing about the incredible and wonder-full grace of our loving heavenly Father.

Over the years, Christian song writers have celebrated the magnificent and matchless grace of God. Some of these writers experienced God's special grace personally while living deeply in sin or during times of special need, while others celebrated the special grace of God that He showed to others. Among the many familiar songs that magnify God's amazing grace are the following:

Conclusion

In His matchless mercy God does not give us the punishment we do deserve, and in His infinite grace He continues to show us kindness, love, forgiveness, and so much more that we do not deserve.

> As John 1:14-16 teaches us: *"And the Word became flesh and dwelt among us, and we have seen his glory, glory as of the only Son from the Father, full of grace and truth For from his fullness we have all received, grace upon grace."*

Grace does not require perfect obedience or perfect understanding in order for us to receive or enjoy

también, es un don de gracia, ya que cada cosa buena que hacemos no sólo es imperfecta, sino que es posible sólo debido a la gracia de Dios en nuestras vidas. (Ver Efesios 2:10.)

Nuestra Respuesta a la Gracia de Dios

Aunque Dios es maravillosamente misericordioso, obviamente no quita todas nuestras debilidades en esta vida ni previene todas nuestras fallas ni sana todas nuestras enfermedades. Muchas veces nos sentimos perplejos y con incertidumbre en cuanto a por qué nuestras oraciones no son contestadas de la manera que quisiéramos o por qué nuestros problemas no se resuelven de la manera que deseamos. Sin embargo, cuando meditamos sobre la increíble gracia de Dios al amarnos, perdonarnos y preparar un hogar eterno de gloria para nosotros, podemos continuar confiando en la gracia de Dios mientras esperamos el tiempo glorioso en el que estaremos con Él para siempre. Y mientras esperamos ese bendito tiempo, podemos continuar meditando y cantando acerca de la increíble y maravillosa gracia de nuestro amoroso Padre celestial.

A lo largo de los años, los escritores de canciones cristianas han celebrado la magnífica e inigualable gracia de Dios. Algunos de estos escritores experimentaron la gracia especial de Dios personalmente mientras vivían profundamente en pecado o durante tiempos de necesidad especial, mientras que otros celebraron la gracia especial de Dios que Él mostró a otros. Entre las muchas canciones familiares que magnifican la asombrosa gracia de Dios están las siguientes:

Conclusión

En Su incomparable misericordia Dios no nos da el castigo que merecemos, y en Su infinita gracia Él continúa mostrándonos bondad, amor, perdón y mucho más que no merecemos.

> Como Juan 1:14-16 nos enseña: *"el Verbo se hizo carne, y habitó entre nosotros, y vimos su gloria, gloria como del unigénito del Padre, lleno de gracia y de verdad. Pues de su plenitud todos hemos recibido, y gracia sobre gracia."*

La gracia no requiere obediencia perfecta o comprensión perfecta para que podamos recibir o disfrutar de las bendiciones por gracia de Dios. ¡Él

Gods' gracious blessings. He knows our weaknesses and our failures and He loves us still!

Now may our Lord Jesus Christ himself, and God our Father, who loved us and gave us eternal comfort and good hope through grace, comfort your hearts and establish them in every good work and word." 2 Thessalonians 2:16-17

conoce nuestras debilidades y nuestros fracasos y todavía nos ama!

"Y que nuestro Señor Jesucristo mismo, y Dios nuestro Padre, que nos amó y nos dio consuelo eterno y buena esperanza por gracia, consuele vuestros corazones y os afirme en toda obra y palabra buena". 2 Tesalonicenses 2:16-17

LESSON 10 – TEST QUESTIONS	**LECCIÓN 10 – PREGUNTAS DE PRUEBA**
True Or False	**VERDADERO O FALSO**
circle **t** or F.	Encierra con un círculo si es V o F.

1. T F All the women who are listed in Matthew 1 as ancestors of Jesus were known for their piety and holiness.

2. T F In Jesus' parable of the Prodigal Son, both the father and the older brother showed love and forgiveness to the sinful son even though he did not deserve to be forgiven.

3. T F Moses once murdered someone and had to flee because of what he had done.

4. T F Before Paul was converted he was very careful to obey all the laws of God as he understood them.

5. T F King David was considered to be "a man after God's own heart," even though he was guilty of some very serious sins.

6. T F God will graciously forgive our sins but He will not forgive us if we continue to commit the same sin over and over.

7. T F God is willing to forgive all our sins, but He cannot and will notuse anyone in His service who has ever had a bad reputation.

8. T F God said to Abraham, "If there are only five righteous people in the wicked city of Sodom, I will not destroy it."

9. T F In the New Testament, the apostle John referred to "grace" in hiswritings more often than any other writer.

10. T F Paul wrote in the New Testament, "Where sin increased,

---

1. V F Todas las mujeres que aparecen en Mateo 1 como ancestros de Jesús fueron conocidas por su piedad y santidad.

2. V F En la parábola de Jesús del Hijo Pródigo, tanto el padre como el hermano mayor mostraron amor y perdón al hijo pecador a pesar de que no merecía ser perdonado.

3. V F Moisés una vez asesinó a alguien y tuvo que huir debido a lo que lo había hecho.

4. V F Antes de que Pablo se convirtiera, tenía mucho cuidado de obedecer todas las leyes de Dios tal como las entendía.

5. V F El rey David era considerado como "un hombre conforme al corazón de Dios," a pesar de que fue culpable de algunos pecados muy graves.

6. V F Dios perdonará por gracia nuestros pecados, pero Él no nos perdonará si continuamos cometiendo el mismo pecado una y otra vez.

7. V F Dios está dispuesto a perdonar todos nuestros pecados, pero Él no puede y no usará a nadie en Su servicio que alguna vez haya tenido una mala reputación.

8. V F Dios le dijo a Abraham: "Si tan sólo hubiese cinco justos en la malvada ciudad de Sodoma, no la destruiré".

9. V F En el Nuevo Testamento, el apóstol Juan se refirió a la "gracia" en sus escritos más a menudo que cualquier otro escritor.

10. V F Pablo escribió en el Nuevo Testamento, "donde el pecado abundó,

graceabounded all the more."

Multiple Choice

choose which of the three statements is correct. circle a *or* B *or* c.

1. A. If God forgives our sins, we will never be punished for them in any way.

B. God may sometimes punish us for our sins, even though He forgives them.

C. If God forgives our sins, He will also make sure that our sins will never have any negative consequences in our lives.

2. A. The "Samaritan woman" who met Jesus was very grateful for what He did for her and she joyfully shared her joy and enthusiasm with others in her town.

B. The Samaritan woman who met Jesus was happy for what happenedto her, but because of her background, she did not want others to know about it.

C. The Samaritan woman was not accepted by the people in her hometown because she had such a sinful background that the people doubted that she had really been changed.

3. A. By being kind to the Samaritan woman and the woman accused of adultery, Jesus teaches us that these sins are really not as significantas some people think they are.

B. Jesus' treatment of the Samaritan woman and the woman accused of adultery teaches us that God is very gracious and willing to forgiveand use people with "sinful" backgrounds.

C. Jesus' treatment of these two women are exceptional situations andteach

OPCIÓN MÚLTIPLE

Elije cuál de las tres afirmaciones es correcta. Encierra en un círculo A o B o C.

1. A. Si Dios perdona nuestros pecados, nunca seremos castigados por ellos de ninguna manera.

B. Dios a veces puede castigarnos por nuestros pecados, aunque Él los perdone.

C. Si Dios perdona nuestros pecados, Él también se asegurará de que nuestros pecados nunca tengan consecuencias negativas en nuestras vidas.

2. A. La "mujer samaritana" que conoció a Jesús se mostró muy agradecida por lo que Él hizo por ella y alegremente compartió su gozo y entusiasmo con otros de su ciudad.

B. La mujer samaritana que conoció a Jesús se alegró por lo que le sucedió, pero debido a sus antecedentes, no quería que otros lo supieran.

C. La mujer samaritana no fue aceptada por las personas de su ciudad natal porque tenía un trasfondo tan pecaminoso que las personas dudaron que realmente hubiera sido transformada.

3. A. Al ser amable con la mujer samaritana y con la mujer acusada de adulterio, Jesús nos enseña que estos pecados realmente no son tan significativos como algunas personas piensan que son.

B. El trato de Jesús hacia la mujer samaritana y hacia la mujer acusada de adulterio nos enseña que Dios es muy amable y está dispuesto a perdonar y a usar a personas con antecedentes "pecaminosos".

C. El trato de Jesús con estas dos mujeres son situaciones excepcionales y no nos

us nothing about God's dealings with other sinners.

4. A. The Bible teaches that people whose sins have been forgiven will not have to face God on the final "Judgment

B. The Bible teaches that there will be "appropriate" rewards and punishments for all people on the final Judgment Day.

C. No one will know for sure whether he/she is saved or lost until the Judgment Day.

5. A. Each of the four Gospel writers were chosen by God for their ministrybecause of their very positive reputation among the "common people"in Israel.

B. All four of the Gospel writers were Jews who knew and understood the Old Testament and the Jewish way of life so they could tell the story of Jesus more accurately.

C. God's choice of the four Gospel writers did not depend on their reputations or professions.

6. Who recorded these beautiful words in the Bible? "The Lord, the Lord,a God merciful and gracious, slow to anger, and abounding in steadfastlove and faithfulness."

A. Paul

B. Peter

C. Moses

7. Which of the following Bible verses was not written by the Apostle Paul?

A. "The Lord does not deal with us according to our sins, nor repay us according to our iniquities."

B. "For the grace of God has appeared, bringing salvation for all people."

C. "The saying is trustworthy and deserving of full acceptance, that Christ Jesus came into the world to

enseñan nada acerca de los tratos de Dios con otros pecadores.

4. A. La Biblia enseña que las personas cuyos pecados han sido perdonados no tendrán que hacer frente a Dios en el "Juicio" final

B. La Biblia enseña que habrá recompensas y castigos "apropiados" para todas las personas en el Día del Juicio Final.

C. Nadie sabrá con certeza si es salvo o se ha perdido hasta el Día del Juicio.

5. A. Cada uno de los cuatro escritores de los Evangelios fueron elegidos por Dios para su ministerio debido a su reputación muy positiva entre la "gente común" de Israel.

B. Los cuatro escritores del Evangelio eran judíos que conocían y entendían el Antiguo Testamento y la forma de vida judía para que pudieran contar la historia de Jesús con mayor precisión.

C. La elección de Dios de los cuatro escritores de los Evangelios no dependió de su reputación o de sus profesiones.

6. ¿Quién registró estas hermosas palabras en la Biblia? "El Señor, el Señor, Dios compasivo y clemente, lento para la ira y abundante en misericordia y fidelidad".

A. Pablo

B. Pedro

C. Moisés

7. ¿Cuál de los siguientes versículos de la Biblia no fue escrito por el Apóstol Pablo?

A. "El Señor no trata con nosotros de acuerdo con nuestros pecados, ni nos paga de acuerdo con nuestras iniquidades".

B. "Porque la gracia de Dios se ha manifestado, trayendo salvación a todos los hombres".

C. "Palabra fiel y digna de ser aceptada por todos: Cristo Jesús vino al mundo para

save sinners, of whom I am the foremost."

8. Which of the following statements is not found in the Old Testament.

A. "Though your sins are like scarlet, they shall be as white as snow."

B. "Where sin increased grace abounded all the more."

C. "So far as the east is from the west, so far does He remove our transgressions from us."

9. Where in the Bible do we read these words: "You will cast all our sins intothe depths of the sea"?

A. Micah 7

B. Psalm 103

C. Hebrews 8

10. Who said, "We know that this is indeed the Savior of the world"?

A. The eleven disciples of Jesus—after Jesus arose from the grave.

B. The people in Jesus' home town of Nazareth—after Jesus preached there.

C. The people in Samaria—after the Samaritan woman was saved.

LESSON 10 – additional QUESTIONS

1. A. How many women are included in the list of Jesus' ancestors in Matthew 1?

   C. Why is it surprising that these women are included in the list?

2. In Jesus' parable of The Prodigal Son, how did the father treat his wayward son when he returned home?

3. A. How did the older son in the parable treat his brother when he came back home?

B. Why did he treat his brother this way?

salvar a los pecadores, entre los cuales yo soy el primero".

8. Cuál de las siguientes afirmaciones no se encuentra en el Antiguo Testamento.

A. "Aunque vuestros pecados sean como la grana, como la nieve serán emblanquecidos".

B. "Donde el pecado abundó, sobreabundó la gracia."

C. "Como está de lejos el oriente del occidente, así alejó de nosotros nuestras transgresiones ".

9. ¿En qué parte de la Biblia leemos estas palabras: "Arrojarás a las profundidades del mar todos nuestros pecados "?

A. Miqueas 7

B. Salmo 103

C. Hebreos 8

10. ¿Quién dijo: "Sabemos que este es en verdad el Salvador del mundo"?

A. Los once discípulos de Jesús, después de que Jesús fue levantado de la tumba.

B. Las personas de la ciudad natal de Jesús, Nazaret, después de que Jesús predicó allí.

C. Las personas de Samaria, después de que la mujer samaritana fue salvada.

LECCIÓN 10 – PREGUNTAS ADICIONALES

1. A. ¿Cuántas mujeres se incluyen en la lista de los antepasados de Jesús en Mateo 1?

B. ¿Por qué es sorprendente que estas mujeres estén incluidas en la lista?

2. En la parábola de Jesús de El hijo pródigo, ¿cómo trató el padre a su hijo descarriado cuando regresó a casa?

3. A. ¿Cómo trató el hijo mayor de la parábola a su hermano cuando regresó a casa?

B. ¿Por qué trató a su hermano de esta manera?

4. Write out two Bible passages that teach that God will not "remember" oursins.

A.

B.

5. Complete this sentence from Psalm 103:12:

". . . as far as the east is from the west

____

_____."

6. What does Micah 7:19 teach about our sins?

7. Choose which one of the following statements is correct.

A. If God truly forgives our sins, we will never be punished for them in any way.

B. God will sometimes punish us for our sins, even if He forgives them.

C. God makes sure that our sins will never have any negative consequences.

8. Is the following statement true or false? Because King David was a veryspecial servant of God, he was never punished in any way for any of hissins.

9. A. What special "work" did God call Moses to do?

B. Why might Moses be considered "unworthy" for this special task?

10. A. What special "work" did Peter do?

B. Why might Peter be considered "unworthy" for this work?

11. A. What special ministry did the Lord entrust to Paul?

B. Why might Paul be considered "unworthy" for this ministry?

4. Escribe dos pasajes de la Biblia que enseñen que Dios no "recordará" nuestros pecados.

A.

B.

5. Completa esta oración del Salmo 103:12: ". . . Como está de lejos el oriente del occidente,

____

_____."

6. ¿Qué enseña Miqueas 7:19 acerca de nuestros pecados?

7. Elije cuál de las siguientes instrucciones es correcta.

A. Si Dios realmente perdona nuestros pecados, nunca seremos castigados por ellos de ninguna manera.

B. Dios a veces nos castigará por nuestros pecados, incluso si Él los perdona.

C. Dios se asegura de que nuestros pecados nunca tengan consecuencias negativas.

8. ¿Es verdadera o falsa la siguiente afirmación? Debido a que el rey David era un siervo muy especial de Dios, nunca fue castigado de ninguna manera por ninguno de sus pecados.

9. A. ¿Qué "obra" especial llamó Dios a que Moisés llevara a cabo?

B. ¿Por qué Moisés hubiera podido ser considerado "indigno" para esta tarea especial?

10. A. ¿Qué "obra" especial hizo Pedro?

B. ¿Por qué Pedro hubiera podido ser considerado "indigno" para esta obra?

11. A. ¿Qué ministerio especial confió el Señor a Pablo?

B. ¿Por qué Pablo hubiera podido ser considerado "indigno" para este ministerio?

12. A. Who was (most likely) the first person to see Jesus after His resurrection?

B. What was special about her background?

C. What "ministry" did Jesus entrust to her?

13. Give two examples of Jesus' compassion for people with a specialneed.

A.

B.

14. How did Jesus deal with the woman who was caught in the act of adultery (John 8)?

15. Why didn't Jesus agree to punish the woman taken in adultery? Select

A or B or C.

A. Jesus did not think adultery was worthy of the death penalty, so He didn't want people to punish the woman who was brought to Him.

B. Jesus regarded adultery as a sin, but in His grace He was willing to forgive the guilty woman.

C. Jesus probably felt that the Jewish authorities did not have sufficient proof that the woman was really guilty.

16. Would you agree or disagree with the statement that "Every good thing we do is made possible only because of God's grace"? Please give thereason for your answer.

17. Fill in the blanks in these two statements:

A. God said to Abraham: "If I find _____righteous people in the city of Sodom, I will not destroy it."

B. God said to Jeremiah: "If you can find _____who deals honestly and seeks the truth, I will forgive this city."

12. A. ¿Quién fue (muy probablemente) la primera persona en ver a Jesús después de Su resurrección?

B. ¿Qué tenía de especial su trasfondo?

C. ¿Qué "ministerio" le confió Jesús?

13. Da dos ejemplos de la compasión de Jesús por personas que tenían una necesidad especial.

A.

B.

14. ¿Cómo se encontró Jesús con la mujer que fue atrapada en el acto de adulterio (Juan 8)?

15. ¿Por qué Jesús no accedió a castigar a la mujer sorprendida en adulterio? Selecciona

A, B o C.

A. Jesús no pensaba que el adulterio fuera digno de la pena de muerte, por lo que no quería que el pueblo castigara a la mujer que fue traída ante Él.

B. Jesús consideraba el adulterio como un pecado, pero en Su gracia estaba dispuesto a perdonar a la mujer culpable.

C. Jesús probablemente sintió que las autoridades judías no tenían suficientes pruebas de que la mujer era realmente culpable.

16. ¿Estarías de acuerdo o en desacuerdo con la afirmación de que "Todo lo bueno que hacemos es posible sólo debido a la gracia de Dios"? Por favor, indica los motivos de tu respuesta.

17. Rellena los espacios en blanco en estas dos instrucciones:

A. Dios le dijo a Abraham: "No la destruiré por consideración a _____".

B. Dios le dijo a Jeremías: "Si halláis _____, si hay quien haga justicia, que busque la verdad, y yo la perdonaré ".

18. Is the following statement true or false?

"God loves us in spite of our weaknesses sins and failures."

19. Most Christians know John 3:16 very well. Another passage that Christians should know is John 1:16. Write out (and then memorize) thisverse.

20. Fill in the blanks in this quotation from 2 Thessalonians 2:16-17:

"May our Lord Jesus Christ himself and God our Father, who loved us and gave us eternal comfort and good hope through

_______________________ ,comfort your hearts and establish them in every good work and word."

QUESTIONS FOr rEFLECTION Or DISCUSSION

1. A. Out of all the Bible passages which are quoted in this Lesson, write out three of them which are most special to you personally.

B. Indicate why these passages are special to you.

2. This Lesson emphasizes the wonder and power of God's grace. When you realize how gracious God is, does this cause you to take sin more lightly, or does it help you stay away from sin because you want tolive a life of gratitude for all He has done for you? Please explain your answer.

3. A. In this Lesson we have read about God's grace given to many differentindividuals in Bible times. Which three persons stand out in your ownmind as special recipients of God's grace?

B. Why did you choose these three people?

4. What would you say to someone who says, "I am not concerned about my sins and failures since Paul wrote that grace increases

18. ¿Es verdadera o falsa la siguiente afirmación?

"Dios nos ama a pesar de nuestras debilidades, pecados y fracasos".

19. La mayoría de los cristianos conocen muy bien Juan 3:16. Otro pasaje que los cristianos deben conocer es Juan 1:16. Escribe (y luego memoriza) este versículo.

20. Rellena los espacios en blanco de esta cita de 2 Tesalonicenses 2:16-17: "Y que nuestro Señor Jesucristo mismo, y Dios nuestro Padre, que nos amó y nos dio consuelo eterno y buena esperanza por _______________, consuele vuestros corazones y os afirme en toda obra y palabra buena."

PREGUNTAS PARA DISCUTIR O REFLEXIONAR

1. A. De todos los pasajes de la Biblia que se citan en esta lección, escribe tres de ellos que sean más especiales para ti personalmente.

B. Indica por qué estos pasajes son especiales para ti.

2. Esta lección enfatiza el asombro y el poder de la gracia de Dios. Cuando te das cuenta de lo misericordioso que es Dios, ¿esto te hace tomar el pecado más a la ligera, o te ayuda a mantenerte alejado del pecado porque quieres vivir una vida de gratitud por todo lo que Él ha hecho por ti? Por favor explica tu respuesta.

3. A. En esta lección hemos leído acerca de la gracia de Dios dada a muchas personas diferentes en los tiempos de la Biblia. ¿Cuáles tres personas se destacan en tu propia mente como receptoras especiales de la gracia de Dios?

B. ¿Por qué elegiste a estas tres personas?

4. ¿Qué le dirías a alguien que dice, "No me preocupo por mis pecados y fallas desde que Pablo escribió que la gracia

when sin increases"? (See Romans
5:20.)

5. The Bible teaches us very clearly
that God "forgives and forgets"
our sins, but it also teaches us that
there will be a Judgment Day for
all of us. How would you explain
this?

sobreabunda cuando el pecado abunda"?
(Ver Romanos 5:20.)

5. La Biblia nos enseña muy claramente que
Dios "perdona y olvida" nuestros
pecados, pero también nos enseña que
habrá un Día del Juicio Para todos
nosotros. ¿Cómo explicarías esto?